MINERVA
福祉ライブラリー
43

介護保険と
シルバーサービス

福祉産業としての可能性と限界

川村匡由 著

ミネルヴァ書房

はじめに

　2000年4月から施行された介護保険は，戦後，現行の憲法が制定されて以来，半世紀を経たわが国の社会保障・社会福祉を抜本的に改めるかのような歴史的な重みをもっている。
　このようななか，中小から大手の民間企業をあげて，長引く不況からの脱出に向けた最後のビジネスチャンスとばかり，シルバーサービスを本格化しようとしているが，業界の健全育成および消費者の保護はどのように図られているのかは必ずしも明らかではない。
　このため，このままでは社会保障・社会福祉の制度までもが規制緩和（deregulation）」や「民営化（privatization）」の大合唱のもと，憲法で定められた国民の生存権，さらには国および地方自治体の社会保障的義務などに抵触しかねない懸念もはらんでいる。
　しかも，介護ビジネスを中心としたシルバーサービスは，ややもすれば法的な知識や情報に疎い高齢者を対象とした民間企業による財やサービスであるため，地域における雇用の創出など経済効果が期待されるものの，その一方で，〈福祉産業〉としての可能性とともに，限界を併せもっていることにも留意すべきである。
　そこで，本書の内容についてもこのような趣旨のもとで構成することにした。
　具体的には，書名を『介護保険とシルバーサービス』とするだけでなく，副題として「福祉産業としての可能性と限界」を掲げた。
　そのうえで，第Ⅰ部を「シルバーサービスの位置づけ」とし，まずシルバーサービスの概念について明らかにするとともに，シルバーサービスの沿革，さらにはシルバーサービスの現状について整理した。
　また，第Ⅱ部では「介護保険時代のシルバーサービス」と銘打ち，介護保険

の概要,介護保険とシルバーサービスについて言及した。

さらに第Ⅲ部では,とくに介護保険とより密接な「介護ビジネスの動向」と題し,在宅介護サービス,福祉機器・介護用品販売・レンタル,民間介護保険,有料老人ホームについて述べた。

そして,最後に第Ⅳ部では「介護ビジネスの行方」と位置づけ,介護ビジネスの可能性と限界,および介護ビジネスの課題と展望について述べて結びとした。

いずれにしても,本書が,介護保険の導入を機に市場へ参入する民間企業はもとより,利用者などより多くの関係者にご愛読され,シルバーサービス,ひいては21世紀のわが国の社会保障・社会福祉のあり方を考える"よすが"として活用していただければ幸いである。

もとより,既刊の『新・介護保険総点検』と同様,引き続き読者諸兄の倍加のご指導,ご叱正をいただければ著者として望外の喜びであることはいうまでもない。

末筆ながら,本書の上梓を薦めてくださったミネルヴァ書房編集部の杉田啓三および北坂恭子両氏に対し,紙上をお借りして改めて深く感謝したい。

2000年盛夏　武蔵野の研究室にて

川村匡由

目　次

はじめに

第Ⅰ部　シルバーサービスの位置づけ

第1章　シルバーサービスの概念 …………………………………… 2
　　1　シルバーサービスの定義 …………………………………… 2
　　　　対象者の年齢区分…2　福祉産業の種類…4
　　2　シルバーサービスの目的 …………………………………… 5
　　3　シルバーサービスの範囲 …………………………………… 7
　　　　付加的ニーズの充足…7　公私の役割分担…9

第2章　シルバーサービスの沿革 …………………………………… 13
　　1　海外の場合 …………………………………………………… 13
　　　　"先進国"のアメリカ…13　活発な住宅・在宅介護…14　ヨーロッパなどの動向…15
　　2　わが国の場合 ………………………………………………… 16
　　　　わが国の黎明…16　在宅介護は1980年代から…17

第3章　シルバーサービスの現状 …………………………………… 21
　　1　シルバーサービスのニーズ ………………………………… 21
　　　　シルバーサービスの供給形態…22　シルバーサービスの事業分野…24
　　2　シルバーサービスと行財政 ………………………………… 27
　　　　厚生省中心の行政指導…27　シルバーサービス振興会の設立へ…28　ゴールドプランから介護保険の導入へ…29　シルバーサービスへの財政支援…31

第Ⅱ部　介護保険時代のシルバーサービス

第4章　介護保険の概要 …… 36

1　介護保険の創設と意義 …… 36
　高齢者福祉と介護不安… *36*　市町村中心の在宅介護… *39*

2　介護保険の仕組み …… 39
　医療保険・高齢者福祉からの移行… *39*　上乗せ・横出しサービスと介護保険料… *41*

3　当面の課題と展望 …… 48
　老人保健福祉計画の完全実施… *48*　介護サービスの地方格差… *49*　国の財政負担の回避… *54*　注目される介護報酬の額… *54*　介護保険の真のねらい… *57*　公的介護保障への道… *58*

第5章　介護保険とシルバーサービス …… 62

1　シルバーサービスの振興と規制 …… 62
　中社福審の報告書と社保審… *62*　行政指導と業界の自主性に一任… *63*　地方自治体も行政指導… *64*

2　シルバーサービスの規制 …… 67
　倫理綱領やガイドライン，シルバーマーク… *67*

3　介護保険とシルバーサービス …… 69
　揺籃期の市場と不安感，被害も… *69*　介護保険による活性化… *72*　クローズアップされる介護ビジネス… *73*　規制緩和という名の産業振興… *76*

第Ⅲ部　介護ビジネスの動向

第6章　在宅介護サービス …… 82

1　在宅介護サービスの概要 …… 82

2　介護サービスの現状 …… 84
　介護保険によるインパクト… *84*　住民参加型有償在宅福祉サービ

目　次

　　　　　スの動向…89
　　　3　在宅介護サービスの課題 …………………………………………90

第7章　福祉機器・介護用品販売・レンタル ………………………96
　　　1　福祉機器・介護用品販売・レンタルの概要 ……………………96
　　　　　老人日常生活用具給付等事業…96　低利融資や助成，シルバーマーク…98　対象品目の追加によって市場拡大…98
　　　2　福祉機器・介護用品販売・レンタルの現状 ……………………99
　　　　　期待されるレンタル部門…99　有望なベッド，トイレ，車椅子など…104
　　　3　福祉機器・介護用品販売・レンタルの課題 …………………105

第8章　有料老人ホーム等 ……………………………………………107
　　　1　有料老人ホームの概要 …………………………………………107
　　　　　半数は民間企業の施設…107　有料老人ホームの沿革…109　再三にわたるトラブルや苦情申し立て…111
　　　2　有料老人ホーム等の現状 ………………………………………113
　　　　　介護保険の居宅サービスを適用…113　特養は有料老人ホームに転用？…114
　　　3　有料老人ホーム等の課題 ………………………………………116
　　　　　健全育成と消費者保護の強化…116　施設の民主的運営…120　グループホーム参入上の観点…121

第9章　民間介護保険 …………………………………………………124
　　　1　民間介護保険の概要 ……………………………………………124
　　　2　民間介護保険の現状 ……………………………………………126
　　　3　民間介護保険の課題 ……………………………………………128
　　　　　公的介護保険を補完…128　現物給付への対応…129　業界の健全育成と消費者保護…130

v

第Ⅳ部　介護ビジネスの行方

第10章　介護ビジネスの可能性と限界 …………………………… *136*

    1 介護ビジネスの可能性 …………………………………… *136*

        高齢者像の変化…*136*　介護保険に伴う市場の拡大…*142*　雇用の創出などの経済効果も…*147*

    2 首都圏民間企業の実態調査結果 ………………………… *153*

    3 介護ビジネスの限界 ……………………………………… *157*

第11章　介護ビジネスの課題と展望 …………………………… *166*

    1 業界の健全育成 …………………………………………… *166*

        法的規制と緩和…*166*　税制優遇と運営費助成の拡充…*168*　社会貢献活動の取り組み…*169*

    2 消費者の保護 ……………………………………………… *171*

        消費生活への支援…*171*　情報提供の整備と消費者教育の推進…*176*　サービスの質の確保…*177*

    3 介護パラダイムの確立 …………………………………… *178*

        憲法および世界人権宣言と介護ビジネス…*178*　介護パラダイムへの転換…*182*　行財政改革の断行…*185*

参考文献 …………………………………………………………… *191*
資料編　社団法人シルバーサービス振興会倫理綱領 …………… *198*
　　　　介護保険制度上の各種指定基準 ………………………… *200*
　　　　通所介護（デイサービス）ガイドライン（指針） ……… *212*
　　　　短期入所生活介護（ショートステイ）事業指針 ………… *216*
　　　　在宅介護サービスモデル約款 …………………………… *219*
　　　　福祉用具レンタルサービスモデル約款 ………………… *224*
索　引 ……………………………………………………………… *230*

第Ⅰ部

シルバーサービスの位置づけ

第1章

シルバーサービスの概念

1 シルバーサービスの定義

対象者の年齢区分

　高齢者を対象にした民間事業者による営利サービスはシルバービジネスやシルバー産業，あるいは福祉産業などともいわれているが，このようなシルバーサービスに対する学問的な定義としてはいまだに確立されていない。なぜなら，わが国ではこれまで貧困や要介護対策などのナショナルミニマムの保障のため，社会福祉として講じられてきたなか，近年，主として民間企業が市場原理にもとづき，シルバーサービスとして市場に参入しているものの(1)（図1-1），福祉と産業との間の接点をいずれに見いだすべきか，社会福祉学だけでなく，経済学や法学など学際的な研究が十分行われているとはいえないからである。

　ちなみに，老人福祉法では介護サービスの措置などの対象者は原則として「65歳以上の者」と明示されている(2)。また，国際連合（国連）は「個人の高齢化と人口の高齢化は別の概念であり，個人の高齢化は何とおりにも定義される。便宜上の，そして，最も便利な定義は65歳以上を高齢者とする」とし，国連の加盟国の共通認識としている(3)。

　しかし，シルバーサービスの定義ではこれよりも年齢区分に幅を若干もたせ，おおむね60歳以上のいわゆるシルバー層を対象に，市場原理にもとづき，契約を通じて供給される財やサービスを総称している。このため，厳密には高齢者福祉産業と定義づけるべきであるが，個人年金の加入実績など実際のシルバー(4)

第1章　シルバーサービスの概念

図1-1　健康・福祉関係サービスの種類別に見た経営組織別事業所数の構成割合

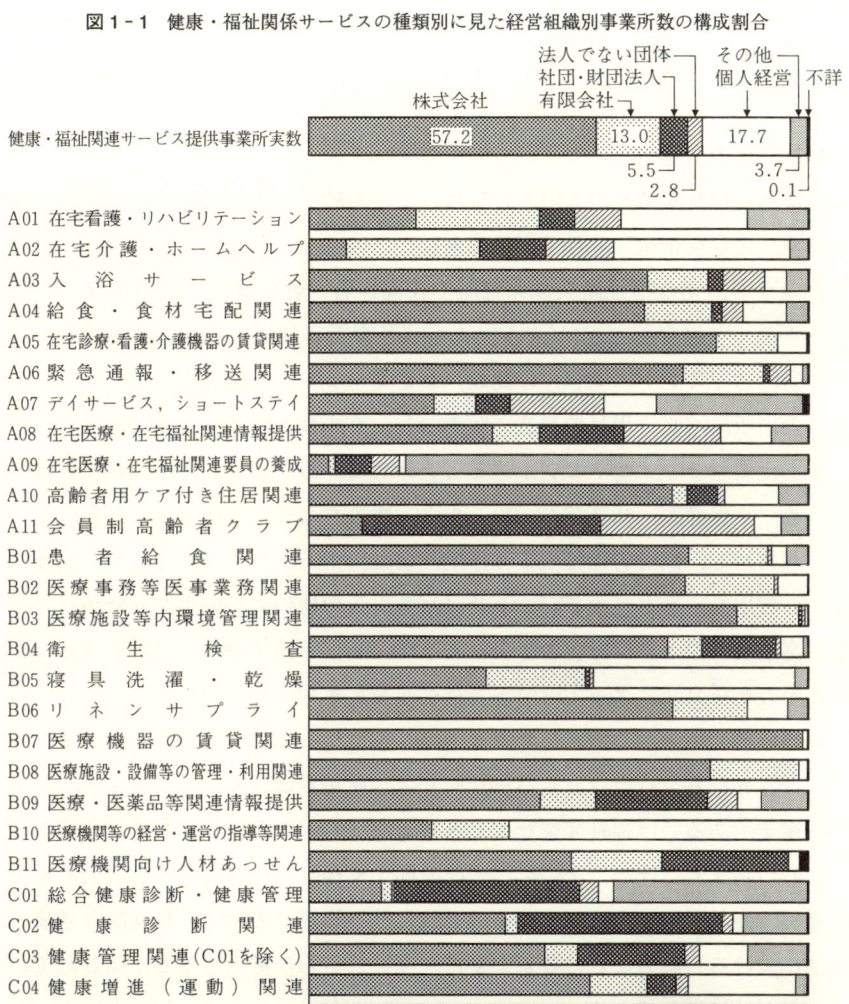

(注)　経営組織の「その他」は,「合名・合資会社」「外国の会社」「医療法人」「社会福祉法人」「その他の法人」の合計である。
(出典)　厚生省大臣官房統計情報部「健康・福祉関連サービス事業統計調査」1995年。

サービスの利用者に注目すれば、40歳以上の壮年層、いわゆる高齢者予備軍まで広く考える必要があると思われる。

福祉産業の種類

ちなみに福祉産業そのものとしては、この高齢者福祉産業のほか、障害者福祉産業、児童福祉産業、母子福祉産業などに分けることができる。

このうち、児童福祉産業は保育所や夜間保育・乳児保育・長時間保育のベビーホテル（保育所）、ベビーシッター（子育て家政婦）の運営、学習塾、音楽教室、スイミングスクールの開設、レジャーランドの建設・営業、育児・児童書の出版、ベビー用品の製造・販売・レンタルなどのサービスであり、チャイルド産業やチャイルドビジネスともいわれている。また、母子福祉産業はベビーカーや保育器、補乳びん、粉ミルク、離乳食などのサービスである。

これに対し、高齢者福祉産業は住宅、金融、ホームヘルプサービス、福祉機器・介護用品、ベターエイジングサービス、その他の六つの事業分野からなるが、高齢者のなかには障害者も少なくないため、車椅子や杖、補聴器などのようにそのサービスによっては障害者福祉産業と重複する場合もある。

いずれにしても、シルバーサービスの呼称についてはそれぞれの視点・視座によって異なり、行政はシルバーサービス、産業界はシルバービジネス、シルバー産業、あるいは福祉産業などととらえているが、高齢化社会に対する国民の関心の高まりに伴い、その生活水準の向上や福祉ニーズの多様化、公的年金の充実、高齢者のライフスタイルの変化に伴う購買欲の増大、積極的な老後の生活における行動力などの背景を受け、今後、さらに拡大すると予測されていることだけは確かである。

なお、筆者はかつて、高齢者福祉の主たる法的根拠である老人福祉法にもとづき、シルバーサービスを"老人福祉としての産業"、すなわち、老人福祉産業と位置づけていた経緯もあるが、単に老人といってもその老化は個人によって異なるため、概念的に曖昧であることは避けられない。加えて、高齢者福祉は従来の選別主義的サービスから普遍主義的サービスへと転換すべきであるだ

けでなく，国際的にも共通の概念とすべき時代的な要請を受けているため，その後，国連の定めた定義に従い，老人はすべて高齢者に修正している。このため，このシルバーサービスについても"高齢者福祉としての産業"，すなわち，高齢者福祉産業と改めて今日に至っている。

もう一つ，同じ民間事業者による財やサービスでも非営利の場合はシルバーサービスとはいわず，住民参加型有償在宅福祉サービスと位置づけられ，今日，通説となっていることは周知のとおりである。

ちなみに，東京都福祉局が1984年にまとめた「地域における在宅福祉サービス供給組織に関する調査研究」によると，住民参加型有償在宅福祉サービスの供給主体には，自主的に組織した民間主導型および行政の意向に沿って組織された行政主導型の二つのタイプがある（図1-2）。また，社会福祉関係三審議会合同企画分科会が1989年3月，意見具申として提出した「今後の社会福祉のあり方について」によると，地方自治体が設立に関与した福祉公社などの行政関与型サービス，および行政の援助を受けず，独自の財源で活動している生活協同組合（生協）などの協同組合や会員制の住民互助組織，すなわち，行政非関与型サービスに大別される。

2　シルバーサービスの目的

上述したように，シルバーサービスの供給主体の大半は株式会社を主とした民間企業である。

このため，その事業活動は利潤を追求することを最大の目的とし，かつその対象者はおおむね60歳以上のシルバー層，およびその予備軍である40歳以上の壮年層，いわゆる壮年層に限定しているものの，法律に抵触しなければどのような事業活動も可能であるか，というと決してそうではない。

そこで，老人福祉法第1条（原理，目的）をみてみると，「この法律は，老人の福祉に関する原理を明らかにするとともに，老人に対し，その心身の健康の保持及び生活の安定のために必要な措置を講じ，もつて老人の福祉を図るこ

5

第Ⅰ部　シルバーサービスの位置づけ

図1-2　在宅福祉サービス供給組織の類型

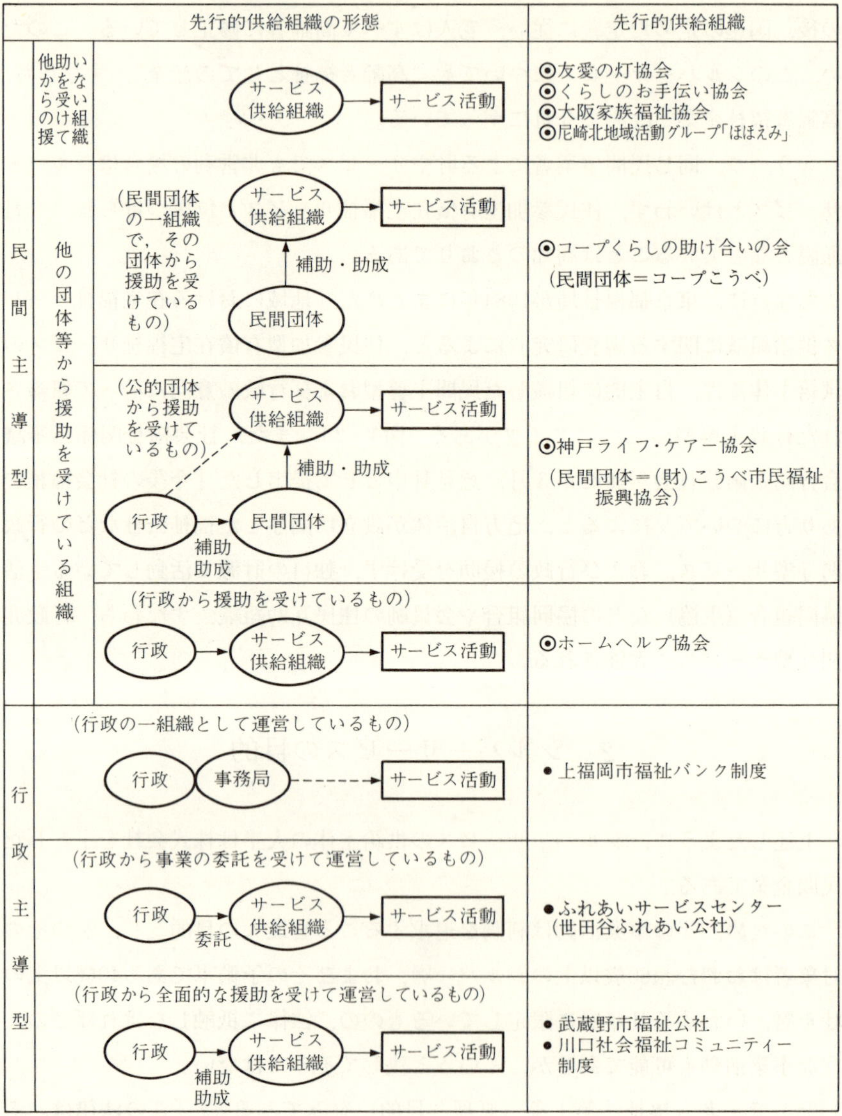

		先行的供給組織の形態	先行的供給組織
民間主導型	他の組織からの援助を受けていないもの	サービス供給組織 → サービス活動	◎友愛の灯協会 ◎くらしのお手伝い協会 ◎大阪家族福祉協会 ◎尼崎北地域活動グループ「ほほえみ」
	他の団体等から援助を受けている組織	（民間団体の一組織で、その団体から援助を受けているもの） サービス供給組織 → サービス活動　↑補助・助成　民間団体	◎コープくらしの助け合いの会 （民間団体＝コープこうべ）
		（公的団体から援助を受けているもの） サービス供給組織 → サービス活動　↑補助・助成　行政 → 民間団体 補助助成	◎神戸ライフ・ケアー協会 （民間団体＝（財）こうべ市民福祉振興協会）
		（行政から援助を受けているもの） 行政 → サービス供給組織 → サービス活動	◎ホームヘルプ協会
行政主導型		（行政の一組織として運営しているもの） 行政　事務局 ---→ サービス活動	●上福岡市福祉バンク制度
		（行政から事業の委託を受けて運営しているもの） 行政 → サービス供給組織 → サービス活動 委託	●ふれあいサービスセンター （世田谷ふれあい公社）
		（行政から全面的な援助を受けて運営しているもの） 行政 → サービス供給組織 → サービス活動 補助助成	●武蔵野市福祉公社 ●川口社会福祉コミュニティー制度

（注）　◎は民間主導型，●は行政主導型。
（出典）　東京都福祉局「地域における在宅福祉サービス供給組織に関わる調査研究」1984年を一部修正。

とを目的とする」。また，同法第2条（基本的理念）第1項で，その対象者である「老人は，多年にわたり社会の進展に寄与してきた者として，かつ，豊富な知識と経験を有する者として敬愛されるとともに，生きがいを持てる健全で安らかな生活を保障されるものとする」と定めている。

さらに，その第4条（老人福祉増進の責務）では「老人の生活に直接影響を及ぼす事業を営む者は，その事業の運営に当たつては，老人の福祉が増進されるように努めなければならない」と定め，国および地方自治体はもとより，社会福祉法人や社会福祉協議会（社協），シルバーサービスの民間企業，住民参加型有償在宅福祉サービスの供給組織も，高齢者の老後の生活に影響を及ぼすような事業にあたっては高齢者福祉の理念に徹した社会的自覚が要請されるむねを宣言している。このため，当然のことながら，シルバーサービスの民間企業でも，その事業活動にあたっては高齢者の心身の健康の保持および生活の安定のため，高齢者の福祉の向上に貢献することが要請されている。

したがって，シルバーサービスは高齢者の老後における生活に深いかかわりを持つため，政府は業界の健全育成とともに消費者の保護を図るべく，1985年11月，厚生省社会局老人福祉課内にシルバーサービス振興指導室（現老人保健福祉局振興課）を設ける一方，業界に対し，シルバーサービス振興会の発足を指導している。

その意味で，シルバーサービス振興会は厚生省の外郭団体の一つであり，かつ業界の健全育成と消費者の保護を申し合わせた自主的，かつ自発的な組織というわけである。

3 シルバーサービスの範囲

付加的ニーズの充足

次にシルバーサービスの範囲であるが，結論的には高齢者の多様な福祉ニーズのうち，基礎的ニーズを補完する付加的ニーズに応じた財やサービスがその範囲となる。

図1-3 福祉ニーズの概念

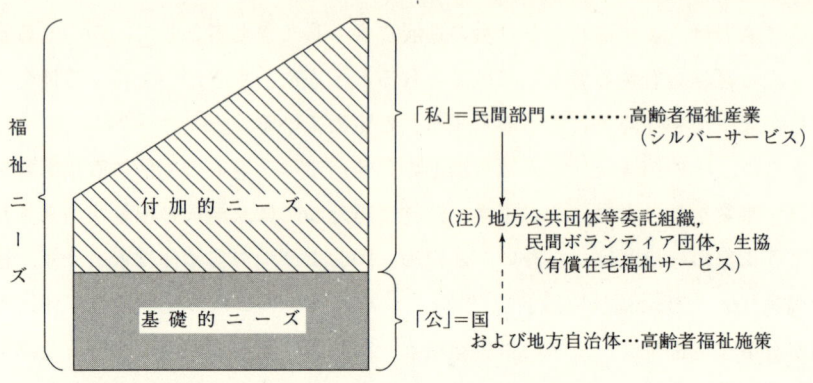

(出典) 川村匡由『老人福祉産業論』ミネルヴァ書房，1987年を一部修正。

　具体的には，福祉ニーズには基礎的ニーズと付加的ニーズがある（図1-3）。
　このうち，前者は日常生活を送っていくうえで当面する問題を解決しなければ，人間として基本的，かつ文化的な生活そのものが根底から脅かされる，あるいはその性格上，公的サービスに充足すべきものであると社会的にすでに認知されたもの，もしくは今後，追認の可能性のあるものである。すなわち，基礎的ニーズとは国民であればだれもが享受すべき生存権の保障を受けるべき最低生活水準，いわゆるナショナルミニマムを保障すべき福祉ニーズの基礎的な部分に対応するものである。このため，従来の公共部門，すなわち，国および地方自治体が行政施策として担うべき領域である。
　これに対し，付加的ニーズはこの基礎的ニーズを補完する福祉ニーズ，すなわち，最低の生活水準を確保する基本的，かつ文化的な生活を充実させるもの，つまり，適度の生活，または快適な生活として生活の質（QOL）の向上を追求すべき部分である。このため，付加的ニーズは個々の国民に与えられた権利とはいいがたく，国民の自由な選択に委ねるべき任意的，かつ社会契約的な事業・活動として担うべき領域である。

公私の役割分担

　ところで，この福祉ニーズの概念に関連し，社会福祉における公私の役割分担については古くから論じられている(7)。

　具体的には，社会福祉法第5条（事業経営の準則）(8)で，「（中略）2　国及び地方公共団体は，他の社会福祉事業を経営する者に対し，その自主性を重んじ，不当な関与を行わないこと。（中略）」と規定され，社会福祉を増進すべき公共部門による公的責任，および民間部門による各種社会福祉事業における自主性を尊重し，公私分離の原則を明文化している。

　これは，単に財政の逼迫というよりも，国民の自立と社会連帯による事業・活動が高齢者福祉の役割の一角を担うべき期待感があるからである。なぜなら，高齢者の福祉ニーズの多様化に伴い，従来の救貧・防貧対策から寝たきり，痴呆症など要介護高齢者対策のほか，老後の生きがいの発見や社会参加など，健常高齢者対策を考慮すべき時代を迎え，新たな公私の役割分担の必要に迫られることになったからである。

　また，国民のライフスタイルや価値観，費用負担能力などの変容を受け，従来の行政施策による福祉対策は画一的であるうえ，申請から利用まで時間がかかりすぎたり，サービスの範囲に限界がある。さらに法令や通達，要綱との関係上，臨機応変に欠けがちであり，かつ倒産の危険性がないため，コストの削減やニーズへの弾力的な対応に不十分であるなど，公的サービスの限界が指摘され，シルバーサービスに対するニーズが高まっているからである。

　もちろん，シルバーサービスにも短所はある。たとえば公的サービスに比べ，費用負担が比較的高い割には財政的に安定していない。また，事業の継続性について不安があり，サービスの量や質，地域の相違によって格差が生じやすかったり，利潤の追求が最優先され，社会的信用に欠けることなどである。

　いずれにしても，高齢者を一律に「社会的，経済的弱者」とみなし，多様な福祉ニーズを行政施策だけで対応することが適切であるとはいえない（写真1-1）。このため，今後，国民の多様な福祉ニーズに応じ，公私協働によって高齢者福祉における新たな介護パラダイムを創造することが重要であるが，これ

第Ⅰ部　シルバーサービスの位置づけ

写真1-1　山歩きで健康づくりに励む高齢者も

▷群馬県下仁田町にて。

については本書「第Ⅳ部　介護ビジネスの行方」で詳述したい。

注
(1) シルバーサービス振興会『シルバーサービス事業者実態調査報告書』（シルバーサービス振興会，1989年）によると，シルバーサービスの経営形態の全体の74％は株式会社で，以下，合名・合資会社（9.3％），相互会社（3.6％），個人経営（3.2％）と続いている。

　　なお，資本金の規模別では500万円未満の中小企業が全体の21.0％と最も多いものの，その一方で，10億円以上の大手企業が16.4％とこれに続いており，バラつきがある。

(2) 介護の措置などの対象者は，老人福祉法第5条の4（福祉の措置等の実施者）によると，「65歳以上の者（65歳未満の者であって特に必要があると認められるものを含む。以下同じ。）又はその者を現に養護する者（以下「養護者」という。）に対する第10条の4及び第11条の規定による福祉の措置は，その65歳以上の者が居住地を有するときは，その居住地の市町村が，居住地を有しないか，又はその居住地が明らかでないときは，その現在地の市町村が行うものとする。（中略）」

(3) 高齢化社会とは国や地域など一定の社会の人口動態上，老年人口が相対的に増加する状態をいうが，この老年人口の判断基準となる高齢者を何歳で区切るかにより，その動態も変わってくる。

　この点，国連人口部は65歳以上を高齢者とし，かつそれ以上の年齢層を老年人口としたうえ，高齢化率が7％に達した場合，その国は高齢化社会を迎えたとしている。また，この高齢化率がピークに達する状態を高齢社会，あるいは高齢化率の7％の倍に相当する14％に到達した時点の状態を高齢社会とするという見解があるが，厳密には後者の見解の方が妥当である。

　なお，老年人口は現在，年齢区分的には15～64歳までの人口群を意味するものの，その実態について就業人口や労働力人口などと同一視することは当を得ない。なぜなら，生産年齢人口のなかには高校・短大・大学などの学生や失業者，さらには定年退職者や年金生活者など労働力でない者も含まれるからである。このため，単純に65歳以上の老年世代との世代的な比較をすることは誤解を招きやすいため，注意する必要がある。

(4) 個人年金は，加入者が自分や家族の老後の生活資金対策のため，個人年金商品を取り扱っている金融機関と契約し，一定の保険料を納付したのちに受け取るものである。

　一般的には，預け入れた元金と利息を年金式に受け取り，定年退職してから公的年金を受給することができる無収入の期間を補填する"つなぎ資金"としての貯蓄型，および公的年金に上乗せし，生涯にわたって受け取る"上乗せ資金"としての保険型の二つある。

(5) 川村匡由『老人福祉産業論』（ミネルヴァ書房，1987年）1頁。

(6) 仲村優一他編『現代社会福祉事典』（全国社会福祉協議会，1988年）475～476頁，および厚生省社会局老人福祉課監修『改訂　老人福祉法の解説』（中央法規出版，1987年）61～62頁。

(7) 公私の役割分担に関連し，三浦文夫氏はその判断基準として次の四つの条件をあげている。

　① 公的責任に帰属すべきもの国民の福祉増進を図る必要があるもののうち次の要件との係わりで考えることができる。

　　ア　必要なサービスが市場メカニズムでは調達しえないこと
　　イ　そのニードがもともと家族のニード充足機能ではまかなうことのできない場合

　以上の二つの要件を中心にしてそのニードが義務的・基礎的・強制的・補償的・普遍的のいずれかに該当する場合

第Ⅰ部　シルバーサービスの位置づけ

　② 公私いずれの責任か明定しえないが，公的に資源調達を図る方がよいと認められるもの
　　　ア　必要な資源を市場メカニズムで調達することが可能ではあるが，必要量の確保が困難な場合
　　　イ　家族のニード充足機能によっては，必ずしも十分な解決が図られないが，家族に対して一定の援助を加えることによってそのニード充足機能の円滑化を図ることが可能な場合
　以上の判断基準に加えて，そのニード充足が任意的・選択的でありながらもそれらが基礎的・普遍的な場合
　③ 公私いずれの責任か明定化しえないが，私的なニード充足機能にゆだねた方がより効率的であると考えられる場合
　　　ア　必要な資源が市場メカニズムで大体調達できる場合
　　　イ　ニード充足が標準的な家族で行いうる場合。以上の要件に加えて，そのニード充足が任意的・選択的で，かつそれらが追加的である場合
　④ 私的にゆだねられる場合，必要な資源が市場的メカニズムおよび家族のニード充足メカニズムの働きで調達でき，かつそのニード充足が任意的・選択的・追加的である場合（三浦文夫『[増補] 社会福祉政策研究』全国社会福祉協議会，1987年，95～109頁）
　一方，1987年12月の福祉関係三審議会合同企画分科会は，その意見具申である「今後のシルバーサービスの在り方について」のなかで，公私の役割分担について公共部門の基本として，①国民の切実なニーズに対応するサービスであって，対象者が低所得者である等の理由により，基本的には民間によるサービスが期待しがたいもの，②上記の①のサービスであって，広い意味における市場機構を通じての民間サービスの供給が十分でないものを公共部門が確保・提供すべきであるとしている。
(8) 社会福祉事業法は2000年6月，社会福祉法と改称された。

第2章

シルバーサービスの沿革

1　海外の場合

"先進国"のアメリカ

　シルバーサービスは，一般的にはアメリカを中心に，1950年代の半ばから1960年代にかけ，石油危機に伴う経済的な破綻など，国力の低下や人口の高齢化の進行，国民医療費の増大に伴う医療改革などを背景に，ナーシングホームやホームケアサービス（在宅介護・看護）[1]，リタイアメントコミュニティ[2]の建設・運営などとして登場した。

　具体的には，アメリカにおけるホームケアサービス（在宅介護・看護）は100年前から実施されているが，現在のようなシルバーサービスとして市場にお目見えしたのは第二次世界大戦後の1950年代の半ばである。

　そこへ，1962年から相次いだ社会保障法の改正によって福祉施策の民間委託が合法化し，規制緩和が行われた時期と相前後するころから本格化し，今日のように採算をとることができるようになった。すなわち，ベトナム戦争への介入や石油危機などに伴う経済的な破綻，さらにはその後の人口の高齢化の進行に伴い，社会保障・社会福祉財政がにわかに逼迫されてきたため，その後，さらに発展した。なぜなら，連邦政府は上述したような背景を受け，1986年から医療費を抑制する一方，施設福祉から在宅福祉へと社会福祉施策の重点を移行するとともに，民活導入を図るため，シルバーサービスを積極的に奨励することになったからである。それはまた，有史以来，長年にわたり，アメリカ社会

に「フロンティア精神」として裏付けられた自由と合理主義にもとづいた自助・自立が当然のこととして受け止められている，アメリカ独特の国民性にその背景がある。

活発な住宅・在宅介護

とりわけ，医療・介護関係にあっては，医療の自由診療制，および医療費抑制という国策に伴う病院からの早期退院とあいまって，シルバーサービスに拍車がかかったのである。なかでも活発な分野はナーシングホームやリタイアメントコミュニティなどの住宅関連サービス，ホームヘルプ関連サービスである。

具体的には，ナーシングホームは1930年代までは主として非営利による民間の慈善団体により，高齢者向けの救貧院として運営されていたが，1950年代に入り，連邦政府が病院とともにナーシングホームについても補助金を供与することになって以来，次々と建設されていった。また，1965年代に入ってからはメディケアおよびメディケイドの制度化に伴い[3]，病院や民間企業，一般投資家が続々と市場に参入したため，飛躍的に発展することになった。

一方，リタイアメントコミュニティはすでに1940年ごろから登場していたが，とくに第二次世界大戦後，不動産業界をはじめ，民間企業から個人までが新たな市場として富裕な高齢者に着目し，サンベルト地帯を中心に高齢者用の施設を建設するなど，市場性は急速に拡大していった。

これに対し，ホームヘルプ関連サービスは1970年代にニューヨーク州などで始まっている。また，福祉機器・介護用品販売・レンタルは1983年，連邦政府により，病院の入院患者に対する治療費の給付を抑制する代わり，病気や疾患の症状にもとづき，定額で支払う疾病別定額払い制度を導入し，従来のメディケアに対するコスト抑制を打ち出した結果，国民の間にヘルスケアに対する関心が高まった。このため，今日では業種によっては過当競争と化しており，吸収合併や倒産などの事態も起きているほどである（写真2-1）。

ともあれ，アメリカは広大な国土を誇るとともに多民族国家でもあるだけに，ひと口に高齢者福祉にかかわる施策や事業・活動といっても国民の所得格差や

第2章 シルバーサービスの沿革

写真 2-1 米国の業界では吸収合併や倒産も

▷ロサンゼルスの介護ショップにて。

地域の特性，人種・民族の相違などによってバラつきがあることは否めない。また，レーガン政権以降，歴代の大統領もいわゆるレーガノミックスを引き継いでいるため，社会保障・社会福祉にかかわる財源の削減は今後も避けられそうもなく，「低負担・低福祉」の代償としての民活導入路線は当分，変わらない情勢である。

ヨーロッパなどの動向

一方，世界で最初に産業革命を遂げた，かつての福祉国家・イギリスにおいては「揺り籠から墓場まで」のスローガンのもと，1942年のベヴァリッジ報告によるナショナルミニマムの保障対策を踏まえ，保健・医療・福祉・住宅・教育対策などの社会サービスが実践されてきた。しかし，1979年に誕生したサッチャー保守党政権により，"与える福祉（Welfare）"から"自立自助する福祉（Workfare）"へと転換している。いわゆるサッチャーリズムである。

具体的には，保健・医療対策の合理化や効率化の一環として中央政府の地方自治体に対する福祉サービスへの補助金の削減，国営医療機関の統廃合，さらには地方自治体の高齢者年金ホームの閉鎖など，多くの医療・福祉施設が合理化されている。さらに，一連の福祉サービスの費用負担でも受益者負担の論理が導入されたほか，施設の民営化に伴って民間のナーシングホームや個人年金,

15

第Ⅰ部　シルバーサービスの位置づけ

企業年金の普及など民活導入による行財政改革に踏み切り，今日に至っている。

　また，ドイツでは1995年からの公的介護保険の導入に加え，介護ロボットなども実用化の段階にまでこぎつけており，新たなシルバーサービスとして期待が集まっている。さらにフランスでも近年，施設福祉から在宅福祉へと移行するなか，在宅看護サービスやデイホスピタル，ナイトホスピタルなどのシルバーサービスがお目見えしている。

　一方，スウェーデンでは車椅子や療養ベッドなどは国や地方，市が連携して福祉機器の研究・開発・生産・供給を行っており，市場ベースとしての福祉産業とはいえないものの，海外には市場ベースで輸出されている。

　このほか，オセアニアのオーストラリアでは基本的には母国・イギリスの制度にもとづき，開拓時代に培われた自立と社会連帯，平等主義などの国民性を基調に，「中負担・中福祉」の高齢者福祉を展開しているが，近年，人口の高齢化の進行に伴う痴呆性などの要介護高齢者の増加や移民の高齢化，国民経済の低迷により，不動産業者によるインディペンデントユニット（自立生活住宅）付きのリタイアメントコミュニティビレッジ（退職者共同村）などの供給がみられる[5]。

2　わが国の場合

わが国の黎明

　わが国におけるシルバーサービスの発端の一つは，有料老人ホームとホームヘルプ関連サービスである。

　このうち，前者は1940年代の後半に登場したが，当時の施設は社会事業的な思想のもとに設置されており，近年のような純粋の市場ベースによる参入は1963年，老人福祉法が制定され，そのなかで有料老人ホームが位置づけられたことを踏まえ，1965年代に出現した近代的な有料老人ホームが設置されてからである。

　一方，後者は1982年の家庭奉仕員（ホームヘルパー）制度の有料化，および

1978年の東京都武蔵野市における住民参加型有償在宅福祉サービスの開始に伴い，在宅介護サービスとして制度化された。

　このようななか，1973年の石油危機を機に生じた世界的な経済停滞と財政危機，高齢化社会の到来，従来の福祉施策の見直し，臨調・行革路線による民活導入など社会的，経済的な背景だけでなく，戦後の高度経済成長に伴う国民所得の向上や公的年金の充実，国民の福祉ニーズの多様化，ライフスタイルの変化を背景に，シルバーサービスは簡素な手続きや対応の速さ，きめ細かいサービスなど，費用負担は高いものの，行政サービスにはない長所を評価され，かつ付加的ニーズを充実しうるサービスや商品として富裕層を中心に利用されるようになった。そればかりか，最近では従来の中小企業を中心としたベンチャービジネスから大企業，それも異業種交流や行政との連携による市場への参入という新しい傾向もみられる。

　いずれにしても，近年，"バブル経済"の崩壊に伴い，一時，下火となったわが国のシルバーサービスは上述したような"追い風"を受け，再び活発化している様相である。なかでも有料老人ホームは1980年代から1990年代にかけ，総合建設会社（ゼネコン）や銀行，生命保険会社などが続々と市場に参入し，未曾有の建設ラッシュとなっている。

在宅介護は1980年代から

　また，ホームヘルプ関連サービスでは1980年代，すでに武蔵野市福祉公社によって実施されていた住民参加型有償在宅福祉サービスを参考に，会員制による訪問入浴サービスや在宅介護サービス、健康管理サービスが開始された。さらに療養や介護用電動ギャッジベッドやマットレス，車椅子などの各種福祉機器・介護用品販売・レンタルも始まった。

　一方，高齢者の老後における生活資金対策では，1985年に国民年金法および厚生年金保険法，翌1986年には共済組合年金法の相次ぐ改正により，全国民共通の基礎年金が導入されるなど大幅な制度改革が行われたが，これに先立つ1955年代，すでに個人年金を商品化している生命保険会社は公的年金の不足を

補ったり，将来の医療・介護費用対策として終身保険や民間介護保険を開発することになった。

この民間介護保険については，その後，損害保険会社でも従来の自動車保険や地震保険などに加え，取り扱うようになった。このほか，信託銀行では1984年以降，高齢者の不動産を担保に融資を行う不動産担保式融資，いわゆるリバースモーゲージを商品化している。

いずれにしても，わが国におけるシルバーサービスは，戦後の高度経済成長に伴う国民所得の向上や公的年金制度の充実，国民の福祉ニーズの多様化，簡便な手続きや迅速な対応，きめ細かなサービスという行政サービスの短所を補完するサービスの優位性，さらには人口の高齢化の進行による高齢者福祉の見直しなど[6]，経済的な背景を受けて活発となっている。このため，産業そのものは依然として揺籃期にあるといわれているが，2000年4月から介護保険が施行されたとあって，シルバーサービス，とりわけ，介護ビジネスは長引く景気回復の活路を切り開く"最後に残った市場"として有望視されることになったのである。

注

(1) ナーシングホーム（nursing home）は介護・看護機能を備えた高齢者・障害者専用施設で，わが国の特別養護老人ホームや老人保健施設に当たる。

(2) リタイアメントコミュニティ（retirement community）とは一定の規模の敷地に有料老人ホームや病院，コミュニティセンター，ゴルフ場，映画館，農園，図書館などを一体的に整備した高齢者向けの複合施設である。

　もっとも，アメリカのリタイアメントコミュニティは総じて地域から隔絶されたものが多いため，施設の社会化や入所者の社会参加などの点で問題があるように思われる。

(3) メディケア（medicare）はアメリカ連邦政府によって運営されている公的医療保険で，65歳以上の高齢者と障害者を対象としている。給付は強制保険である「パートA」，および任意保険である「パートB」からなる。

　このうち，前者は主として病院や専門看護施設における施設医療，すなわち，入院費用，後者はこの入院費用を補足する形で医療費用をそれぞれカバーしているが，

いずれもナーシングホームの費用はほとんど給付されていないのが実態である。

　一方，メディケイド（medicaid）は，上述したメディケアのほか，州政府が連邦政府の補助を受けて運営するメディケイドがある。これは，年齢を問わず，一定の要件を満たす低所得者や貧困者，母子家庭，障害者などを対象とする公的扶助制度で，ナーシングホームの入所者の大半がこのメディケイドからの支払いを受けている。

(4)　ベヴァリッジ報告は，イギリスの経済学者，ベヴァリッジ（Beveridge, William, Henry＝1897～1963）が1942年，戦後の再建構想の柱の一つとして，イギリス政府に提出した「社会保険および関連サービス」と題する報告書の内容の略称である。

　具体的には，均一額の最低生活保障費の給付と保険料の拠出，リスクと適用人口の普遍化，行政の一元化など六つの基本原則にもとづき，社会保険を中心とし，かつ国民扶助と任意保険によって補完される新たな社会保障を体系化するとともに，その前提条件として必要な児童手当や包括的保健サービス，雇用の維持に関する提案を含んだものとなっている。

　これは，単なる名称や理念にとどまっていた従来の社会保障に具体的な内容を示したものとして評価され，戦後の同国の社会保障制度の確立に寄与しただけでなく，わが国をはじめ，各国の社会保障制度の創設にも大きな影響を与えた。

(5)　リタイアメントコミュニティビレッジ（retirement community villege）は一種のリタイアメントコミュニティで，オーストラリアの各州の高齢者協議会が運営している。規模は，アメリカのリタイアメントコミュニティほどのものではないものの，広大な丘陵地にコミュニティセンターや連棟式のインディペンデントユニット（indepedent unit＝自立共同住宅），さらには老人アパートや医療センターなどが併設されており，それぞれの費用負担能力に応じ，いずれかの住宅に入居し，趣味や娯楽などを楽しみながら悠々自適の老後を送ることができる高齢者のための総合福祉施設である。

　このため，入居時に入居者全員に対して健康診査が実施され，以後，このときに作成されるカルテにもとづき，健康教育や保健指導が行われるほか，万一の場合，センターに常駐する医師や看護婦によって必要な措置が24時間体制で受けられるようになっている。

　また，いずれの居室にもナースコールが取り付けられているうえ，隣家の軒先には非常ベルも取り付けられている。このため，入居者同士も互いに日常生活の安全確保や防犯・防災に協力し合うシステムが導入されており，施設全体が一つのコミュニティとしての機能を持っているのが特徴である。

(6)　老人福祉法の改正等については，戦後の高度経済成長による国民生活のレベルアップや高齢化社会の到来，石油危機以来の景気の低迷，さらには国民の福祉ニー

第Ⅰ部　シルバーサービスの位置づけ

図2-1　福祉サービスの市町村における総合的実施

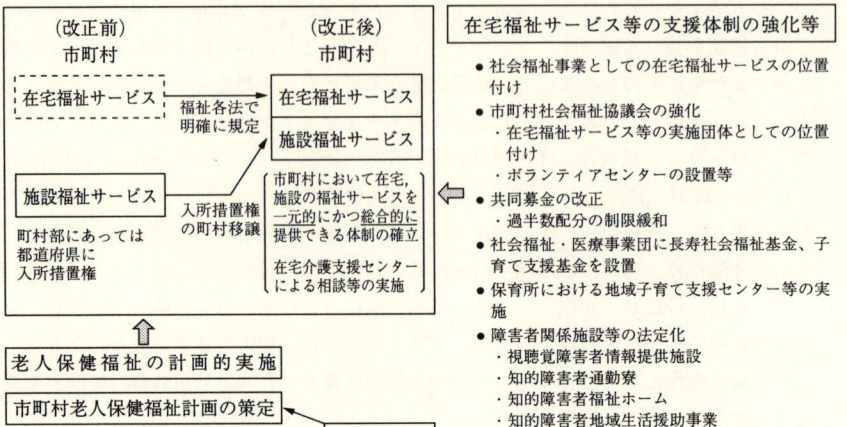

(出典)　地方老人保健福祉計画研究班『老人保健福祉計画の策定——その基本的考え方』中央法規出版，1991年．

　ズの多様化に伴い，身体障害者福祉法など他の社会福祉法とともに1990年6月に改正された。
　なかでも重要な点は，上述した高齢者福祉の理念などを踏まえ，従来，市のほか，都道府県に留保されていた老人福祉施設の入所措置の権限を町村に移譲，1993年4月1日以降，在宅福祉と施設福祉が一元化し，かつ総合化されたことに伴い，市町村は今後，住民に最も身近な基礎自治体として計画的に高齢者福祉対策を実施することができる体制になったことである。
　また，市町村は高齢者福祉と高齢者保健のサービスを連携させるため，老人福祉法による老人福祉計画，および老人保健法による老人保健計画を老人保健福祉計画として一体的に策定し，実施しなければならなくなったことも見逃せない。このほか，「高齢者保健福祉推進十か年戦略（ゴールドプラン）」の具体化のなかで，いわゆる在宅福祉三本柱，すなわち，ホームヘルプサービス，ショートステイ，デイサービスが施設福祉対策と同等に位置づけられたため，今後の条件整備いかんでは，きめ細かいサービスを行うことができるようになったことも重要なポイントである（図2-1）。

第3章

シルバーサービスの現状

1 シルバーサービスのニーズ

　前述したように，ひと口にシルバーサービスの内容といってもその視点・視座によってさまざまに種別化することが可能であるため，その検討は決して生やさしいものではない。なぜなら，シルバーサービスの対象はおおむね60歳以上のシルバー層，さらには40歳以上の壮年層，いわゆる高齢予備軍まで含めて考えるべきだからである。しかも，そのなかには健常高齢者もいれば，寝たきりや痴呆性などの要介護高齢者もいる。

　また，所得階層別でみてみると，シルバーサービスの購買欲が比較的高い傾向にある富裕層のほか，中産階級や年金だけで老後の生活を余儀なくされている低所得者，さらには生活保護を受けている困窮者もいる。このほか，シルバーサービスそのものの供給形態や事業の分野にはどのようなものであるのか，などについても類型化する必要があるからである。

　そこで，まずシルバーサービスに対するニーズについて検討してみると，高齢者の福祉ニーズのうち，基礎的ニーズに対応する老後の生活不安の解消となるもの，およびこれを上乗せした付加的ニーズに対応する老後の生活の質（QOL）の向上を図るものに大別することができる（前出・図1-3）。

　具体的には，前者の場合，老後の生活の不安を解消する財やサービスは，加齢に伴う心身の機能の低下による生活不安，配偶者との死別，寝たきりや痴呆性など要介護高齢者となることへの不安の除去，あるいは老化の防止に役立つ

シルバーサービスである。たとえば、在宅介護サービスや訪問入浴サービス、車椅子や介護用電動ギャッジベッドなどの福祉機器・介護用品、民間介護保険や医療保険などの疾病保険、給食宅配サービス、有料老人ホーム、リタイアメントコミュニティ、救急・医療・警備サービス、親子三世代同居住宅、看護婦、保健婦、ホームヘルパーなどの各種人材派遣業など、老後における寝たきりや痴呆性、子どもとの別居・同居、旺盛な勤労意欲にかかわるシルバーサービスである。

一方、後者の場合、老後の生活不安を解消する基礎的ニーズを上乗せした付加的ニーズに対応するものとして老後の生活の質（QOL）の向上を図るため、老後の生活をより社会的、文化的にさせるうえで役立つシルバーサービスである。たとえば個人・団体旅行やカルチャー教室、ゲートボール、スポーツクラブ、個人年金、資産・資金運用向け各種金融商品など、老後における活動性や自由時間の満喫、健康志向、所得の安定にかかわるサービスである（図3-1）。

シルバーサービスの供給形態

次にシルバーサービスの供給形態であるが、これには金銭（現金）給付と現物給付の二つある。

このうち、前者の場合は金銭・現金の給付や融資・貸付、控除・減免・代替払いによって行われる供給形態であり、直接的な金銭・現金の給付は社会保険の年金保険や雇用保険、労働者災害補償保険、公的扶助の一部である生活保護、国民年金から無拠出で給付される老齢福祉年金、児童扶養手当などのその他手当、一般国民を対象とする児童手当、医療保険の医療費である。また、融資・貸付は住宅の増改築資金の融資や生活福祉資金などの貸付である。

さらに控除・減免・代替払いは高齢者や障害者に対する各種税金の控除、生活保護世帯や学生に対する国民年金の保険料の納付の免除である。このため、シルバーサービスにおける金銭（現金）給付は個人年金や民間医療保険や民間介護保険など各種疾病保険、資産・資金活用向けの金融商品などである。

これに対し、後者の場合は現品給付のほか、施設給付やサービス給付によっ

図3-1 シルバーサービスによる付加的サービスの供給

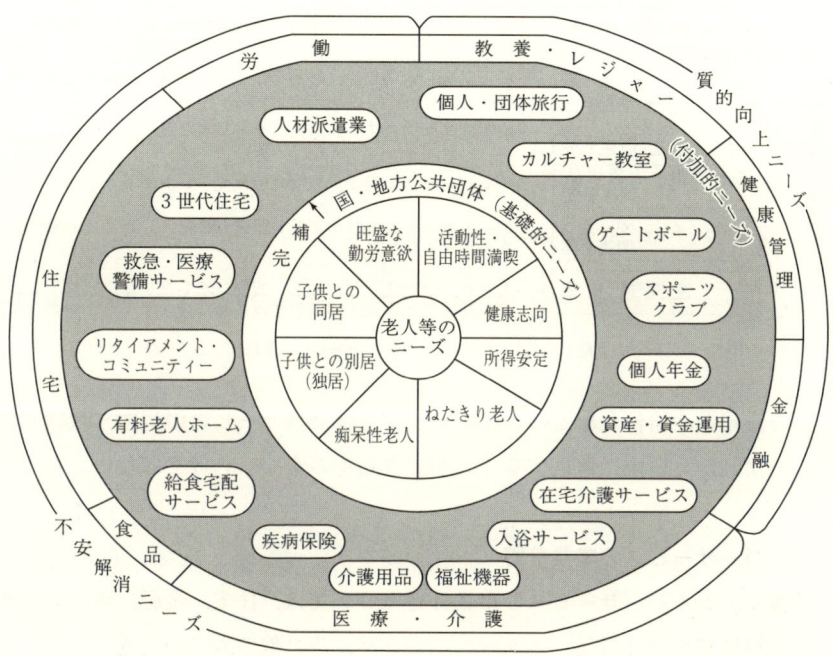

(注)「高齢者のニードと各種サービス」(『厚生福祉』,1987年) をもとにして筆者作成。
(出典) 川村匡由『老人福祉産業論』ミネルヴァ書房, 1987年。

て行われる給付形態であり,このうち,現品給付は高齢者や障害者,児童などに給付される各種福祉機器や介護用品,施設および在宅サービスの利用券であるのに対し,施設給付は入所および通所施設への措置などである。また,サービス給付は施設および在宅における介護や相談,助言,指導,情報の提供などのサービスの給付である。

このため,シルバーサービスにおける現物給付は在宅介護サービスをはじめ,訪問入浴サービス,福祉用具,給食宅配サービス,有料老人ホーム,リタイアメントコミュニティ,救急・医療・警備サービス,親子三世代同居住宅,各種人材派遣業,個人・団体旅行,カルチャー教室,ゲートボール,スポーツクラブなどである。もっとも,その財やサービスによっては民間介護保険などのよ

第Ⅰ部 シルバーサービスの位置づけ

図3-2 シルバーサービスの分野

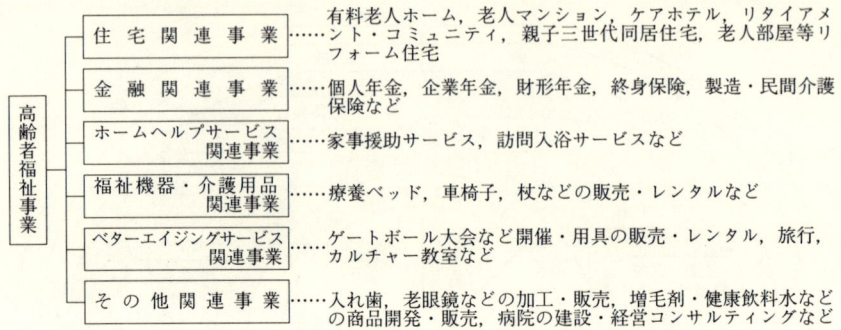

(出典) 川村匡由『新しい高齢者福祉』ミネルヴァ書房,1996年を一部修正。

うに介護年金や給付金などの金銭給付,または介護サービスの現物(金銭)給付のいずれかを自由に選択することができるものもないわけではない。

シルバーサービスの事業分野

最後に,シルバーサービスの事業分野については,住宅,金融,ホームヘルプ,福祉機器・介護用品,ベターエイジング,その他の六つの関連サービスに分けることができる(図3-2)。

このうち,最も積極的にビジネスを展開しているのは住宅関連サービスのうちの有料老人ホームであるが,このほか,老人マンションや有料老人ホームを併設したケアホテル,リタイアメントコミュニティ,親子が同居することができる親子三世代住宅,二世帯住宅,リフォーム住宅なども人気を集めている。なかには近年,本場・アメリカの専門業者と連携して合弁会社を設立したり,社会福祉系の財団法人や生命保険会社,都市銀行,総合建設会社(ゼネコン)と保健・医療・福祉機関が互いのノウハウを出し合って提携するなど,異業種交流による市場への参入もみられる。

この住宅関連サービスに続くものが個人年金や資産・資金活用向けの金融商品,さらには寝たきりや痴呆性など,要介護高齢者向けの民間介護保険などを中心とする金融関連サービスである。

周知のように，金融関連サービスは，生命保険会社や損害保険会社，銀行，証券会社などの金融機関がすでに公的年金や企業年金，医療保険の不足分を補う手段として終身保険や養老保険，各種民間医療保険を商品化しており，かなり一般化している。このほか，手持ちの不動産を担保に入れて各種在宅福祉サービスを受け，死亡後，その不動産を処分して清算する不動産担保式融資の金融商品，いわゆるリバースモーゲージ，あるいは自分の預貯金や不動産を生前に銀行に管理委託し，遺言にもとづいて処分する遺言信託，さらには有料老人ホームの倒産に備え，入居金を保証する倒産保証制度の金融商品も出回っている。

　一方，ホームヘルプ関連サービスは，高齢者のみ世帯，あるいは高齢者のいる親子同居世帯の家族の希望に応じ，部屋の掃除や洗濯，買い物などの家事援助サービスを提供したり，寝たきりや痴呆性など要介護高齢者の入浴・排泄など在宅介護サービスを行うものであるが，最近は市町村や市町村社協などから事業委託を受け，展開しているところが目立っている。

　このほか，福祉機器・介護用品関連サービスは，加齢に伴う心身の機能の低下により，日常生活におけるさまざまな動作の補助を要する高齢者やその予備軍に対し，老後の生活不安の解消ニーズに対応するものとして供給される財やサービスであり，介護用電動ギャッジベッドや車椅子，杖，ポータブルトイレ，ホームエレベーター，電動車椅子，緊急通報システムなど高度情報処理システムを活用したマルチメディアによる新製品の製造や販売・レンタルがみられる。

　ところで，21世紀の本格的な高齢社会は「大型余暇時代」ともいわれているが，このような余暇時代を心身とも健康であり，かつ充実した老後を送りたいという生活の質（QOL）の向上のため，注目されているのがベターエイジング関連サービスである。

　なかでもとくにレジャー関係が積極的で，JR（旧国鉄）など鉄道・電鉄会社や旅行会社，ホテル，旅館では交通機関の運賃や宿泊料金を割引したり，カルチャー，グルメ，ヘルシー志向の旅行・宿泊パッケージを販売している。それも，折からの円高を受け，内外の航空会社や各国政府の観光局などと提携し

第Ⅰ部　シルバーサービスの位置づけ

写真3-1　葬祭ビジネスもお目見えしているシルバーサービス

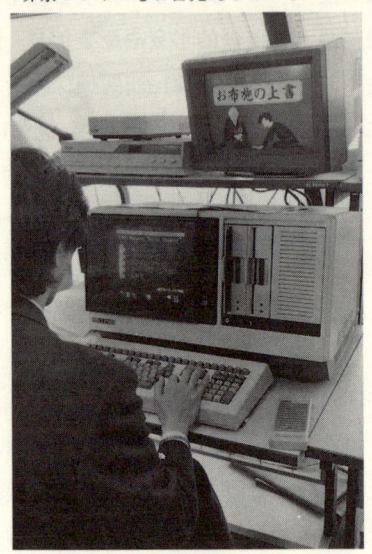

▷名古屋市内の葬儀会社にて。

た，割安で医師や看護婦付きの旅行支援などのパッケージが商品化されている。また，新聞社やテレビ局，デパート，私立大学，専修学校ではカルチャー教室を企画すれば，スポーツ用品業界ではゲートボール大会の開催・用具を商品化し，販売・レンタルに力を入れるなど，まさに花盛りである。

なお，その他関連サービスでは，入れ歯や老眼鏡の加工・販売，増毛剤，健康飲料水，バランス栄養食などが商品開発されている。このほか，老人病院や高齢者協同住宅の建設・経営上のコンサルティング，リハビリテーション用衣料，ワンタッチ肌着，総入れ歯安定剤，長寿食などがお目見えしている。

また，最近では拡大テレビやデビオカメラ，一眼レフカメラ，CD，ショッピング・レジャー情報向け定期交信システム，テレビ電話，介護・看護ロボット，各種検査代行サービス，フィットネスクラブ，葬儀の代行や香典返しなどの費用，墓石・霊園業などの葬祭サービス（写真3-1），介護サービス計画（ケアプラン）の作成や介護サービスの実施状況の管理などのコンピューターのソフトの開発など，その他関連サービスの展開も目立ってきている。

このほか，訪問入浴サービスなど単発的なホームヘルプ関連サービスの分野で，市町村や社協からの業務委託による市場参入が増えている。また，ふるさと21健康長寿のまちづくり事業(1)のように，行政と民間企業が提携し，高齢者に配慮した福祉のまちづくりなどのプロジェクトも計画されるようになった。

　いずれにしても，これらの各種財やサービスはいずれも民活導入という昨今の政策転換に合致するものであるだけに，その成り行きが注目されるところである。

2　シルバーサービスと行財政

厚生省中心の行政指導

　シルバーサービスと行財政については，老人福祉法などにもとづき，高齢者福祉の政策官庁である厚生省が中心となって進めているほか，通産省や経済企画庁などの関係省庁，および地方自治体においてもそれぞれの担当部署を通じ，業界の健全育成と消費者の保護が図られている。

　周知のように，わが国は戦後の高度経済成長に伴い，かつての農業社会から工業社会へと発展し，かつ国民生活が向上するとともに，若年世代の大都市への集中による過疎・過密化，核家族化や平均寿命の伸長によって国民の福祉ニーズが多様化してきた。とりわけ，1971年に高齢化社会を迎え，寝たきりや痴呆性などの要介護高齢者の増加による介護など，いわゆる老人問題がクローズアップされ，政府は1973年を「福祉元年」と位置づけることになった。

　しかし，この年の秋，世界的な石油危機に見舞われ，財政の逼迫が懸念されるようになった。このため，一部の「社会的入院」や「バラまき福祉」に伴う国民医療費の増大，および国民の福祉ニーズの多様化により，従来の高齢者福祉を抜本的に見直す必要に迫られることになった。

　このようななか，社会保障長期計画懇談会は1975年8月，「今後の社会保障のあり方について」と題し，高齢者福祉は在宅福祉の充実など地域福祉を中心とする観点から見直し，施策全体のバランスの確保と体系化を図る必要がある

むねを問題提起した。これを機に，国民の自助努力による「生涯設計計画」，および「日本型福祉社会論」などの論議が高まっていった。

これを受け，政府は1981年，「増税なき財政改革」を基本方針に据えて「第二次臨時行政調査会」（第二臨調）を設け，「第二次臨時行政調査会」（第二臨調）は同年7月，「活力ある福祉社会づくり」を実現するため，民活導入を提言している。これをきっかけに，社会保障・社会福祉における公共部門と民間部門との役割分担について論議され始めるようになり，1985年1月に行われた社会保障制度審議会の建議「老人福祉の在り方について」のなかで，今後の高齢者福祉における民間部門の果たす役割が重視され，行政による適正な管理のもと，その一部を民間部門に委託するため，シルバーサービスの参入を促進することが明確にされた。

また，1985年の社会保障制度審議会によって提出された「今後の老齢化社会に対応すべき社会保障のあり方について（建議）」の改革を受け，基礎的ニーズは公的責任によるサービスに限定し，福祉サービスの有料化を方向づけた。さらに，政府は1986年6月，「長寿社会対策大綱」を閣議決定し，厚生省と労働省が1988年10月，「長寿・福祉社会を実現するための施策の基本的考え方と目標について」方針を明らかにする一方，人生八十年時代に応じた経済・社会システムの変革を提唱した。

シルバーサービス振興会の設立へ

そこで，政府は1985年11月，21世紀の本格的な高齢社会に向け，厚生省社会局老人福祉課（現老人保健福祉局計画課）内にシルバーサービス振興指導室を設けるとともに，1986年には建設省と協議のうえ，市街化調整区域において有料老人ホームを建設することができるよう，規制緩和に踏み切っている。さらに業界全体に対し，業界の自主的な規制団体として，1987年3月，シルバーサービス振興会の設立を指導している。

このような折，1987年12月，中央社会福祉審議会，身体障害者福祉審議会，中央児童福祉審議会からなる福祉合同企画分科会による「今後のシルバーサー

ビスの在り方について（意見具申）」により，シルバーサービスの参入および健全育成の具体的方策も明確にされることとなった。これを機に，その後，国民の多様な福祉ニーズのうち，基礎的ニーズについては公共部門によるサービスで対応するのに対し，付加的ニーズについては民間部門によるサービスに委ねても問題ないのではないか，などと議論されるようになった。

　そして，1988年4月にはシルバーサービスの従事者に対して資格制を導入し，社会福祉士および介護福祉士を制度化し，サービスの質の向上にも努めることになった。さらに1988年5月，「社会福祉・医療事業団法の一部を改正する法律」により，従来，社会福祉法人に限られていた公的年金などの積立金融資が介護機能を有する有料老人ホームの整備，および在宅介護・在宅入浴サービスの民間企業に対しても認め，年5.2〜5.5％の低利で設置資金や経営資金を融資する道が開かれた。

　このほか，1988年9月，在宅介護・在宅入浴サービスのガイドライン（指針）が策定された。また，その翌10月，有料老人ホームのガイドライン（設置運営指導指針）に関し，入居時から常時介護が必要な寝たきりや痴呆性など，要介護高齢者を相当数入居させることを予定している介護型ホームを重視したガイドライン（設置運営基準）を新たに設けるとともに，入所時の契約書に明記すべき事項などを告知義務事項に追加されることになった。

　一方，1989年度には消費者に対し，さまざまなシルバーサービスなどの情報を提供する機関として，全国47都道府県のすべてに高齢者総合相談センター（シルバー110番）が1か所ずつ整備された。また，同年6月，「民間事業者による老後の保健及び福祉のための総合的施設の整備の促進に関する法律（WAC法）」を制定し，地方自治体が高齢化に対応させるため，地域の特性を生かし，官民一体によるふるさと21健康長寿のまちづくり事業が提唱されたのである。

ゴールドプランから介護保険の導入へ

　このような折，中央社会福祉関係三審議会合同企画分科会は1989年3月，

「今後の社会福祉のあり方について」と題する意見具申のなかで，今後，国主導から地方主導へと高齢者福祉対策の実施主体を移行するとともに，施設福祉から在宅福祉へと重点に転換していく必要があるとの建議を明らかにした。このため，今後，市町村の役割を重視するとともに，社会福祉協議会（社協）の機能の強化，社会福祉士および介護福祉士，ホームヘルパーの養成・確保およびシルバーサービスの健全育成の必要性について論議されることになった。

そこで，政府は同年12月，消費税の導入を受け，「高齢者保健福祉推進十か年戦略（ゴールドプラン）」を発表する一方，翌1990年6月，老人福祉法等福祉八法改正を行い，必要な権限を国から地方へ移譲し，施設福祉から在宅福祉への重点的移行，また，市町村および都道府県への老人保健福祉計画の策定の義務づけを明文化し，その実施に移されている（前出・図2-1）。

一方，業界ではこのような厚生省の指導を受け，1987年，シルバーサービス振興会を設置するとともに，翌1988年，業界に対する国民の信頼の確保や情報提供・表示の適正化，法令・基準の順守，苦情処理，詐術・欺瞞的行為の禁止などを定めた「倫理綱領」を策定している。また，1989年6月には在宅介護・入浴サービスについて，良質なシルバーサービスに対する認定マークとして「シルバーマーク」の基準を定め，翌7月から実施し（図3-3），良質な財やサービスの供給に努めている。

このようななか，地方の業界でも1987年，埼玉県が第三セクター方式により全国で初めてシルバーサービス情報公社を設立している。このような地方組織はその後，栃木，兵庫，愛知県などでも同様の地方組織が設立されており，業界内における自主規制の推進や関連情報の交換，消費者に対する事業の紹介などを行っている。

しかし，折からの"バブル経済"の崩壊や円高不況，介護ニーズの増大に対処するため，今回の老人保健福祉計画の策定を踏まえた少子・高齢社会への対応，とりわけ，介護対策を重視するため，「高齢者保健福祉推進十か年戦略（ゴールドプラン）」を「高齢者保健福祉推進十か年戦略の見直しについて（新ゴールドプラン）」に改めた。また，これに関連した「21世紀福祉ビジョン」

第3章　シルバーサービスの現状

図3-3　シルバーマーク

(注)　1．シルバーマークの色彩は，当該マーク中，円形の部分を緑色（ディック132番）とし，その他の部分は黒色とする。
　　　2．やむをえない理由により単色とするときは，黒色とする。
(出典)　社団法人シルバーサービス振興会『シルバーサービス振興会会報』1992年。

の報告を受け（図3-4），2000年4月から介護保険を導入するなど，社会保障構造改革の一環として高齢者福祉の抜本的な見直しに着手することになったのである（図3-5）。

シルバーサービスへの財政支援

　一方，シルバーサービスにかかわる財政については，従来の老人福祉施設のように施設の建設費や職員の人件費などの運営費を措置費，すなわち，租税を中心に運営することは認められないため，直接的な公費負担はもとより，補助金なども一切ない。なぜなら，高齢者福祉にかかわる施策は，本来，憲法第25条第2項の国の社会保障的義務の規定にもとづき，原則として国および地方自治体の責任によって行われることになっているため，基本的には国および地方自治体によるべきであるが，シルバーサービスは民間企業が市場原理にもとづく財やサービスであるため，公明正大であるべき行政が財政的に関与すること

第Ⅰ部　シルバーサービスの位置づけ

図3－4　21世紀福祉ビジョン

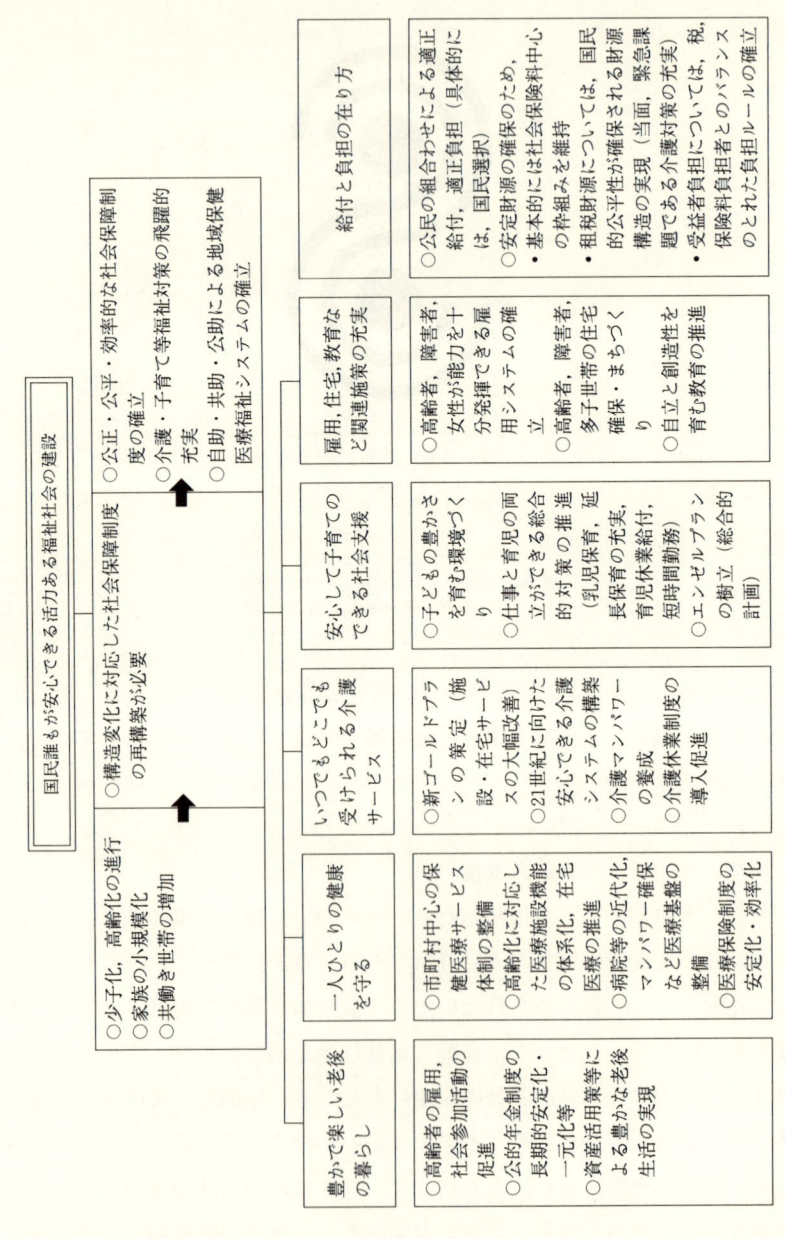

国民誰もが安心できる活力ある福祉社会の建設

- ○少子化、高齢化の進行
- ○家族の小規模化
- ○共働き世帯の増加

↓

○構造変化に対応した社会保障制度の再構築が必要

↓

- ○公正・公平・効率的な社会保障制度の確立
- ○介護・子育て等福祉対策の飛躍的充実
- ○自助・共助・公助による地域保健医療福祉システムの確立

豊かで楽しい老後の暮らし	一人ひとりの健康を守る	いつでもどこでも受けられる介護サービス	安心して子育てのできる社会支援	雇用、住宅、教育など関連施策の充実	給付と負担の在り方
○高齢者の雇用、社会参加活動の促進 ○公的年金制度の長期的安定化・一元化等 ○資産活用対策等による豊かな老後生活の実現	○市町村中心の保健医療サービス体制の整備 ○高齢化に対応した医療施設機能の体系化、在宅医療の推進 ○病院等の近代化、マンパワー確保など医療基盤の整備 ○医療保険制度の安定的・効率化	○新ゴールドプランの策定（施設・在宅サービスの大幅改善） ○21世紀に向けた安心できる介護システムの構築 ○介護マンパワーの養成 ○介護休業制度の導入促進	○子どもの豊かさを育む環境づくり ○仕事と育児の両立ができる総合的対策の推進（乳児保育、延長保育の充実、育児休業給付、短時間勤務） ○エンゼルプラン（総合的計画）の策定	○高齢者、障害者、女性が能力を十分発揮できる雇用システムの確立 ○高齢者、障害者、多子世帯の住宅確保・まちづくり ○自立と創造性を育む教育の推進	○公私の組合わせによる適正給付、適正負担（具体的には、国民的選択） ○安定財源の確保のため、基本的には社会保険料中心の枠組みを維持 ○租税財源については、国民的公平性が確保される財源構造の実現（当面、緊急課題である介護対策については、税、受益者負担とのバランスや保険料負担とのルールの確立

（出典）　高齢社会福祉ビジョン懇談会「21世紀福祉ビジョン報告書」1994年。

第3章　シルバーサービスの現状

図3-5　社会保障構造改革の進め方

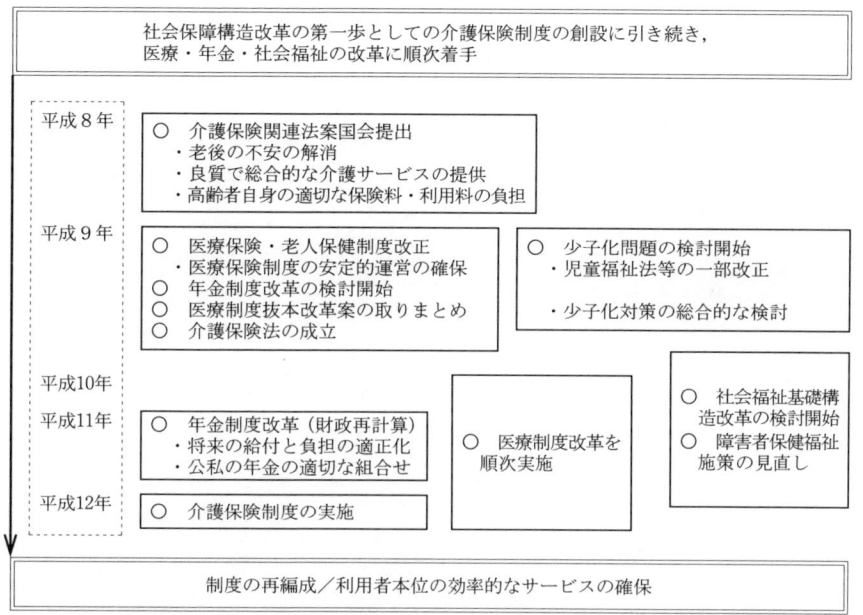

```
┌─────────────────────────────────────────────────────────────┐
│ 社会保障構造改革の第一歩としての介護保険制度の創設に引き続き、│
│ 医療・年金・社会福祉の改革に順次着手                         │
└─────────────────────────────────────────────────────────────┘
 │
 │ 平成8年    ○ 介護保険関連法案国会提出
 │            ・老後の不安の解消
 │            ・良質で総合的な介護サービスの提供
 │            ・高齢者自身の適切な保険料・利用料の負担
 │
 │ 平成9年    ○ 医療保険・老人保健制度改正        ○ 少子化問題の検討開始
 │            ・医療保険制度の安定的運営の確保      ・児童福祉法等の一部改正
 │            ○ 年金制度改革の検討開始
 │            ○ 医療制度抜本改革案の取りまとめ    ・少子化対策の総合的な検討
 │            ○ 介護保険法の成立
 │
 │ 平成10年                                                    ○ 社会福祉基礎構
 │ 平成11年   ○ 年金制度改革（財政再計算）    ○ 医療制度改革を    造改革の検討開始
 │            ・将来の給付と負担の適正化        順次実施         ○ 障害者保健福祉
 │            ・公私の年金の適切な組合せ                          施策の見直し
 │
 │ 平成12年   ○ 介護保険制度の実施
 ▼
┌─────────────────────────────────────────────────────────────┐
│ 制度の再編成／利用者本位の効率的なサービスの確保             │
└─────────────────────────────────────────────────────────────┘
```

（出典）　厚生省監修『厚生白書（平成10年版）』ぎょうせい，1998年。

は許されないからである。

　もっとも，その健全育成のための方策の一つとして，1988年，「社会福祉・医療事業団法の一部を改正する法律」にもとづき，社会福祉法人にしか認められていなかった公的年金などの積立金融資を介護機能を有する有料老人ホーム，および在宅介護サービスや訪問入浴サービスの民間企業に対しても認め，社会福祉・医療事業団を通じ，必要な事業資金や経営資金を低利で融資されることになった。また，1990年度からは福祉用具販売・レンタルについても，同様の低利融資の道が開かれたことは上述したとおりである。

第Ⅰ部　シルバーサービスの位置づけ

注

(1) ふるさと21健康長寿のまちづくり事業は1989年6月,「民間事業者による老後の保健及び福祉のための総合的施設の整備の促進に関する法律（WAC法）」の制定にもとづき,同年度,基本計画策定費に対する補助額として合わせて6000万円のほか,税制優遇およびNTT（元日本電信電話会社）無利子融資の対象事業として,毎年度,全国20か所の地域を指定するもので,一部の地方自治体と地元の民間企業がこれに呼応し,実施に着手されつつある。

第Ⅱ部

介護保険時代のシルバーサービス

第4章

介護保険の概要

1 介護保険の創設と意義

高齢者福祉と介護不安

　介護保険が2000年4月から本格的に施行されて約半年という状況にもかかわらず，今なお多くの課題が山積したままであり，国民の不安はつのるばかりである。

　そこで，本章ではこの介護保険の意義と創設の経緯，その仕組みおよび当面の課題と展望について整理してみたい。

　周知のように，わが国の社会保障・社会福祉は，戦後，第二次世界大戦による惨禍を教訓に，現行の憲法が制定されたのを機に，国民の権利として制度化された。すなわち，憲法第25条によって国民の生存権，および国の社会保障的義務が定められ，高齢者の介護などはそのうちの老人福祉として位置づけられ，今日に至っている。

　具体的には，寝たきりや痴呆性などの要介護高齢者の介護は，1963年に制定された老人福祉法によって制度として導入された。そして，その後，1982年，従来の老人福祉法から独立する形で制定された老人保健法と併せ，施設福祉と在宅福祉を主な施策の柱として取り組まれることになったが，その実態は旧来の家制度にもとづく私的介護，それも寝たきりや痴呆性などの要介護高齢者と同居している家族，とりわけ，自分の母や配偶者の母，配偶者などの女性に偏重した負担のもとで行われている（表4-1）。

第4章　介護保険の概要

表4-1　要介護者と主たる介護者との関係

			要介護者がいる世帯が2人以上の比率(%)	要介護者と主たる介護者との関係											
				配偶者	自分の父	自分の母	自分の兄弟・姉妹	自分の祖父母	配偶者の父	配偶者の母	配偶者の兄弟・姉妹	配偶者の祖父母	その他の親戚	友人・知人	その他	N A
総　計			14.2	15.4	15.1	30.6	0.5	2.4	8.3	22.5	0.1	1.9	0.3	0.0	0.9	2.0
要介護者の現在の介護場所	在　宅		13.9	19.2	13.6	26.3	0.5	2.2	8.8	24.9	0.1	1.8	0.2	0.1	0.9	1.4
	病院	計	16.3	12.7	17.4	38.2	0.9	1.8	7.6	17.2	0.4	2.0	…	…	0.2	1.3
		一般病院	16.3	14.2	18.7	34.4	1.2	1.2	8.3	17.8	0.6	1.5	0.3	…	…	1.8
		老人病院	16.2	8.1	13.5	49.5	…	3.6	5.4	15.3	…	3.6	…	…	0.9	…
	施設	計	16.3	4.0	18.3	39.4	0.4	3.6	6.4	22.7	…	2.0	0.8	…	0.8	1.6
		老人保健施設	20.3	4.1	24.3	28.4	…	2.7	10.8	24.3	…	2.7	…	…	1.4	1.4
		特養・公立	21.4	5.4	23.2	41.1	…	5.4	1.8	23.2	…	…	…	…	…	…
		特養・社会福祉法人	8.3	3.7	12.0	47.2	0.9	3.7	2.8	21.3	…	2.8	1.9	…	0.9	2.8
		有料老人ホーム	38.5	…	15.4	30.8	…	…	30.8	23.1	…	…	…	…	…	…
	その他		27.3	9.1	27.3	27.3	…	…	9.1	18.2	…	…	9.1	…	…	…

(出典)　日本労働組合総連合会編「れんごう政策資料85『要介護者を抱える家族』についての実態調査報告書」1995年。

　しかし，このような私的介護も近年の人口の高齢化の進行や女性の社会進出，親子の別居志向，産業・就業構造の変化に伴う大都市への人口の集中による過疎化に伴い，家庭における介護の機能が低下して困難となった。加えて，21世紀にはこの高齢化も本格化し，だれもが介護に対する不安をつのらせざるを得なくなった。そればかりか，在宅介護の厳しい現状を反映し，介護する家族による虐待や高齢者自身による自殺といった悲劇も少なくない。
　そこで，政府は1989年，「高齢者保健福祉推進十か年戦略（ゴールドプラン）」を策定するとともに（図4-1），翌1990年，市町村を中心とした在宅福祉を重点的，かつ計画的に進めるため，老人福祉法等福祉八法を改正し，老人保健福祉計画の策定をすべての都道府県および市町村に義務づけた（前出・図2-1）。また，1991年に老人訪問看護制度の創設のための老人保健法の改正，

第Ⅱ部 介護保険時代のシルバーサービス

図4-1 「高齢者保健福祉推進十か年戦略」の見直し（新ゴールドプラン）の概要

すべての国民が安心してその老後を送ることができるよう，現行の「高齢者保健福祉推進十か年戦略」を全面的に見直し，「新ゴールドプラン」を策定，平成7年度からスタート。
（平成6年12月18日 大蔵・厚生・自治3大臣合意）

1. 整備目標の引上げ等（平成11年度末までの当面の整備目標）

(1) 在宅サービス
- ホームヘルパー 10万人 → 17万人
- （ホームヘルパーステーション ── → 1万か所）
- ショートステイ 5万床 → 6万人分
- デイサービス 1万か所 → 1.7万か所（デイケアを含む）
- 在宅介護支援センター 1万か所 → 1万か所
- 老人訪問看護ステーション ── → 5,000か所

(2) 施設サービス
- 特別養護老人ホーム 24万床 → 29万人分
- 老人保健施設 28万床 → 28万人分
- 高齢者生活福祉センター 400か所 → 400か所
- ケアハウス 10万人分 → 10万人分

(3) マンパワーの養成確保
- 寮母・介護職員 ── → 20万人
- 看護職員等 ── → 10万人
- ＯＴ・ＰＴ ── → 1.5万人

2. 今後の取り組むべき高齢者介護サービス基盤の整備に関する施策の基本的枠組みの策定

《基本理念》
利用者本位・自立支援，普遍主義，総合的サービスの提供，地域主義

《サービス基盤の整備》
(1) 在宅サービス
- かかりつけ医の充実強化
- ケアプランの策定
- 配食サービス，緊急通報システムの普及

(2) 施設サービス
- 特別養護老人ホームの基準面積の拡大（個室化の推進）
- 充実した介護力を整えた老人病棟の整備推進
- 福祉用具の積極的導入による施設機能の近代化

(3) 寝たきり老人対策〈新寝たきり老人ゼロ作戦の展開〉
- 地域リハビリテーション事業の実施，市町村保健センターの整備

(4) 痴呆性老人対策の総合的実施
- 痴呆性老人の治療・ケアの充実（グループホームの実施等）

《支援施策》
(1) マンパワーの養成確保
- 養成施設の整備，研修体制の整備

(2) 福祉用具の開発・普及の推進
- 福祉用具の研究開発・普及の促進

(3) 民間サービスの活用
- 民間サービスの積極的活用によるサービス供給の多様化・弾力化

(4) 住宅対策・まちづくりの推進（建設省と協力して推進）
- シルバーハウジング等の高齢者対応型住宅の整備
- 高齢者・障害者に配慮されたまちづくりの推進

《施策の実施》
これらの目標を具体化するために，国，都道府県，市町村等がそれぞれの役割を踏まえ，適切に事業を実施するとともに，地方公共団体が地域の特性に応じて自主的に行う高齢者介護施策を支援。

3. 五年間の総事業費

9兆円を上回る規模

今後取り組むべき高齢者介護サービスの基盤の整備及び当面の整備目標の更なる充実については，消費税率の見直しに関連して行われる検討の中で，財源の確保を含め，改めて検討。

（出典） 厚生省大臣官房政策課監修『社会保障入門 平成9年版』中央法規出版，1998年。

1992年には福祉人材確保法および看護婦等人材確保法の制定，さらには療養型病床群の創設をめざして医療法の改正に踏み切った。

市町村中心の在宅介護

一方，1994年には「21世紀福祉ビジョン」の策定をはじめ（前出・図3-4），介護保険制度の創設を提言した社会保障制度審議会・社会保障将来像委員会第二次報告，および高齢者の自立支援を基本理念とする高齢者介護制度の創設を提言した高齢者介護・自立支援システム研究会報告，また，1995年には高齢者介護制度の基本的考え方をとりまとめた「社会保障制度審議会勧告（95年勧告）」，および老人保健福祉審議会の中間報告を踏まえ，在宅介護を中心としたサービスの基盤の整備を図ることになった。これは，第二次臨時行政調査会が1981年に打ち出した「行政改革に関する第一次答申（臨調行革第一次答申）」を受ける形で，従来，高齢者福祉の重点施策であった施設福祉を在宅福祉にそのウエートを移す一方，保健・医療・福祉を連携し，国主導から地方主導，わけても市町村主導へと転換させることを意味するものである。

とりわけ，寝たきりや痴呆性などの要介護高齢者の介護については，国をあげて「介護の社会化」として取り組むべく，1996年，介護サービスの基盤を社会保険方式によって整備する介護保険法案を国会に提出した結果，翌1997年12月に可決，成立し，2000年4月から施行されることになったのである。

2 介護保険の仕組み

医療保険・高齢者福祉からの移行

介護保険は，寝たきりや痴呆性などの要介護高齢者の介護については，従来，原則として財源の全額を公費（租税）により訪問介護（ホームヘルプサービス）や通所介護（デイサービス），短期入所生活介護（ショートステイ）などの居宅（在宅）サービス，および介護保険施設（指定介護老人福祉施設，介護老人保健施設，指定介護療養型医療施設）における施設サービスを医療保険お

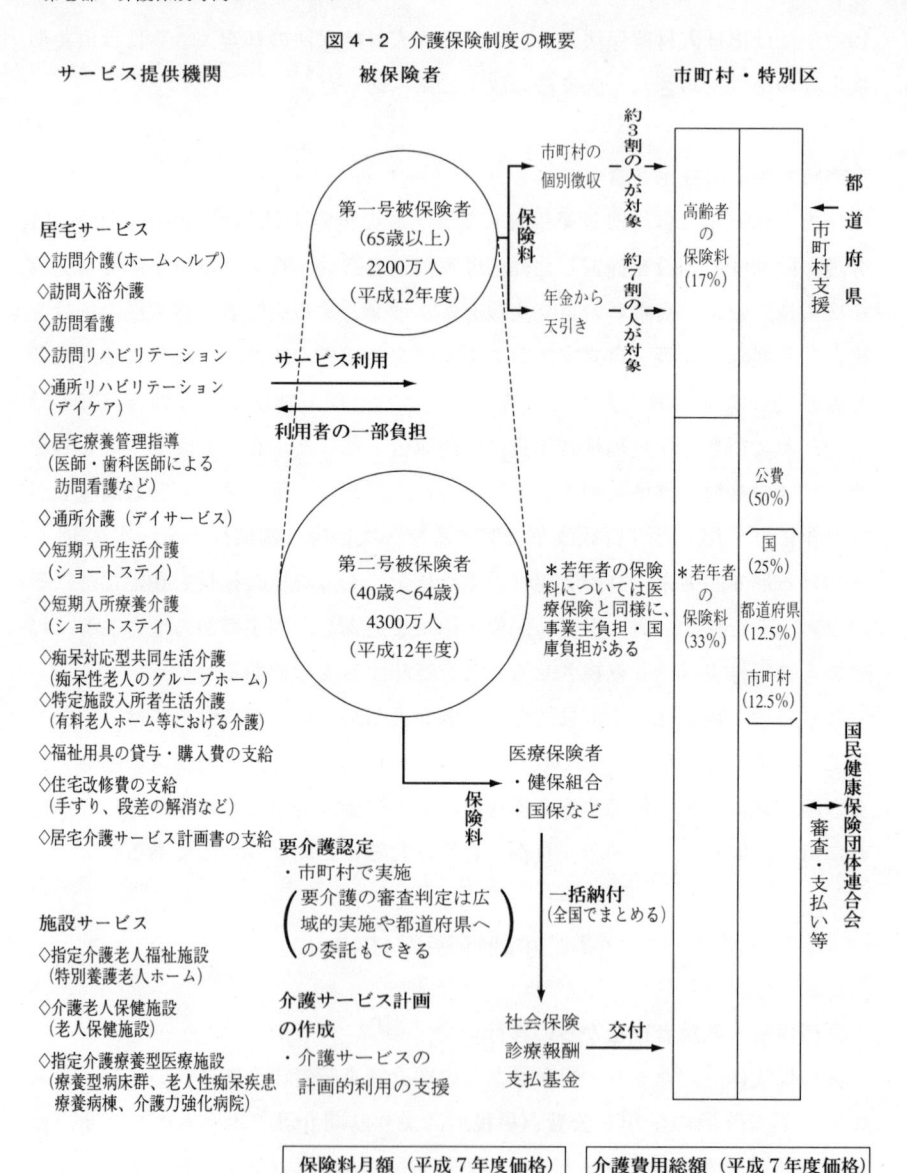

第Ⅱ部　介護保険時代のシルバーサービス

図4-2　介護保険制度の概要

サービス提供機関

居宅サービス
◇訪問介護(ホームヘルプ)
◇訪問入浴介護
◇訪問看護
◇訪問リハビリテーション
◇通所リハビリテーション
　(デイケア)
◇居宅療養管理指導
　(医師・歯科医師による
　　訪問看護など)
◇通所介護(デイサービス)
◇短期入所生活介護
　(ショートステイ)
◇短期入所療養介護
　(ショートステイ)
◇痴呆対応型共同生活介護
　(痴呆性老人のグループホーム)
◇特定施設入所者生活介護
　(有料老人ホーム等における介護)
◇福祉用具の貸与・購入費の支給
◇住宅改修費の支給
　(手すり、段差の解消など)
◇居宅介護サービス計画書の支給

施設サービス
◇指定介護老人福祉施設
　(特別養護老人ホーム)
◇介護老人保健施設
　(老人保健施設)
◇指定介護療養型医療施設
　(療養型病床群、老人性痴呆疾患
　療養病棟、介護力強化病院)

被保険者

第一号被保険者
(65歳以上)
2200万人
(平成12年度)

サービス利用 →
← 利用者の一部負担

第二号被保険者
(40歳～64歳)
4300万人
(平成12年度)

要介護認定
・市町村で実施
　要介護の審査判定は広域的実施や都道府県への委託もできる

介護サービス計画の作成
・介護サービスの計画的利用の支援

市町村・特別区

保険料　市町村の個別徴収（約3割の人が対象）
　　　　年金から天引き（約7割の人が対象）

＊若年者の保険料については医療保険と同様に、事業主負担・国庫負担がある

医療保険者
・健保組合
・国保など

保険料　一括納付(全国でまとめる)

社会保険診療報酬支払基金　→交付→

高齢者の保険料(17%)

＊若年者の保険料(33%)

公費(50%)
　国(25%)
　都道府県(12.5%)
　市町村(12.5%)

都道府県　←市町村支援

国民健康保険団体連合会　←審査・支払い等

保険料月額（平成7年度価格）	介護費用総額（平成7年度価格）(利用者の一部負担を含む)
平成12年度(3年中期)　約2500円	平成12年度　約4.2兆円

(出典)　厚生省監修『厚生白書（平成10年版）』ぎょうせい，1998年を一部修正。

よび高齢者福祉制度から介護保険に移行し，社会保険として対応しようというものである（図4-2）。

具体的には，介護保険から給付される各種介護サービスの財源の全体の50％は介護保険の被保険者の保険料，残りの50％は公費（租税），すなわち，国が25％，都道府県と市町村が12.5％ずつ負担する。また，介護保険の被保険者は40歳以上のすべての国民で，月額約2500円の介護保険料を負担する[(1)]。

そのうえで，介護が必要と思われた場合，市町村に要介護認定を申請する。これを受け，市町村では調査員を申請者のもとに訪問させ，日常生活動作（ADL）など85項目について聞き取り調査を実施し（表4-2），一次判定を行う。そして，訪問調査員が訪問調査した際，介護の手間が具体的にどのような状態にあるのか，観察した所見を記載した特記事項，および本人の主治医（かかりつけ医）の意見書を示し，介護認定審査会に対していずれの要介護度にあるのか審査を依頼し，二次判定を出して最終判定する（写真4-1）。

その結果，介護保険の適用者となってはじめて，希望するサービスの提供機関に介護保険の被保険者証（保険証）を提示し，訪問介護（ホームヘルプサービス）などの居宅（在宅）サービス，あるいは指定介護老人福祉施設（特別養護老人ホーム）などの施設サービスのいずれかを受ける。また，在宅の場合，希望により要介護状態区分（要介護度）にもとづく介護サービスの給付項目およびその組み合わせに関し，居宅介護支援事業者（ケアマネジメント機関）に対し，介護サービス計画（ケアプラン）を無料で作成を依頼することができる。施設入所の場合，作成は必須である（図4-3）。このため，従来の健康保険や国民健康保険，共済組合などの医療保険と比べ，あらかじめ要介護認定を受けなければ介護保険から介護サービスを受けることができない点が異なる。

なお，これらのサービスの利用に伴う自己負担は介護サービスの基本料金の1割で，差額は介護保険で賄われる[(2)]（表4-3）。

上乗せ・横出しサービスと介護保険料

そこで，これらの保険給付以外の従来の在宅サービスおよび施設サービスは

第Ⅱ部　介護保険時代のシルバーサービス

表4-2　個人別中間評価項目得点の算出方法

第1群（麻痺・拘縮関連項目　11項目）	Aさんの調査結果	各群の得点

麻痺（左―上肢）	なし ─┐	┌─ な　し　18.4	
麻痺（右―上肢）	あり ─┤	├─ 単麻痺　14.3	
麻痺（左―下肢）	なし ─┼─│─┼─ 対麻痺　12.7		6.6
麻痺（右―下肢）	あり ─┤	├─ 片麻痺　 6.6	
麻痺（その他）	なし ─┘	└─ 四肢麻痺 0.0	

拘縮（肩関節）	なし 16.6　あり 0.0		0.0
拘縮（肘関節）	なし 17.8　あり 0.0		0.0
拘縮（股関節）	なし 16.5　あり 0.0		0.0
拘縮（膝関節）	なし 13.6　あり 0.0		0.0
拘縮（足関節）	なし 17.1　あり 0.0		0.0
拘縮（その他）	なし		

第1群に関する得点　6.6

第2群（移動等関連項目　7項目）

寝返り	できる 14.3　つかまればできる 8.0　できない 0.0	8.0
起き上がり	できる 14.6　つかまればできる 10.5　できない 0.0	10.5
両足つく座位保持	できる 15.0　自分の手があれば 9.8　支えが必要 3.2　できない 0.0	15.0
両足つかない座位保持	できる 14.7　自分の手があれば 11.9　支えが必要 4.6　できない 0.0	11.9
両足での立位保持	できる 14.7　支えがあればできる 10.1　できない 0.0	10.1
歩　行	できる 13.2　つかまればできる 10.3　できない 0.0	8.5
移　乗	自立 14.0　見守り 11.6　一部介助 8.5　全介助 0.0	

第2群に関する得点　64.0

第3群（複雑な動作等関連項目　4項目）

立ち上がり	できる 25.7　つかまればできる 13.2　できない 0.0	13.2
片足での立位保持	できる 24.8　支えがあればできる 14.9　できない 0.0	
浴槽の出入り	自立 24.0　一部介助 13.8　全介助 0.0　行っていない 1.1	13.8
洗　身	自立 25.5　一部介助 14.5　全介助 1.4　行っていない 0.0	14.5

第3群に関する得点　41.5

第4群（特別な介護等関連項目　9項目）

じょくそう	なし 8.7　あり 0.0	8.7
皮膚疾患	なし 3.6　あり 0.0	3.6
片手胸元持ち上げ	できる 12.8　要介助 3.2　できない 0.0	12.8
嚥下	できる 14.0　見守り 6.0　できない 0.0	14.0
尿意	あり 12.1　ときどき 6.3　なし 0.0	6.3
便意	あり 12.1　ときどき 5.7　なし 0.0	5.7
排尿後の後始末	自立 11.7　関節的援助 10.2　直接的援助 8.0　全介助 0.0	10.2
排便後の後始末	自立 11.6　間接的援助 10.4　直接的援助 8.4　全介助 0.0	8.4
食事摂取	自立 13.4　見守り 8.3　一部介助 5.5　全介助 0.0	8.3

第4群に関する得点　78.0

第4章 介護保険の概要

第5群（身の回りの世話等関連項目　13項目）

項目	選択肢	得点
口腔清潔	自立 8.5　一部介助 3.0　全介助 0.0	3.0
洗顔	自立 8.6　一部介助 2.9　全介助 0.0	2.9
整髪	自立 8.2　一部介助 3.0　全介助 0.0	8.2
つめ切り	自立 7.7　一部介助 5.7　全介助 0.0	0.0
ボタンのかけはずし	自立 8.4　見守り 3.9　一部介助 3.1　全介助 0.0	3.1
上衣の着脱	自立 8.9　見守り 4.2　一部介助 3.1　全介助 0.0	3.1
ズボン等の着脱	自立 8.8　見守り 4.4　一部介助 3.6　全介助 0.0	3.6
靴下の着脱	自立 8.4　見守り 4.0　一部介助 3.5　全介助 0.0	0.0
居室の掃除	自立 7.8　見守り 6.1　全介助 0.0	0.0
薬の内服	自立 8.6　一部介助 4.4　全介助 0.0	4.4
金銭の管理	自立 7.4　一部介助 5.0　全介助 0.0	0.0
ひどい物忘れ	ない 4.2　ときどきある 3.5　ある 0.0	4.2
周囲への無関心	ない 4.5　ときどきある 1.2　ある 0.0	4.5
	第5群に関する得点	37.0

第6群（コミニュケーション等関連項目　10項目）

項目	選択肢	得点
視力	普通 11.8　約1m先が見える 10.2　目の前が見える 8.4　ほとんど見えない 9.1　判断不能 0.0	11.8
聴力	普通 12.7　やっと聞こえる 11.6　かなり大きな声 10.0　ほとんど聞こえない 7.8　判断不能 0.0	12.7
意思の伝達	できる 12.0　ときどきできる 7.2　ほとんどできない 3.5　できない 0.0	7.2
指示への反応	通じる 12.0　ときどき通じる 5.5　通じない 0.0	12.0
毎日の日課を理解	できる 8.1　できない 0.0	8.1
生年月日をいう	できる 8.4　できない 0.0	0.0
短期記憶	できる 8.3　できない 0.0	0.0
自分の名前をいう	できる 9.9　できない 0.0	0.0
今の季節を理解	できる 8.3　できない 0.0	0.0
場所の理解	できる 8.5　できない 0.0	0.0
	第6群に関する得点	51.8

第7群（問題行動関連項目　19項目）

項目	選択肢	得点
被害的	ない 5.3　ときどきある 2.8　ある 0.0	5.3
作話	ない 5.7　ときどきある 2.7　ある 0.0	5.7
幻視幻聴	ない 4.9　ときどきある 2.5　ある 0.0	4.9
感情が不安定	ない 4.4　ときどきある 2.4　ある 0.0	2.4
昼夜逆転	ない 3.9　ときどきある 2.0　ある 0.0	3.9
暴言暴行	ない 5.8　ときどきある 2.6　ある 0.0	5.8
同じ話をする	ない 5.1　ときどきある 2.3　ある 0.0	5.1
大声をだす	ない 5.1　ときどきある 2.3　ある 0.0	5.1
介護に抵抗	ない 5.2　ときどきある 2.5　ある 0.0	5.2
常時の徘徊	ない 5.7　ときどきある 2.4　ある 0.0	5.7
落ち着きなし	ない 6.2　ときどきある 3.0　ある 0.0	6.2
外出して戻れない	ない 4.2　ときどきある 1.7　ある 0.0	4.2
一人で外に出たがり要監視	ない 5.9　ときどきある 2.2　ある 0.0	5.9
収集癖	ない 6.3　ときどきある 1.9　ある 0.0	6.3
火の不始末	ない 3.6　ときどきある 2.6　ある 0.0	3.6
物や衣類を壊す	ない 7.1　ときどきある 2.2　ある 0.0	7.1
不潔行為	ない 4.7　ときどきある 1.8　ある 0.0	4.7
異食行為	ない 5.1　ときどきある 1.2　ある 0.0	5.1
性的迷惑行為	ない 5.8　ときどきある 2.0　ある 0.0	5.6
	第7群に関する得点	98.0

（出典）『月刊介護保険』（No.39）法研, 1999年6月号。

第Ⅱ部　介護保険時代のシルバーサービス

写真4-1　介護保険では要介護認定が必要

▷山口県上関町にて。

図4-3　要介護認定とサービスの利用方法

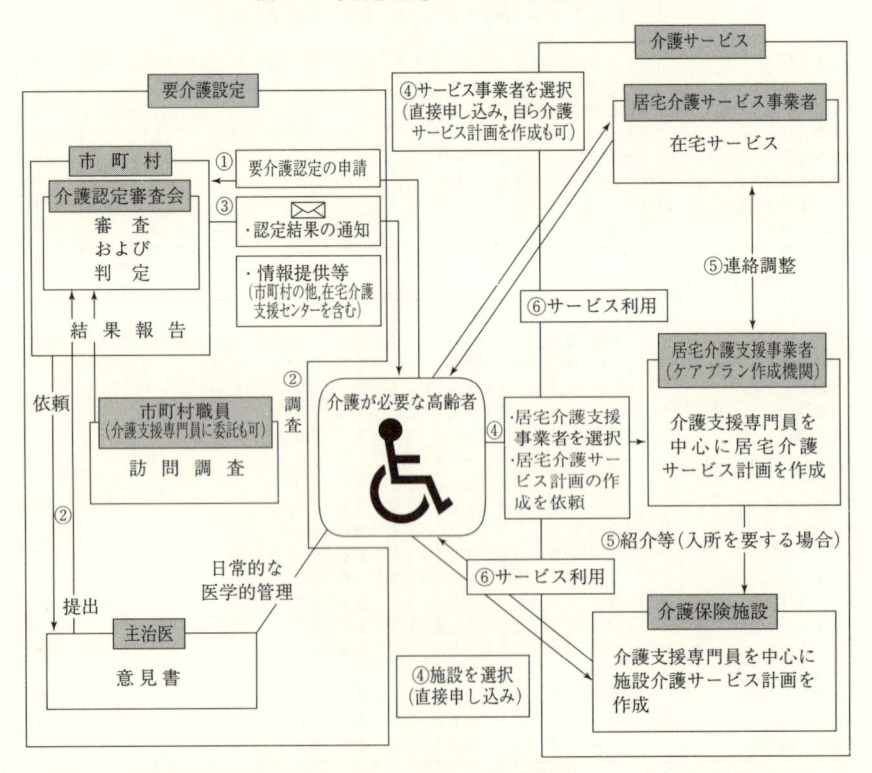

（出典）　厚生省監修『厚生白書（平成10年版）』ぎょうせい，1998年。

表4-3 サービスの基本料金（月額）

①居宅（在宅）サービス

区　分	施設に入った場合の1日当たり要介護時間	内　　容	上　限
要支援	25分以上30分未満、または間接生活介助と機能訓練関連行為の合計が10分以上	機能訓練の必要性があるので、週2回の通所リハビリテーションが利用できる	61,500円
要介護1	30分以上50分未満	排せつ、入浴などに一部介助が必要。毎日何らかのサービスが利用できる	165,800円
要介護2	50分以上70分未満	排せつ、入浴などに一部または全介助が必要。週3回の通所リハビリまたは通所介護を含め、毎日何らかのサービスが利用できる	194,800円
要介護3	70分以上90分未満	排せつ、入浴などについて全介助が必要。夜間（または早朝）の巡回訪問介護を含め、1日2回のサービスが利用できる。医療の必要度が高い場合は週3回の訪問看護、痴ほうでは週4回の通所リハビリまたは通所介護を含め、毎日サービスが利用できる	267,500円
要介護4	90分以上110分未満	夜間（または早朝）の巡回訪問介護を含め、1日2～3回のサービスが利用できる。医療の必要度が高い場合は週3回の訪問看護、痴ほうでは週5回の通所リハビリまたは通所介護を含め、毎日サービスが利用できる	306,000円
要介護5	110分以上	生活全般にわたって全面的な介助が必要。早朝、夜間の巡回訪問介護を含め、1日3～4回程度のサービスが利用できる。医療の必要度が高い場合は週3回の訪問看護が利用できる	358,300円

②施設サービス

特養ホーム	32.5万円	老人保健施設	35.4万円	療養型病床群	43.1万円

※平均利用額は保険料の試算のもとになる平均値。
※在宅サービスでは要介護度ごとのサービスモデルに沿って計算したもの。
（出典）『シルバー新報』1999年8月27日等を一部修正。

第Ⅱ部　介護保険時代のシルバーサービス

表4－4　ゴールドプラン21

（訪問系サービス）

区　　分	（新ＧＰ目標） 平成11年度	平成16年度
訪問介護 　（ホームヘルプサービス）	— 17万人	225百万時間 （35万人）
訪問看護 　　訪問看護ステーション	— 5,000か所	44百万時間 （9,900か所）

（通所系サービス）

通所介護（デイサービス）／ 通所リハビリテーション（デイ・ケア）	1.7万か所	105百万回 （2.6万か所）

（短期入所（ショートステイ）系サービス）

短期入所生活介護／ 短期入所療養介護	— 6万人分 （ショートステイ専用床）	4,785千週 9.6万人分 （短期入所生活介護専用床）

（施設系サービス）

介護老人福祉施設 　（特別養護老人ホーム）	29万人分	36万人分
介護老人保健施設	28万人分	29.7万人分

（生活支援系サービス）

痴呆対応型共同生活介護 　（痴呆性老人グループホーム）	—	3,200か所
介護利用型軽費老人ホーム 　（ケアハウス）	10万人分	10.5万人分
高齢者生活福祉センター	400か所	1,800か所

（注）　1．平成16年度（　）の数値については，一定の前提条件の下で試算した参考値である。
　　　　2．介護療養型医療施設については，療養型病床群等の中から申請を受けて，都道府県知事
　　　　　が指定を行うこととなる。
（出典）　厚生省「今後5か年間の高齢者保健福祉施策の方向（ゴールドプラン21）資料」2000年。

基本的には介護保険の適用外で，上乗せ・横出しサービスとなる（図4－4）。
このため，市町村が介護保険に対する住民の意見や議会における審議を通じ，
従来の介護サービスと比べ，介護保険からのサービスをどこまで補完すべきか，
2000年4月以降に策定する「今後5か年間の高齢者保健福祉施策の方向（ゴー
ルドプラン21）」（表4－4）の"市町村版"である新・老人保健福祉計画と介護
保険事業計画とのすみわけが注目される（図4－5）。また，これと平行し，こ

第4章　介護保険の概要

図4-4　上乗せサービス・横出しサービスの例（概念図）

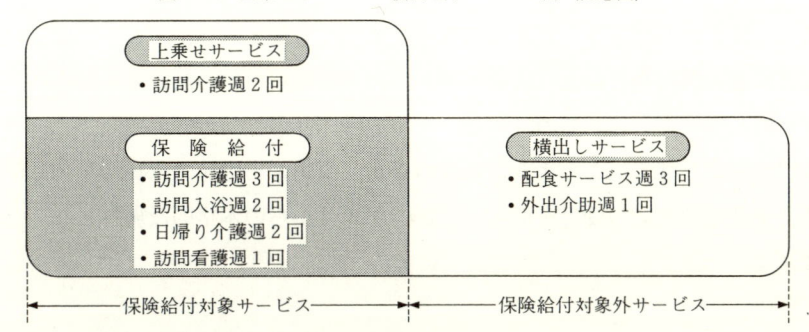

```
┌─────────────────────────────────┐
│         上乗せサービス             │
│    ・訪問介護週2回                 │
│   ┌──────────────┬──────────────┐│
│   │  保 険 給 付  │ 横出しサービス ││
│   │・訪問介護週3回│・配食サービス週3回│
│   │・訪問入浴週2回│・外出介助週1回  ││
│   │・日帰り介護週2回│             ││
│   │・訪問看護週1回│              ││
│   └──────────────┴──────────────┘│
└─────────────────────────────────┘
   ←─保険給付対象サービス─→←保険給付対象外サービス─→
```

（出典）　衆議院厚生委員会調査室「介護保険法案参考資料」1997年。

図4-5　老人保健福祉計画と介護保険事業計画の関係

```
┌─────────────────── 老人保健福祉計画 ───────────────────┐
│○地域における老人保健福祉事業に関する総合計画                │
│●介護保険給付対象サービス，介護保険給付対象外サービス等の確保など，│
│　地域全体の高齢者全体に係る政策目標等                       │
│●要介護者等以外の高齢者を含む高齢者全体の実情把握，需要把握，相談調査指導│
│○介護保険給付対象外のサービス，地方単独事業によるサービスの供給体制の確保│
│　―日常生活用具給付等，日常生活支援事業（配食等），養護老人ホーム，│
│　　軽費老人ホーム，老人福祉センター                        │
│　　在宅介護支援センター，高齢者生活福祉センター，保健事業等―　│
│○措置対象者の把握，サービス提供の方策等                     │
│  ┌──────────────── 介護保険事業計画 ────────────────┐│
│  │○地域における要介護者等（介護保険給付対象者）の現状把握  ││
│  │○要介護者等の個別需要の把握                            ││
│  │○必要となる介護保険給付対象サービスの見込み量           ││
│  │　対象サービス                                          ││
│  │　　―訪問介護，訪問入浴，訪問看護，通所介護，短期入所介護，痴呆対応型共同││
│  │　　　生活介護                                          ││
│  │　　特定施設入所者生活介護，福祉用具貸与，福祉用具購入，住宅改修││
│  │　　訪問リハ，居宅療養管理指導，通所リハ，短期入所療養介護││
│  │　　居宅介護支援，特例居宅介護サービス                   ││
│  │　　介護福祉施設（特別養護老人ホーム），介護老人保健施設（老人保健施設）││
│  │　　介護療養型医療施設（療養型病床群等）                 ││
│  │　　市町村特別給付対象サービス                           ││
│  │○サービス見込み量に係る供給体制の確保のための整備方策    ││
│  │○事業者間の連携の確保等，介護給付対象サービスの円滑な提供を図るための事業││
│  │○人材の確保又は資質の向上のために講ずる措置             ││
│  └────────────────────────────────────────────────────┘│
│○事業費の見込みに関する事項                                 │
└─────────────────────────────────────────────────────────┘
```

（出典）　厚生省介護保険制度実施推進本部「全国介護保険担当課長会議資料」1998年。

の上乗せ・横出しサービスとなる介護サービスを含めた高齢者の保健・福祉対策の全般にかかわるサービスの基盤をどの程度整備すべきか，さらにはその場合に財源の負担をどのようにすべきか，介護保険料の額の設定ともからめ，大きな関心事となっているのである。[3]

いずれにしても，このような状況のなか，全国の市町村では1999年10月から要介護認定の申請の受付を開始し，2000年4月からの本格的な施行となったのである。

3 当面の課題と展望

老人保健福祉計画の完全実施

そこで，最後に当面の課題と展望を述べてみたい。

まず第一に，介護保険から給付されるサービスの基盤の整備を図るための「高齢者保健福祉推進十か年戦略の見直しについて（新ゴールドプラン）」の完全実施，すなわち，すべての市町村が策定した老人保健福祉計画におけるサービスの整備目標の100％実施という点である。

しかし，この老人保健福祉計画についてはほぼ100％実施の見通しであるが（表4-5），これは，あくまでも国家予算上の数値的なものにすぎず，地方自治体レベルでは折からの"バブル経済"の崩壊など，経済の低成長に伴う税収不足による財源難をはじめ，マンパワーや計画の準備期間の不足などを挙げ，その整備目標の最終年度である1999年3月までに100％達成するのは困難というところが大半である（図4-6および表4-6）。なかには介護保険の導入に伴い，現行の全額を公費（租税）による措置制度は基本的には廃止されることになっているため，市町村によっては従来の直営による介護サービスを取りやめたり，介護手当の支給を削減したりしているところもある。

また，市町村社協をはじめ，生協や農協，住民参加型有償在宅福祉サービス，果てはシルバーサービスの民間企業に事業を全面的に委託し，"丸投げ"を決め込むところも予想される。

表4-5 新・高齢者保健福祉推進十か年戦略（新ゴールドプラン）の進捗状況

区分		年度	1995年度予算 (平成7) ( )内は実績	1996年度予算 (平成8) ( )内は実績	1997年度予算 (平成9) ( )内は実績	1998年度予算 (平成10)	1999年度予算 (平成11)	新ゴールドプラン (1999年度) (平成11)
在宅サービス	訪問介護員（ホームヘルパー）		92,482人 (95,578人)	122,482人 (118,779人)	151,908人 (136,661人)	167,908人	178,500人	170,000人
	短期入所生活介護（ショートステイ）		30,627人分 (33,034人分)	36,727人分 (38,619人分)	44,834人分 (43,566人分)	56,802人分	63,000人分	60,000人分
	日帰り介護(デイサービス)／日帰りリハビリテーション(デイケア)		8,643か所 (6,401か所)	10,322か所 (7,922か所)	12,084か所 (9,616か所)	15,006か所	17,150か所	17,000か所
	在宅介護支援センター		3,472か所 (2,651か所)	4,672か所 (3,347か所)	6,172か所 (4,155か所)	8,564か所	10,000か所	10,000か所
	老人訪問看護事業所（老人訪問看護ステーション）		1,500か所 (1,235か所)	2,300か所 (1,863か所)	3,200か所 (2,559か所)	4,100か所	5,000か所	5,000か所
施設サービス	特別養護老人ホーム		231,509人分 (233,560人分)	247,109人分 (249,017人分)	262,709人分 (262,961人分)	289,155人分	300,000人分	290,000人分
	老人保健施設		165,811人分 (120,298人分)	191,811人分 (147,243人分)	220,811人分 (180,855人分)	249,811人分	280,000人分	280,000人分
	介護利用型軽費老人ホーム（ケアハウス）		30,700人分 (16,893人分)	38,200人分 (23,326人分)	51,350人分 (29,529人分)	73,400人分	83,400人分	100,000人分
	高齢者生活福祉センター		240か所 (186か所)	280か所 (204か所)	320か所 (227か所)	570か所	600か所	400か所

(注) 1. 訪問介護員（ホームヘルパー）については，障害者プランで，1996（平成8）年度において8,000人，1997（平成9）年度において7,500人，1998（平成10）年度において8,600人，1999（平成11）年度において8,700人（累計32,800人）の上乗せが行われている。
2. 日帰りリハビリテーション（デイケア）の実績は，各年度の7月1日現在の数値。
3. 1998（平成10）年度予算の数値は，3次補正後の数値。
(出典) 厚生省編『厚生白書（平成11年版）』ぎょうせい，1999年。

介護サービスの地方格差

それだけではない。今回の市町村による介護保険事業計画は従来の老人保健福祉計画にもまして，寝たきりや痴呆性などの要介護高齢者の実態の把握やその策定を綿密に行うことが必要である。しかもその場合，都道府県の指導の枠内にとらわれず，それぞれの市町村の地域の特性や住民の福祉ニーズなどを重視したうえ，介護保険の適用の対象外となる保健・福祉サービスをどのように講ずべきか，という点も大きな課題である。

第Ⅱ部 介護保険時代のシルバーサービス

図 4-6 新ゴールドプランの完全実施の見通し

① 計画は目標年度までに完全実施できるか？（日本弁護士連合会）

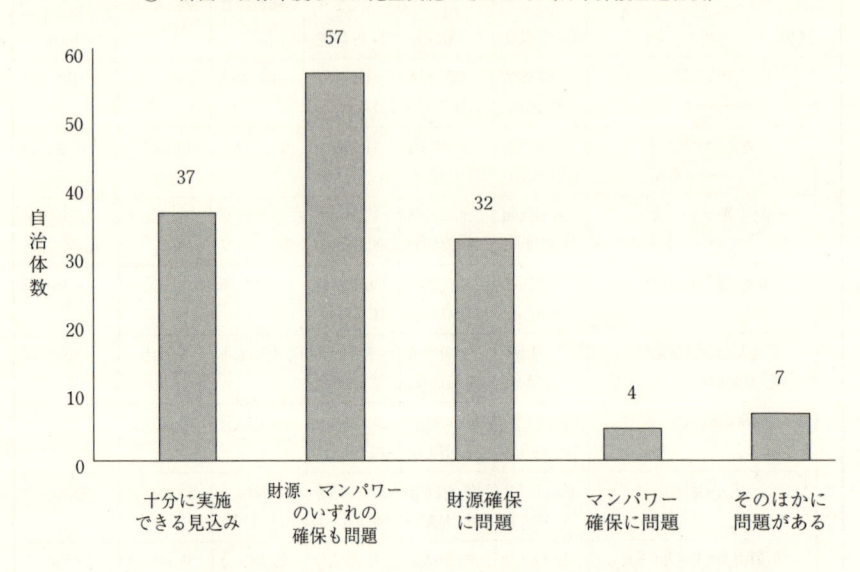

自治体数

十分に実施できる見込み	財源・マンパワーのいずれの確保も問題	財源確保に問題	マンパワー確保に問題	そのほかに問題がある
37	57	32	4	7

② 整備目標は計画どおりに達成できるか（日経産業消費研究所）

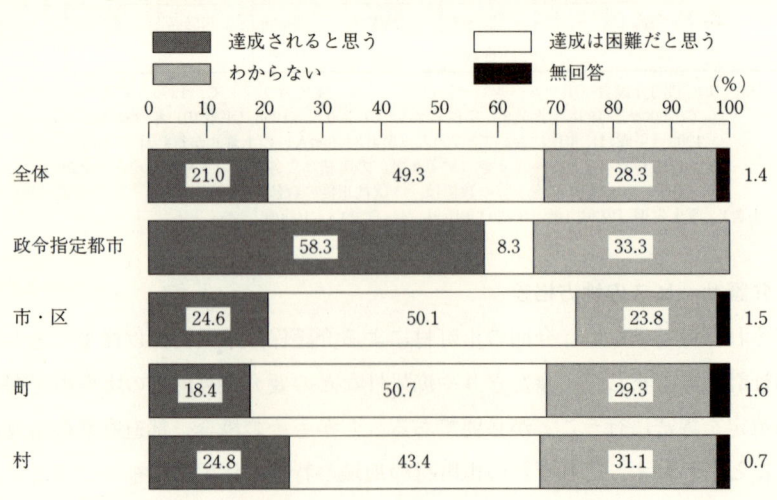

凡例: ■達成されると思う　□達成は困難だと思う　▨わからない　■無回答

	達成されると思う	達成は困難だと思う	わからない	無回答
全体	21.0	49.3	28.3	1.4
政令指定都市	58.3	8.3	33.3	
市・区	24.6	50.1	23.8	1.5
町	18.4	50.7	29.3	1.6
村	24.8	43.4	31.1	0.7

（出典）　日本医療企画『ぱんぷう』1996年3月号。

しかし，その具体的な運営については300近くもの政・省令に委ねられており，かつその内容の開示にもとづく厚生省および都道府県の指導も遅々としていたため，対応に苦慮していたのが現状である。そればかりか，従来の居宅（在宅）サービスおよび施設サービスのメニューの量や質を落とすわけにはいかないため，上乗せ・横出しサービスの実施に伴う介護保険料の大幅な引き上げを検討しているところもあるなど，市町村によってはサービスや介護保険料の額に大きな格差を生じている。

ちなみに，朝日新聞社が1999年2月末から3月中旬にかけ，全国の市町村を対象にアンケート調査したところ，第一号被保険者の介護保険料は1250～7320円で，平均月額約3000円と，厚生省の当初の試算額である同2500円と大きく異なる結果になった。もっとも，ここで注意しなければならないことは，介護保険料が最低1250円であるために割安だからといって歓迎することはできない，ということである。いや，むしろこのように介護保険料を低額に設定しているのは，介護サービスの基盤の整備が制度の施行となる2000年4月に間に合わないため，やむを得ずこのような措置を講ずるしか方法がないという"本音"の部分が見え隠れしているからである。

現に，厚生省も「介護サービスの基盤の整備が介護保険が施行される2000年4月までに間に合わなければ，介護保険料の低額化によって対応するのもやむを得ない」むねの指導をしているわけであるが，これでは「介護の社会化」という介護保険の基本理念と矛盾するといわざるを得ない。

しかし，その一方で，全国に約3300もの市町村の地域の特性を考えてみれば，単に高齢化率の高低だけでなく，介護サービスに対する住民のニーズの多寡，サービスの基盤整備の状況やマンパワーの量および質，首長や議員，職員，住民の福祉に対する認識の度合い，さらには行財政規模の大小などいずれも異なるのはやむを得ないことである。いや，むしろこれらの問題を抜きにして，市町村によって介護サービスの量や質，あるいは介護保険料の額に格差がまったくなく，均一なものを望むこと自体，非現実的ともいえる。

第Ⅱ部 介護保険時代のシルバーサービス

表4-6 老人保健福祉計画の達成状況について

(在宅福祉サービス)

		訪問介護(ホームヘルプサービス)進捗率(%)	日帰り介護(デイサービス)進捗率(%)	短期入所生活介護(ショートステイ)進捗率(%)	在宅介護支援センター進捗率(%)
1	北海道	52.8	55.9	64.7	35.5
2	青森	75.3	58.1	87.0	61.2
3	岩手	81.9	57.5	86.4	32.5
4	宮城	39.5	39.2	91.6	20.9
5	秋田	67.9	56.4	96.0	67.0
6	山形	56.0	63.3	70.1	59.0
7	福島	58.9	41.1	59.6	29.1
8	茨城	27.7	38.5	54.5	30.3
9	栃木	57.2	53.2	99.4	46.2
10	群馬	41.9	51.7	80.5	45.8
11	埼玉	40.7	37.3	62.8	30.3
12	千葉	41.3	40.9	66.3	37.0
13	東京	87.6	59.2	33.6	20.0
14	神奈川	59.1	63.0	58.0	43.9
15	新潟	54.5	57.7	101.0	44.6
16	富山	69.9	76.3	80.3	65.2
17	石川	76.5	71.3	65.9	67.2
18	福井	85.1	88.3	76.2	61.7
19	山梨	64.7	66.3	80.0	38.1
20	長野	92.5	69.7	82.5	61.2
21	岐阜	90.6	63.8	70.0	46.9
22	静岡	56.7	61.5	65.9	52.9
23	愛知	38.5	62.0	59.3	27.5
24	三重	70.3	47.8	78.3	40.0
25	滋賀	86.6	76.7	79.3	45.3
26	京都	85.5	54.6	55.3	46.6
27	大阪	94.9	52.1	67.4	48.8
28	兵庫	73.7	64.9	73.5	40.7
29	奈良	52.8	54.5	108.2	43.0
30	和歌山	63.8	66.7	111.4	54.0
31	鳥取	82.4	75.7	59.6	62.3
32	島根		61.9	42.7	
33	岡山	43.7	63.9	82.3	47.8
34	広島	59.5	67.8	87.8	57.2
35	山口	97.0	68.0	73.6	62.0
36	徳島	96.1	77.6	74.4	69.9
37	香川	45.3	64.6	94.0	56.0
38	愛媛	59.4	64.1	85.3	69.9
39	高知	60.7	73.5	64.8	78.3
40	福岡	57.8	46.0	64.3	45.3
41	佐賀	65.7	62.1	97.9	61.6
42	長崎	42.0	67.0	86.9	44.9
43	熊本	56.9	67.0	67.0	55.3
44	大分	59.5	65.4	70.8	60.0
45	宮崎	60.8	65.7	83.8	70.7
46	鹿児島	69.9	62.8	86.3	69.0
47	沖縄	25.7	61.3	45.8	42.5
	合計	64.4	58.0	70.0	44.1

(注) 進捗率は平成8年度末の実績を平成11年度における目標量で除して、100を乗じて得た数値。

訪問介護(ホームヘルパー)について
①平成11年度における訪問介護員(ホームヘルパー)の確保目標人数に対して、平成8年度末までに確保された人数の割合。
②比較のため、常勤と非常勤の割合を一定にする換算を行った参考値。

日帰り介護(デイサービス)について
①平成11年度における日帰り介護(デイサービス)事業の目標数に対して、平成8年度末までに整備された日帰り介護(デイサービス)の事業数の割合。
②1事業当たりの利用人数は様々であるが、事業数で単純に比較した参考値。

短期入所生活介護(ショートステイ)について
①平成11年度における短期入所生活介護(ショートステイ)の整備目標数(ベッド数)に対して、平成8年度末までに整備された短期入所生活介護(ショートステイ)ベッド数の割合。
②1ベッド当たりの利用者数は様々であるが、ベッド数で単純に比較した参考値。

在宅介護支援センターについて
平成11年度における在宅介護支援センターの整備目標数(箇所数)に対して、平成8年度末までに整備された在宅介護支援センター1箇所数の割合。

第4章　介護保険の概要

(施設サービス)

		特別養護老人ホーム進捗率（％）	老人保健施設進捗率（％）				特別養護老人ホーム進捗率（％）	老人保健施設進捗率（％）				特別養護老人ホーム進捗率（％）	老人保健施設進捗率（％）
1	北海道	93.6	60.3		17	石川	84.6	100.0		33	岡山	93.2	76.6
2	青森	97.4	94.3		18	福井	94.2	67.2		34	広島	87.2	70.7
3	岩手	97.6	68.4		19	山梨	90.6	85.6		35	山口	86.6	75.3
4	宮城	89.1	51.1		20	長野	91.1	72.0		36	徳島	92.1	83.2
5	秋田	99.2	93.4		21	岐阜	78.9	64.4		37	香川	93.7	62.6
6	山形	79.9	77.9		22	静岡	82.7	68.5		38	愛媛	83.8	64.0
7	福島	77.3	61.9		23	愛知	81.8	54.1		39	高知	91.5	83.2
8	茨城	78.3	61.9		24	三重	81.2	57.6		40	福岡	91.3	78.0
9	栃木	90.4	72.3		25	滋賀	83.9	48.7		41	佐賀	95.5	70.9
10	群馬	76.7	62.2		26	京都	72.8	24.8		42	長崎	89.5	75.2
11	埼玉	73.5	37.5		27	大阪	79.7	35.7		43	熊本	88.6	74.9
12	千葉	73.7	37.2		28	兵庫	81.6	46.3		44	大分	91.2	85.3
13	東京	85.1	26.0		29	奈良	98.4	40.5		45	宮崎	94.0	70.7
14	神奈川	74.9	23.5		30	和歌山	107.5	65.3		46	鹿児島	90.0	70.7
15	新潟	96.4	57.1		31	鳥取	99.6	78.9		47	沖縄	90.1	79.6
16	富山	87.8	86.4		32	島根	97.2	95.8		合計		85.9	59.6

(注) 進捗率は実績を平成11年度における目標量で除し、100を乗じて得た数値。
・特別養護老人ホームについて
　平成11年度における特別養護老人ホームの整備目標（ベッド数）に対して、平成8年度末までに整備された特別養護老人ホームのベッド数の割合。
・老人保健施設について
　平成11年度における老人保健施設の整備目標（ベッド数）に対して、平成8年度末までに整備された老人保健施設のベッド数の割合。
(出典) 厚生省「関係資料」1999年。

国の財政負担の回避

もっとも，社会保障，まして長年社会に貢献した寝たきりや痴呆性などの要介護高齢者に対する介護サービスに地域格差があることは，憲法第25条によって保障された国民の生存権および国の社会保障的義務，ひいては国民一人ひとりのQOL（生活の質）の向上を必要とする今日のわが国における国民の多様な福祉ニーズの現状を鑑みれば合点のいかないところである。そればかりか，介護サービスは国民の基本的人権の尊重にかかわる生存権から生活権として昇華させ，ナショナルミニマム，あるいはコミュニティミニマムとして行政当局は公的介護保障として考えるべきではある。

したがって，市町村にあっては介護保険事業計画を策定していく過程で，上乗せ・横出しサービス，さらには市町村特別給付や保健福祉事業にかかわるサービスのメニューの量の確保や質の向上の必要性について住民に説明し，行政と住民が協働して介護保険事業を効率的，かつ効果的に運営することが求められているのである。

それにしても，市町村にとって介護保険の導入に伴い，財政的に負担が増すことはあっても減ることはない。そればかりか，介護サービスを充実させるほど超過負担は重くなることも事実である。また，このように介護サービスの行政責任の所在を市町村に転嫁することにより，その分，国の財政的な負担が回避されるからである。

現に，厚生省の試算によると，この介護保険の導入によって国の財政的な負担は年間約5000億円も軽減される。この浮いた財源を「社会的入院」や薬漬け・検査漬け・注射漬けにより，赤字財政となっている医療保険の財政の補塡に充てることに介護保険の導入の最大のねらいがある。その是非についての議論もせず，一方的に介護保険料のほか，介護保険からのサービスの給付に伴う利用料を利用者に負担させるのは本末転倒といわざるを得ない。

注目される介護報酬の額

また，厚生省は従来の直営によるサービスを代替，補完する市町村社協をは

じめ，生協や農協，住民参加型有償在宅福祉サービス，果てはシルバーサービスの民間企業が市場に参入しやすいよう，採算ベースに見合う介護報酬の額の設定を行うべきである。

ちなみに，この介護報酬については2000年1月までには最終決定すべく，厚生省は1999年8月，その仮単価を表4-7のように示すとともに，離島や山間地における訪問系サービスの単価を15％増しにした[4]。また，これに併せ，在宅サービスの毎月の利用限度額を6万4000～36万8000円に引き上げるむねを公表した（前出・表4-3）。その結果，たとえば訪問介護（ホームヘルプサービス）の身体介護の場合，現行よりも1割増しなどとサービス全体が比較的高く設定されたため，民間企業の参入を促す見通しとなった。

いずれにしても，介護保険では市町村が積極的に介護サービスの充実に取り組めば，その分，財源も収入として入る仕組みになっている。このため，要は市町村のやる気にかかっているわけであるが，制度の導入によって職員の労働強化が懸念されるのも確かである。その意味で，介護保険の導入に伴って市町村が最も不安を抱いているのは財政問題である。

しかし，この介護保険によって，従来，医療保険や公費（租税）から賄われていた国，および地方自治体の法定負担分はほぼ半分減少する。このため，市町村はこの軽減された分をいかに介護保険に投入すべきか，むしろ中央に対し，介護サービスの実績を示しつつその実行を迫り，かつこれをバネに懸案の地方分権の推進を迫るくらいの開き直りをすべきである。

このような姿勢もなく，単に行財政規模が脆弱だからなどといって安易に広域連合に踏み切ったり，市町村合併を検討したりすることは問題である。なぜなら，福岡県のように都道府県の主導によって所轄の市町村を広域連合として指導したり，政府の主導によって市町村合併を促進したりすることは憲法で定めた地方自治の本旨に抵触するからである。

もとより，今回の介護保険は，住民一人ひとりに対し，自分の住んでいる地域が本当に安心して老後を過ごすことができるのかどうかを考え，行動する絶好の"試金石"ではある。すなわち，介護保険の導入により市町村はまさに地

第Ⅱ部　介護保険時代のシルバーサービス

表4-7　介護報酬の単価

在宅サービスの介護報酬

サービス	介護報酬（円）	現行（円）
ホームヘルパーの訪問 　身体介護中心 　折　衷　型 　家事援助中心	4,020（30分以上1時間未満） 2,780（　〃　） 1,530（　〃　）	3,730（1時間） ―― 1,460（〃）
訪　問　入　浴	12,500	15,000
訪　問　看　護 （医療機関から保健婦・看護婦が行った場合）	5,500（30分以上1時間未満）	5,300（1時間）
訪問リハビリ	5,500	5,300
デイサービス （往復送迎・食事・入浴を含む）	要支援　　　　　5,660 要介護1,2　　　6,390 〃　3～5　　　8,260 （4時間以上6時間未満）	軽度　　　3,700 中度　　　6,900 重度　　　10,700 （1日）
通所リハビリ老人保健施設 （往復送迎・食事・入浴を含む）	要支援　　　　　6,290 要介護1,2　　　7,080 〃　3～5　　　9,100 （4時間以上6時間未満）	通常　　　7,460 重度　　　9,930 （6時間）
ショートステイ 特別養護老人ホーム	要支援　　　　　9,140 要介護1　　　　9,420 〃　2　　　　　9,870 〃　3　　　　　10,310 〃　4　　　　　10,760 〃　5　　　　　11,200 （1日）	6,440 （1泊）
グループホーム	要介護1　　　　8,090 〃　2　　　　　8,250 〃　3　　　　　8,410 〃　4　　　　　8,570 〃　5　　　　　8,740 （1日）	――
ケアプラン作成	要支援　　　　　6,500 要介護1,2　　　7,200 〃　3～5　　　8,400	――

施設サービスの介護報酬　　　　　　　　　　　　　　　　　　　　　（円）

	特別養護老人ホーム	老人保健施設	療養型病床群
要介護1	10,080	10,920	13,380
〃　2	10,530	11,420	13,820
〃　3	10,970	11,920	14,250
〃　4	11,420	12,420	14,680
〃　5	11,860	12,920	15,110

（注）　いずれも1日，基本食事サービス費（2,120円）を含む。特別養護老人ホームと老人保健施設は要介護者と看護・介護職員の比が3：1，療養型病床群は要介護者と看護職員の比が6：1，要介護者と介護職員の比が4：1の施設の場合。
（出典）　『朝日新聞』2000年1月18日。

第4章　介護保険の概要

方行政上の競争時代を迎えたのである。

　このほか，要介護認定における公平性の確保をはじめ，利用者の人権擁護のためのオンブズパーソン制度の創設と情報公開，地域福祉としてのコミュニティミニマムの合意形成，さらには現金（金銭）給付の実施によるサービスの利用の拡大，障害者への介護保険の適用，生活保護世帯など低所得者の介護保険料の減免などの方策の必要性も重要な課題の一つである。

介護保険の真のねらい

　このように当面の課題をいくつか指摘してみると，確かに，介護保険は「介護の社会化」のための制度改革には違いないが，その真のねらいは，長年，「社会的入院」や薬漬け・検査漬け・注射漬けによって老人医療費が増大し，医療保険の財政が逼迫しているため，介護費用を医療保険から介護保険に移し，老人福祉制度と統合するとともに，高齢者の年金の一部も投入し，その財政を建て直すことにある。また，1994年当時，3％であった消費税を「国民福祉税」という名目のもとで7％に引き上げようとしたものの，消費税の実質的な引き上げ，あるいは"住専処理"への公的資金の導入に対する国民の反発を受けて5％に止めざるを得ず，新たな財源の調達の必要性に迫られたことにある。

　このほか，介護サービスの供給主体を従来の行政部門のほか，シルバーサービスの民間企業にも拡大し，将来的には現行の公費（租税）による措置制度を廃止，国の財源の負担を軽減し，社会保障・社会福祉制度そのものを根底から構造改革することにある。これが，現在進められている社会保障構造改革の趣旨である。

　しかもこの介護保険の創設は，高齢者医療保険の創設などの医療保険制度改革，さらには厚生年金の支給開始年齢の原則60歳から一律65歳への段階的引き上げなど，年金制度改革へと続く社会保障構造改革の第一弾にすぎない。また，社会福祉基礎構造改革はその一環で，従来，行政や社会福祉法人など公益法人に限られていた社会福祉事業を民間企業にも拡大し，規制緩和を図ることにある。しかもより重要なことは，これらの一連の制度改革は21世紀の本格的な高

齢社会に対応すべく,「利用者本位の効率的なサービスの確保」という名の社会保障制度全体の再編成という思惑が働いているのである(前出・図3-5)。

公的介護保障への道

しかし,だからといって,介護サービスの基盤の整備を図るべく,財源の確保のために社会保険方式による介護保険の創設が唯一の手段であろうか。答は「ノー」である。なぜなら,その前に国および地方の債務が総額647兆円と膨らんでいるものの,自・公・保連立政権などオール与党化した政局のなか,いまだに行財政改革を断行せず,赤字国債を乱発してそのツケを後世に残すだけでなく,旧態依然とした公共事業中心の土建型行政に執着し,憲法で定められたナショナルミニマムとしての国民の生存権,および国の社会保障的義務としての高齢者の介護を満足に講じていないからである。

ちなみに,ここ数年,年間約60兆円以上がつぎ込まれている社会保障給付費の内訳をみてみると,医療や年金に比べ,介護などその他に投入されているのは微々たるもので(表4-8),世界有数の「金満大国」にあるまじき貧弱さである。また,国の一般会計や地方自治体の普通会計をみても,その中心は相変わらず土木や教育費である(図4-7)。

それだけではない。長年,「クロヨン」として批判されているものの,一向に実施されない不公平税制の是正をはじめ,国税の各種引当金や準備金の廃止,地方税の法人税,所得税関係の特例廃止による増収分などの租税特別措置を整理するだけでも,年間二十数兆円もの財源を確保することができる。このような問題にメスを入れず,社会保険方式が公費(租税)方式よりも給付と負担の関係が明確になるうえ,利用者の権利も保障されるなどと断言するような議論はまさに「木を見て森を見ず」といわざるを得ない。

したがって,政府は,名実とも「介護の社会化」の財源の確保のためには,まず医療保険の財政を圧迫させている「社会的入院」や薬漬け・検査漬け・注射漬けを改めるとともに,不公平税制の是正や政・財・官の癒着による道路やダム,空港,港湾の整備などの公共事業を見直すなど,行財政改革を断行し,

第4章　介護保険の概要

表4-8　社会保障給付費の部門別内訳

年度	医療 (億円)	対前年度伸び率(%)	対国民所得比(%)	年金 (億円)	対前年度伸び率(%)	対国民所得比(%)	福祉その他 (億円)	対前年度伸び率(%)	対国民所得比(%)
昭和50	57,132 (48.5)	21.0	4.6	38,831 (33.0)	45.0	3.1	21,730 (18.5)	33.5	1.8
55	107,329 (43.3)	9.8	5.4	104,525 (42.2)	16.4	5.2	35,882 (14.5)	11.2	1.8
60	142,830 (40.0)	5.3	5.5	168,923 (47.3)	9.3	6.5	45,044 (12.6)	△2.5	1.7
平成元	175,279 (39.1)	5.1	5.4	225,407 (50.2)	7.1	7.0	48,135 (10.7)	1.6	1.5
2	183,795 (38.9)	4.9	5.3	240,420 (50.9)	6.7	7.0	47,989 (10.2)	△0.4	1.4
3	195,056 (38.9)	6.1	5.4	256,145 (51.1)	6.5	7.1	50,145 (10.0)	4.5	1.4
4	209,395 (38.9)	7.4	5.7	274,013 (50.9)	7.0	7.4	54,872 (10.2)	9.4	1.5
5	218,059 (38.4)	4.1	5.9	290,376 (51.1)	6.0	7.8	59,539 (10.5)	8.5	1.6
6	228,726 (37.8)	4.9	6.1	310,084 (51.3)	6.8	8.3	65,918 (10.9)	10.7	1.8
7	240,593 (37.2)	5.2	6.3	334,986 (51.8)	8.0	8.8	71,735 (11.1)	8.8	1.9
8	251,789 (37.3)	4.7	6.4	349,548 (51.7)	4.3	8.9	74,139 (11.0)	3.4	1.9
9	253,095 (36.5)	0.5	6.5	363,996 (52.4)	4.1	9.3	77,097 (11.1)	4.0	2.0

(注)　（　）内は，構成割合（単位：％）。
(出典)　厚生省資料，1999年。

図4-7　財政規模の推移

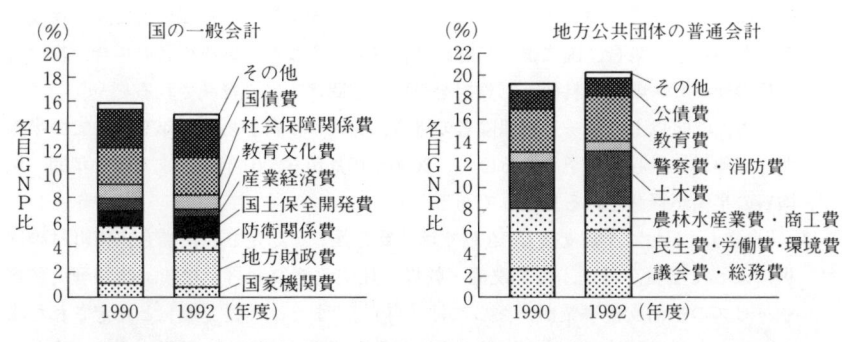

（出典）　経済企画庁編『経済白書（平成7年版）』大蔵省印刷局，1995年。

福祉重視型の政治に転換すべきである。そのうえで、スウェーデンやデンマークなどにおける公費（租税）方式による公的介護保障をめざし、憲法に定められた国民の生存権、および国の社会保障的義務をまず果たすことが求められているのである。

　もとより、わが国の場合、中央集権型の政治が根強いうえ、国民の側に社会連帯が欠くことも事実である。それだけに、より根本的には国民も税金の無駄遣いに対する監視を強め、かつ政治に対する関心を深めるとともに、市町村にあっても、介護保険の導入を機に地方自治の本旨に徹して地方分権を推進し、地域福祉として介護サービスを拡充するくらいの意気込みが必要である。なぜなら、このような市町村の主体的な取り組みなくして、21世紀の本格的な少子・高齢社会における国民の側に立った社会保障・社会福祉の普遍化、ひいては基本的人権を保障した人間尊重のための〈人間福祉〉の確立などあり得ないからである。

注
(1)　厚生省の試算によると、全国平均で65歳以上の第一号被保険者は月額2885円、40〜65歳未満の第二号被保険者（本人負担分）は組合健康保険の場合（保険料率は標準報酬月額の9.5％が上限）は月額1700円、政府管掌健康保険の場合（保険料率は標準報酬月額の9.1％が上限）は月額1500円、国民健康保険の場合は月額1300円である。

　　なお、この介護保険料については、40〜65歳未満の第二号被保険者で健康保険組合などが赤字の場合、国によって財政支援される。また、低所得者の場合、自己負担分のサービスの利用料の1割負担を当面3年間は3％に軽減される。

　　一方、65歳以上の第一号被保険者の場合、2000年4月から2000年9月までの半年間、保険料の徴収を猶予されるほか、2000年10月から2001年9月までの1年間、保険料の半額が軽減される見込みである。

(2)　「自立」、または「要支援」、もしくは「要介護」と認定された場合、市町村の選択によって配食、移送、寝具洗濯・乾燥、住宅改修の助言・相談、訪問理・美容サービスの生活支援事業が、さらには「自立」、または「要支援」と認定された場合、寝たきり予防教室、家事訓練、食生活改善指導、生きがい活動、家事指導など

がプラスされる。

　なお，利用者の費用負担については，配食，理・美容サービスは実費相当分，その他のサービスは1割程度の見込みである。

　また，2000年から2002年までの3年間，高齢者を自宅で介護する家族に対し，家族介護慰労金として一人年10万円まで支給されたり，優先的にショートステイ（短期入所生活介護）の利用枠が確保され，かつ介護のクーポン券も発行される予定である。

(3)　上述したように，2000年度以降の新たな「新・高齢者保健福祉推進十か年戦略（新ゴールドプラン）は，2000年度から2004年度にかけ，訪問介護員（ホームヘルパー）を現行の17万人から35万人などに増やす「今後5か年間の高齢者保健福祉施策の方向（ゴールドプラン21）」が政府より発表されている（前出・表4－4）。

(4)　過疎・過密地域における地域格差を是正するため，訪問介護報酬にあっては人件費や物価水準の地域差などによって全国を5段階に分け，一定額を加算する措置がとられている。

(5)　痴呆性高齢者などの要介護認定の申請の代行や苦情処理を生活支援員が代行すべく，1999年10月，市町村社協を実施主体とする地域福祉権利擁護事業に着手する一方，現行の民法を改正して禁治産および準禁治産制度を廃止し，2000年4月から成年後見制度が導入されることになった。

第5章

介護保険とシルバーサービス

1 シルバーサービスの振興と規制

中社福審の報告書と社保審

　前述したように，民間企業は，市場において高齢者との契約を通じ，有料老人ホームや個人年金，民間介護保険，在宅介護サービス，福祉機器・介護用品販売・レンタルなどの財やサービスを供給しているが，これは，戦後の高度経済成長に伴う国民所得の向上や公的年金の充実，国民の福祉ニーズの多様化を背景に，1980年代以降，簡便な手続きや迅速な対応，きめ細かなサービスなどが評価され，大都市の富裕層を中心としたビジネスとして本格的に展開していることにある。

　このようななか，中央社会福祉審議会は1981年，「当面の在宅老人福祉対策の在り方について」と題した報告書において，「ややもすると国民の間に『福祉は無料』という意識があったが，今後，各種の施策について，その利用者層を課税世帯へと拡大していくにあたっては，利用者がその負担能力や受益量に応じて，応分の負担をする制度の導入は避けられない」ことを示した。そして，翌1982年，家庭奉仕員派遣事業（ホームヘルプサービス＝訪問介護）の派遣世帯に対する低所得者に限るむねの利用要件が撤廃され，有料制が導入された。

　また，社会保障制度審議会は1985年，「老人福祉の在り方について」と題した報告書のなかで，「市場機構を通じて民間企業のもつ創造性，効率性が適切に発揮される場合には，公共部門によるサービスに比べ，老人のニーズにより

適したサービスが安価に提供される可能性が大きい」としてシルバーサービスの役割を評価した。

そこで，厚生省は同年，シルバーサービスの提供に伴う業界の健全育成とともに消費者の保護を図るため，省内にシルバーサービス振興指導室（現老人保健福祉局振興課）を設ける一方，業界に対してシルバーサービス振興会の設立を指導し，1987年にその実現をみた。また，1986年には「高齢化社会に対応した新しい民間活力の振興に関する研究会」を通じ，「シルバー産業の振興に関する研究報告書」を発表する一方，『厚生白書（昭和61年版）』で「未知への挑戦へ——明るい長寿社会をめざして」を刊行し，シルバーサービスの市場性を強調した。さらに建設省と協議のうえ，市街化調整区域でも有料老人ホームを建設できるよう，規制緩和に踏み切っている。

このほか，1988年，「社会福祉・医療事業団法の一部を改正する法律」にもとづき，従来，社会福祉法人にしか認めていなかった公的年金などの積立金の融資を，介護機能を有する有料老人ホームや軽費老人ホーム，訪問介護（ホームヘルプサービス）および訪問入浴介護（訪問入浴サービス）を行っている民間企業に対しても認めた。また，1999年からは同じく「社会福祉・医療事業団法の一部を改正する法律」にもとづき，シルバーサービスの通所介護（デイサービス）や短期入所生活介護（ショートステイ），福祉用具販売事業にも積立金の融資の追加を認めた。

行政指導と業界の自主性に一任

このようななか，行政としてシルバーサービスをどのように考えるべきか，福祉関係合同企画分科会が1987年，「今後のシルバーサービスの在り方について」と題した意見具申のなかで指摘した「費用を負担してでも自分のニーズに合ったサービスを利用したい」とする意識をして，高齢者を対象とするさまざまなシルバーサービスを本格的に登場たらしめている。

もっとも，このような業界の動向に対し，行政当局が何らの対応もせず，粗悪な財やサービスを押しつけられた被害者でも出ようものなら，シルバーサー

ビス全体に対する国民の不信を招き，その健全な発展が阻害され，高齢者の多様な福祉にニーズに的確に対応することができなくなる。

　そこで，意見具申では「公的施策の一層の推進を前提とし，かつこれとあいまって民間部門の創意工夫を生かした多様なサービスの健全な育成を図らなければならない」との考えを示した。また，シルバーサービスの健全な育成を図るための行政の手法として，法的規制ではなく，国および地方を通ずる適切な行政指導の実施と業界の自主的な取り組みにより，その健全な育成を図ろうという考え方がとられることになった。

　このほか，1988年には社会福祉士および介護福祉士制度を導入し，シルバーサービスを提供していくうえで必要なマンパワーの養成・確保およびそのサービスの質の向上に努めている。また，福祉機器・介護用品販売・レンタルは低利融資の対象とされ，毎年，シルバーサービス展が盛大に開催されている。

　このほか，「高齢者保健福祉推進十か年戦略（ゴールドプラン）」の一つとして「民間事業者による老後の保健及び福祉のための総合的施設の整備の促進に関する法律（WAC法）」を施行し，1989年度からふるさと21健康長寿のまちづくり事業に着手し，基本計画策定費に対する補助額として，指定地域に対して総額6000万円負担するほか，NTT株式売却収入の活用による無利子貸付などの支援措置を講じている（資料5‐1）。さらに社会福祉・医療事業団法の一部を改正，公的年金の積立金を活用し，福祉機器・介護用品レンタルに対するガイドライン（指針）も新設された。

　このほか，指定介護老人福祉施設（特別養護老人ホーム）に契約制の運営を認める契約型特別養護老人ホームのモデル事業を1992年から始めた[1]。また，1993年には「福祉用具の研究開発及び普及の促進に関する法律（福祉用具法）」を施行するなど，シルバーサービスの振興を進めた（表5‐1）。

地方自治体も行政指導

　一方，地方自治体では1987年，埼玉県が第三セクター方式によって全国で初めてシルバーサービス情報公社を設立している。このような地方組織は，その

第5章 介護保険とシルバーサービス

資料5-1 特定民間施設の整備の事業に対する支援措置

1. NTT株式売却収入の活用による無利子貸付制度（第3セクターの場合）
   (1) 償還期間　15年以内（据置期間3年以内）
   (2) 融資率（対建設費）
       ア．三大都市圏の既成市街地　25.0%
       イ．三大都市圏の近郊　　　　37.5%
       ウ．その他の地域　　　　　　50.0%
   (3) 他の公的融資も活用する場合は，合計で総事業費の70%以内
   (4) 「土地取得費」及び「運営費」は，無利子融資貸付対象事業費から除かれる。

2. 年金福祉事業団，社会福祉・医療事業団，日本開発銀行の低利融資（土地取得費を含む）

平成6年12月6日

		社会福祉・医療事業団		年金福祉事業団		日本開発銀行
		営利法人	社会福祉法人	財団法人	社会福祉法人	営利法人
有料老人ホーム		〈介護型〉4.85%	4.63%	4.63%	—	〈非介護型〉4.85%
疾病予防運動センター		4.85%	—	4.75%	4.75%	4.85%
在宅介護サービスセンター		4.85%	4.75%	4.75%	—	4.85%
高齢者総合福祉センター		4.85%	4.75%	4.75%	—	4.85%
融資条件	償還期間（据置期間）	建築資金・土地取得資金　20年以内（有料老人ホーム　3年以内／その他の施設　2年以内）設備備品整備資金　5年以内（6月以内）		建築資金・土地取得資金　20年以内（3年以内）設備備品整備資金　5年以内（6月以内）		20年以内（3年以内）
	貸付限度額	基準事業費の90%以内		標準価格の90%以内		所要額の40%以内

3. 税制上の優遇措置
   (1) 法人税の特別償却（機器等について取得価格の16%を初年度において特別償却）
   (2) 特別土地保有税の非課税（第3セクター，地方自治体出資1/4以上，事業規模10億円以上）
   (3) 地価税の非課税

（出典）社団法人シルバーサービス振興会「WAC事業推進方策上の課題と展望・報告書」1995年。

第Ⅱ部　介護保険時代のシルバーサービス

表5-1　高齢者向け民間サービス関係の主な行政の取組み（厚生省関連）

1963	・老人福祉法（法律第133号）が公布され，有料老人ホームについて規定される
1965	・老人日常生活用具給付等事業創設
1974	・有料老人ホーム設置運営指導指針を示す
1986	・「長寿社会対策大綱」（閣議決定）において，民間の創意と工夫をいかしたサービスを活用し，多様化しかつ高度化するニーズに対しきめ細かな対応を図ることが盛り込まれる
1988	・民間事業者による在宅介護サービス及び在宅入浴サービスのガイドラインを示す ・有料老人ホーム及び在宅サービスに対し社会福祉・医療事業団による低利融資を開始
1989	・民間事業者による老後の保健及び福祉のための総合的施設の整備の促進に関する法律（法律第64号）公布
1990	・民間事業者による介護用品・介護機器賃貸サービスガイドラインを示す
1991	・有料老人ホーム設置運営指導指針の全部改正 ・老人福祉法の一部改正において有料老人ホーム設置事前届出制と改善命令の導入，（社）全国有料老人ホーム協会を指定法人として位置づける
1992	・介護専用型有料老人ホーム設置運営指導指針を示す
1993	・福祉用具の研究開発及び普及の促進に関する法律（法律第38号）公布
1994	・「新ゴールドプラン」（大蔵・厚生・自治3大臣合意）に，福祉用具の開発・普及の促進と民間サービスの活用等サービス供給の多様化・弾力化が盛り込まれる ・老人福祉法の一部改正において，（社）全国有料老人ホーム協会の業務に入居者の立場に立った処遇を行うための指導，勧告その他の業務追加 ・民間事業者による福祉用具賃貸サービス及び福祉用具販売サービスのガイドラインを示す（注）
1996	・民間事業者による在宅配食サービスのガイドラインを示す
1997	・有料老人ホーム設置運営指導指針の全部改正 ・民間事業者による日帰り介護事業指針及び短期入所生活介護事業指針を示す

（注）　平成2年の「民間事業者による介護用品・介護機器賃貸サービスガイドライン」は廃止。
（出典）　福祉士養成講座編集委員会編『三訂　社会福祉士養成講座2　老人福祉論』中央法規出版，1999年。

後，栃木，兵庫，愛知県，東京都，神奈川県，大阪府でも設立されており，業界による自主的規制の推進や関連情報の交換，消費者に対する事業の紹介，さらには在宅サービスを中心に事業の委託や助成を行っている市町村が増えている。

　具体的には，東京都は1997年，東京都地域福祉財団の事業の一環として東京いきいきらいふ推進センターを設立し，民間企業への情報提供や交流支援事業を行っている。また，埼玉県は1998年から福祉用具の普及を図るべく，隔年で

「埼玉県福祉技術フェア」を開催し，製品の開発を促進している。また，岡山県は1998年に「岡山県福祉機器研究会」を発足し，福祉機器の開発に努めている。

一方，市町村では，東京都豊島区が1998年4月から豊島薬業協同組合や豊島区薬剤師会から推薦を受けた薬局・薬店に「在宅介護支援薬局」を委嘱し，寝たきりや痴呆性などの要介護高齢者に対する訪問介護（ホームヘルプサービス）や訪問入浴介護（訪問入浴サービス），福祉用具購入費の支給を行っている。また，足立区は1999年1月，官民連携によって足立区高齢者市場協議会を設立し，医療・福祉・金融など高齢者向けの各種サービスの開発や供給の安定化を図っている。

いずれにしても，これらの振興策は租税を財源とした行政権限による措置から民間企業などへの措置委託，さらにはその事業を民間企業などに全面的に委託する規制緩和，いわば介護保険の施行を契機とした"福祉ビッグバン"というわけであるが，この傾向はますます強まる様相である。

2 シルバーサービスの規制

倫理綱領やガイドライン，シルバーマーク

これに対し，業界では1987年，厚生省の指導を受けてシルバーサービス振興会を設立するとともに，翌1988年，業界の自主規制を定めた「倫理綱領」を策定し（資料編を参照），会員企業が順守すべき具体的な基準を定めた。

また，1988年には全国入浴福祉事業協議会，1989年には全国在宅介護事業協議会（現・日本在宅サービス事業者協会）を設立する一方，消費者の保護にも対応するため，各種家事援助や訪問入浴介護（訪問入浴サービス）などのホームヘルプ関連サービス，および福祉機器・介護用品関連サービスについて，ガイドライン（指針）の策定とあいまって「シルバーマーク」制度を創設した（前出・図3-3）。

ちなみに，このシルバーサービス振興会が交付する「シルバーマーク」を取

得した民間企業は1998年12月現在，在宅介護サービスが155社，訪問入浴サービスが102社，福祉機器・介護用品販売・レンタルが703社，在宅配食サービスが23社，有料老人ホームが20社などとなっている。

なかでも先駆的な分野は有料老人ホームで，1982年，全国有料老人ホーム協会（1997年7月現在，286施設加盟）を設立し，会員有志による施設の管理・運営のための調査・研究や各種相談会を実施している。また，1990年の老人福祉法改正，およびこの法律の改正に伴って全面改正されたガイドライン（設置運営指導指針）を踏まえ，有料老人ホームの入居契約内容の適正化や入居者からの苦情の解決など，消費者の保護に努めるとともに，万一の倒産に備えて「入居者基金」制度を創設している。

このほか，ホームヘルプサービスの分野では，訪問入浴サービスの業界が1982年に全国入浴福祉事業協議会（1998年10月現在，110社加盟），在宅介護サービスの業界は1989年に全国在宅介護事業協議会（1998年10月現在，160社加盟）をそれぞれ設立後，1998年11月，日本在宅サービス事業者協会（2000年8月現在，212社加盟）として統合される一方，福祉機器・介護用具販売・レンタルの業界も1994年に日本福祉用具供給事業者協会（現日本福祉用具協会＝1998年7月現在，724社加盟）を設立し，事業の健全化に努めている。

また，1999年には介護関連事業振興政策会議を発足させ，介護サービスの分野における民間企業を対象に，利用者への情報の提供に関する基準づくり，介護保険の給付対象外の周辺サービスも含めた取り組みのあり方について意見交換を行っている。さらに，介護保険の施行が目前となった1999年7月以降，介護保険に関連する住宅改修の基本技術や福祉用具の普及方法，ケアマネジメントの理念をテーマとしたセミナーを開催したり，出版物を刊行したりして会員企業の啓発に努めている。

一方，上述したように，地方レベルでも首都圏や近畿圏，中部圏などで地元の民間企業および都道府県が中心となり，第三セクターなどの事業形態によってシルバーサービス振興会の地方組織が設立されている。

3　介護保険とシルバーサービス

揺籃期の市場と不安感，被害も

　上述したように，シルバーサービスは21世紀の本格的な高齢社会の到来を見据え，どらかといえば大都市の富裕層を中心とした，いわゆるニューシルバー層の購買欲に着目し，そのマーケットの拡大のため，業界の健全育成と消費者の保護という観点から市場への参入が促進されてきた。

　このようななか，先駆的に事業を展開しているのは有料老人ホームや民間介護保険，訪問入浴サービス，在宅介護サービス，介護用電動ギャッジベッドなどの福祉機器・介護用品販売・レンタルである。なかでもこれまで積極的に事業が展開されているのは医療機器の賃貸関連，医療施設等内環境管理関連，在宅医療・看護・介護機器のレンタルで，事業者数も在宅介護・訪問介護（ホームヘルプサービス）の占める割合が多く，全体の半分以上に達している（前出・図1-1）。

　また，厚生省の調査によると，訪問介護（ホームヘルプサービス）を民間企業に事業委託している市町村は1997年8月現在，66市町村，訪問入浴介護（訪問入浴サービス）を民間企業に委託している市町村は1996年8月現在，431市町村となっている。

　一方，金融関連における介護サービスの代表格は民間介護保険で，生命保険会社や損害保険会社を中心に商品化されている。いずれも，寝たきりや痴呆性などによって要介護となった場合，必要な介護保険金や介護年金を支給する仕組みであるが，なかにはこれらの現金（金銭）給付に代え，訪問入浴介護（訪問入浴サービス）や部屋の掃除，調理，買物や通院の際の介添えなどの訪問介護（ホームヘルプサービス）の方を選択することができる商品もある。もっとも，契約実績が一時はかなり伸びたものの，最近は下火となっているのが実態である。

　このほか，生命保険会社や商事会社，デベロッパーのなかには一般の高齢者

第Ⅱ部　介護保険時代のシルバーサービス

写真 5-1　施設サービスも介護ビジネスへ

▷岩手県遠野市の特別養護老人ホームにて。

はもとより，自社系列にある民間企業の従業員を対象に，社会福祉法人や当該市町村と連携し，高齢者福祉コミュニティを建設し，在宅の寝たきりや痴呆性などの要介護高齢者を対象に，訪問介護（ホームヘルプサービス）や短期入所生活介護（ショートステイ）の委託を受けたり，ケア付きマンションや高齢者住宅を販売する際，老人デイサービスセンターや在宅（老人）介護支援センターを併設したり，介護相談や各種情報を提供するコーナーを設置したりしている。

　また，総合建築会社（ゼネコン）系のシンクタンクのなかには指定介護老人福祉施設（特別養護老人ホーム）や介護老人保健施設（老人保健施設）などの設計・施工，運営などの受注を促進すべく，マーケットリサーチに努めている（写真5-1）。このほか，ビル管理会社や受験産業のなかには訪問介護員（ホームヘルパー）や介護支援専門員（ケアマネジャー）の養成講座を開催し，一部の市町村から訪問介護（ホームヘルプサービス）の事業委託を受けるというように，全国的な市場への参入を計画中のところもみられるようになった。

　しかし，市町村レベルでは社協を中心とした社会福祉法人への委託事業的な色彩が濃く，真に民活導入としての促進というわけではなかった。現に，シルバーサービスは当初，臨時行政調査会，臨調・行革路線のもとで推進されるはずであった。

表 5-2 公的サービス受託内容

有料老人ホームの経営	ケア付老人マンションの経営	高齢者住宅の建設・リフォーム	福祉機器・介護用品製造	福祉機器・介護用品販売	福祉機器・介護用品レンタル
0 (0.0)	0 (0.0)	2 (0.7)	1 (0.4)	11 (3.9)	7 (2.5)
ホームヘルプサービス	入浴サービス	給食サービス	移送サービス	緊急通報サービス	ショートスティ・ディサービス
0 (0.0)	12 (4.3)	0 (0.0)	1 (0.4)	2 (0.7)	0 (0.0)
金融商品	保険商品	コンサルティング・調査研究	旅　行	教育・教養	健康増進・スポーツ
0 (0.0)	2 (0.7)	0 (0.0)	0 (0.0)	1 (0.4)	0 (0.0)
相談・情報提供	出版ビジネス	その他	無回答	合　計	
0 (0.0)	0 (0.0)	4 (1.4)	246 (87.5)	281 (100.0)	

(出典) 社団法人シルバーサービス振興会『シルバーサービス事業者実態調査報告書』1989年。

しかし，有料老人ホームを筆頭に，サービスの費用負担が割高で，かつ地域的に偏在しがちなであるうえ，"バブル経済"の崩壊も手伝って採算が合わなくなった。もっとも，その一方で，福祉サービスを売り物に詐欺を働いた「豊田商事事件」が大きな社会問題となり，国民の間に「民間企業に福祉は任せられない」，あるいは「老人を食い物にする」などといった不信感が根強いことも確かである。このため，近年は市場から撤退したり，市場への参入を手控えたりする企業も続出している。

具体的には，シルバーサービス振興会が1989年にまとめた「シルバーサービス事業者実態調査報告書」によると，福祉用具（福祉機器・介護用品）製造・販売・レンタル，相談・情報提供，訪問入浴介護（訪問入浴サービス）などの事業を展開しているものの，市町村から委託を受けている事業は訪問入浴サービスや福祉用具（福祉機器・介護用品）販売・レンタルなどを中心に全体の12.5％にすぎない（表5-2）。この結果，事業の現在の損益状況は赤字が35.6％と最も多く，以下，損益ゼロが29.5％，黒字が26.0％となっており，当

第Ⅱ部　介護保険時代のシルバーサービス

表5-3　シルバーサービス事業収支

黒　字	損益ゼロ	赤　字	無回答	合　計
73 (26.0)	83 (29.5)	100 (35.6)	25 (8.9)	281 (100.0)

(出典)　表5-2と同じ。

初の予想よりも黒字が少なくなっている（表5-3）。

　このような傾向は，シルバーサービス振興会が1993年にまとめた実態調査によると，訪問入浴介護（訪問入浴サービス）と給食・食事宅配サービスにあっては全体の3～4割が黒字と赤字の半々とやや改善の兆しを見せている。しかし，訪問介護（在宅介護・ホームヘルプサービス），移送サービスは黒字が2割弱であるのに対し，赤字は5～6割となっている。

　一方，国民生活センターが全国の消費者相談機関に寄せられた相談を調査した結果，シルバーサービスによる被害も少なくなく，どのような内容のサービスに対し，いくら払うのか，契約の内容について十分な説明がないままサービスを購入していたり，履行されているのか，見極めのできなかったケースがあるとしている。[2]

介護保険による活性化

　そこで，業界では行政によるシルバーサービスの消費者への啓発を図る一方，地方と都市部との間のニーズの格差，過疎地域など全国展開の困難性，さらには規制緩和および行政からの事業委託の推進を要望しているなか，2000年4月からの介護保険が導入されることになってにわかに活気づいてきた。なぜなら，介護保険に適用される介護サービスであっても，今後，従来の社会福祉法人と対等平等で市町村から事業委託されることが可能になったからである。

　具体的には，訪問介護（ホームヘルプサービス）や訪問入浴介護（訪問入浴サービス），訪問看護（訪問看護サービス），訪問リハビリテーション（デイケア）などからなる居宅（在宅）サービス，および指定介護老人福祉施設（特別養護老人ホーム），介護老人保健施設（老人保健施設），指定介護療養型医療施設（療養型病床群，老人性痴呆疾患療養病棟，介護力強化病院）からなる施設

サービスが対象となることはもとより，従来の食事や移送，寝具洗濯・乾燥サービス，さらには介護保険では限定的とされている住宅の増改築や昇降機，バリアフリー（障壁除去）の住宅や福祉車両など，介護保険の適用外である上乗せ・横出しサービスを供給し，高齢者のニーズに対応できる情勢になった。また，指定事業者は指定居宅介護支援事業者（ケアプラン作成事業者），指定居宅サービス事業者，介護保険施設に分かれ，さらに指定居宅サービス事業者は福祉系七つ，医療系五つのサービスに細分化される（表5-4）。

一方，その指定を受けるためには，所轄する都道府県知事に対し，関係書類を添付して事業者の指定を申請することになるが，そこでは①申請者が法人格を有する，②事業所の従事者が当該サービスの人員に関する基準を満たしている，③事業所の設備が当該サービスの設備に関する基準を満たしている，④事業所の運営が当該サービスの運営に関する基準を満たしているなどの要件が問われることになった（資料編を参照）。

もっとも，①の法人格に関しては，居宅（在宅）サービスのうち，医療系サービスに例外が設けられている。これは，病院や診療所は個人経営が認められるため，訪問看護や訪問リハビリテーション，居宅療養管理指導，通所リハビリテーション（デイケア），短期入所療養介護（ショートステイ）を行う場合，法人格が不要だからである。また，法人の種別も問われないため，株式会社や有限会社などの営利法人や法人格をもつボランティア団体（NPO）も事業者の指定の対象になる。[3]

ただし，都道府県知事は，指定事業者が上述した指定基準を満たしているのか，あるいは保険請求に不正はないかなどをそれぞれ確認し，必要に応じて行政指導や指定の取り消しを行うことになっている。

クローズアップされる介護ビジネス

このようななか，厚生省によると，その市場規模は2000年の時点で8.5兆円，2010年の時点で11.3兆円，2030年の時点では20兆円を超えるものとみられている。もっとも，これには家族介護の分が含まれないので若干の誤差が生ずるも

表5-4 介護保険の指定事業者および指定事業

名　　称	指定の対象	設立根拠
指定居宅介護支援事業者	事業者からの申請により事業者ごとに指定	設立そのものは任意。介護保険法の適用事業者として指定が必要
指定居宅サービス事業者	事業者からの申請により種類別事業所ごとに指定	設立そのものは任意。介護保険法の適用事業者として指定が必要
	(サービスの種類)	
	福祉系サービス	①訪問介護 ②訪問入浴介護 ③通所介護 ④短期入所生活介護 ⑤福祉用具貸与 ⑥痴呆対応型共同生活介護 ⑦特定施設入所者生活介護
	医療系サービス(注1)	①訪問看護 ②訪問リハビリテーション ③居宅療養管理指導 ④通所リハビリテーション ⑤短期入所療養介護
介護保険施設　指定介護老人福祉施設	特別養護老人ホームのうち，開設者の申請があったものから指定	老人福祉法 既存の施設は指定があったものとみなされる
介護保険施設　介護老人保健施設(注2)	老人保健施設を開設しようとする者からの申請に対して許可	介護保険法 既存の施設は許可を受けたものとみなされる
介護保険施設　指定介護療養型医療施設	療養型病床群等を有する病院のうち，開設者の申請があったものから指定	医療法 既存の施設も介護保険法による指定を受ける必要がある

(注) 1．保険医療機関についてはみなし規定がある。
　　 2．介護老人保健施設は介護保険法の施行に伴い，介護保険法による施設となる。
(出典) 『シルバーウェルビジネス』(No.26) 総合ユニコム，1999年7月号。

のと思われるが，それにしても民間企業によるシルバーサービス，とりわけ，介護ビジネスの市場性がいかに有望であるか，うかがえる数値ではある。

　事実，介護保険に適用されるサービスを提供して介護報酬を得られるよう，居宅介護支援事業者（ケアプラン作成事業者）の指定を受け，介護保険に適用

される介護サービスを提供したり，介護サービス計画（ケアプラン）を作成したりしようとする民間企業が都道府県主催の説明会に大挙して押し寄せている。なかには要介護認定を受け付け始めた1999年10月，早々に市町村や民生委員，老人クラブを回り，市場調査や営業活動に着手したり，中小の専門業者を吸収合併してノウハウを蓄積し，市場への参入や拡大を図るところまで現れ始め，厚生省や都道府県から注意を受けるほどの過熱ぶりである。

　しかもこれらのなかには，長引く不況の折，これまで介護とはまったく縁のない商社や家電，土木建設，警備保障，ビル管理，葬祭，運送，自動車メーカーなど異業種の大企業が従来の地域密着性の経営戦略を生かし，市場に参入するケースも含まれており，生協や農協，各種住民団体などNPOと競合するほどである。

　一方，所管の厚生省はもとより，労働省や通産省も1999年9月，介護の分野における雇用の創出や訪問介護員（ホームヘルパー）など介護労働者の能力の開発事業の充実，さらには高齢化市場の開拓などのため，2000年度の概算要求のなかに助成金や新規事業の費用を計上するほどの力の入れようである。

　思うに，民間企業は基本的には顧客の志向，言い換えれば利用者本位のサービスを追求する経営の姿勢，競合対応を志向する財やサービスの開発，および関連部門と連携した多様な事業の展開，経営上のノウハウや経験，人的資源の蓄積がある。もとより，利潤の追求を本旨とする民間企業が福祉事業，まして高齢者の介護サービスの分野に参入することに対し，問題視する向きもないわけではない。

　しかし，高齢者の多様なニーズに対応し，かつその市場原理にもとづくサービスの量の確保，およびその質の向上をめざすうえで重大な関心を持たざるを得ないことも事実である。

　具体的には，介護サービスの利用上の基本的な性格が従来の措置から契約へと変わるなか，公私の種別を問わず，いわば同じ要件を満たした民間企業が介護ビジネスに参入できることになる。それだけに，すでに訪問介護（ホームヘルプサービス）や訪問入浴介護（訪問入浴サービス）を民間企業に事業委託し

ている市町村はもとより，現在，その検討をしている市町村にあっても，管内の民間企業の実態の把握，市町村への情報提供とともに，その事業の委託を推進するための啓発により，介護保険の円滑な実施に向け，介護サービスの事業委託の検討が進められているのである。

規制緩和という名の産業振興

このようななか，厚生省は1997年12月，市町村が民間企業に事業委託する際の通所介護（デイサービス），および短期入所生活介護（ショートステイ）のガイドライン（指針）を作成し，居宅（在宅）サービスの主なものについてガイドライン（指針）を整備した（資料編を参照）。また，在宅（老人）介護支援センターの運営に対する民間企業の参入については，1998年から市町村が民間企業に対し，その事業の運営を委託することができることにより，さらに市場性が拡大されることになった。

このほか，介護保険による指定訪問看護事業への民間企業の参入についても所要の手続きを経て実現されることになった。このため，より広い保健・福祉サービスを含めた在宅介護サービスへの民間企業の参入が見込まれる情勢である。

もっとも，医療保険福祉審議会の老人保健福祉部会，介護給付費部会は1998年12月，指定居宅介護支援事業者などを対象とした運営に関する基準を検討しており，2000年3月，大臣告示として交付されている。

具体的には，介護保険の指定居宅介護支援事業者などが当該のサービスの提供に際し，ガイドライン（指針）に示された運営基準に違反した場合，都道府県知事は必要な指導を行うとともに，必要に応じて指定を解除するというもので，居宅介護支援，訪問介護（ホームヘルプサービス），訪問看護（訪問看護サービス）の三つの分野ごとにそれぞれのサービスの取り扱いを定める基準，およびサービスの基盤となる施設や職員などの管理について最低限順守すべき基準で構成されている（表5-5，表5-6）。

いずれも，利用者やその家族に対し，①あらかじめ運営規定などサービスの選択に必要な重要事項を説明し，同意を得ること，②正当な理由がなければ

表5-5 居宅介護支援に係る運営基準の項目

1．基本方針（略）
2．サービスの取扱いに関する基準
①サービス開始時における，サービス利用に係る重要事項の文書による説明 ②正当な理由のない提供拒否の禁止 ③サービス提供困難時における他の事業者の紹介等の対応 ④サービス提供時における受給資格の確認 ⑤要介護認定及び要介護認定更新の申請に係る援助 ⑥指定居宅介護支援及びそれ以外のサービスに係る利用料等の徴収，金額の利用者への説明 ⑦保険給付の償還請求のための証明書の交付 ⑧保険給付の不正受給を行った利用者等に関する市町村への通知 ⑨指定居宅介護支援の基本取扱方針 ⑩指定居宅介護支援の具体的取扱方針 ⑪他の指定居宅介護支援事業者等の引き継ぎの際の情報提供
3．サービスの取扱いに関する基準以外の基準
①事業所の管理者に係る責務（従業者の一元的管理，業務の実施状況の一元的把握，従業者による運営基準の把握等） ②事業の運営についての重要事項に関する運営規定の策定 ③事業所ごとの勤務体制の確保・研究の機会の確保等 ④事業のために必要な設備・備品等 ⑤従業者に係る衛生管理 ⑥事業の運営に当たっての，市町村等との連携等 ⑦運営規程の概要等のサービス利用の選択に必要な重要事項の掲示 ⑧業務上知り得た利用者等の秘密の保持，個人情報開示の場合の利用者等の同意 ⑨虚偽又は誇大な広告の禁止 ⑩利用者からの苦情処理，国保連の苦情処理業務への協力 ⑪事故が発生した場合の損害賠償 ⑫指定居宅介護支援事業とその他の事業の会計の区分 ⑬サービスの提供等に関する記録の整備及び保存

（出典）『月刊介護保険』（No. 35）法研，1999年2月号．

サービスの提供を拒否できない，③介護サービス計画（ケアプラン）に沿ったサービスを提供し，不正行為によって保険給付を受けてはならない，④特定の種類や特定の事業者に偏しないよう，公正中立に提供されるなど利用者の立場に立った運営を求めている．

なお，同居家族に対する訪問介護（ホームヘルプサービス）の提供については原則として禁止するものの，市町村の判断で基準該当サービスとしてみなす

第Ⅱ部　介護保険時代のシルバーサービス

表5-6　訪問介護・訪問看護に係る運営基準の項目

訪　問　介　護	訪　問　看　護
1．基本方針（略）	1．基本方針（略）
2．サービスの取扱いに関する基準	2．サービスの取扱いに関する基準
①サービス開始時における，サービス利用に係る重要事項の文書による説明 ②正当な理由のない提供拒否の禁止 ③サービス提供困難時における他の事業者の紹介等の対応 ④サービス提供の開始に際しての利用者の心身の状況等の把握 ⑤サービスの提供及び終了に当たっての居宅介護支援事業者等との連携 ⑥サービス提供時における受給資格，認定審査会意見等の確認 ⑦要介護認定及び要介護認定更新の申請に係る援助 ⑧現物給付サービスを受けるための説明，情報提供等の援助 ⑨居宅サービス計画に沿ったサービス提供 ⑩利用者が居宅サービス計画の変更を希望する場合の援助 ⑪現物給付サービス提供時における提供記録の記載 ⑫指定居宅サービス及びそれ以外のサービスに係る利用料等の徴収，金額の利用者への説明 ⑬保険給付の償還請求のための証明書の交付 ⑭保険給付の不正受給を行った利用者等に関する市町村への通知 ⑮指定訪問介護の基本取扱方針 ⑯指定訪問介護の具体的取扱方針 ⑰訪問介護計画の作成 ⑱緊急時等の主治医への連絡等の必要な措置 ⑲同居家族に対するサービス提供の禁止	①サービス開始時における，サービス利用に係る重要事項の文書による説明 ②正当な理由のない提供拒否の禁止 ③サービス提供困難時における他の事業者の紹介等の対応 ④サービス提供の開始に際しての利用者の心身の状況等の把握 ⑤サービスの提供及び終了に当たっての居宅介護支援事業者等との連携 ⑥サービス提供時における受給資格，認定審査会意見等の確認 ⑦要介護認定及び要介護認定更新の申請に係る援助 ⑧利用者が現物給付サービスの提供を受けるための援助 ⑨居宅サービス計画に沿ったサービス提供 ⑩利用者が居宅サービス計画の変更を希望する場合の援助 ⑪現物給付サービス提供時における提供記録の記載 ⑫指定居宅サービス及びそれ以外のサービスに係る利用料の徴収，金額の利用者への説明 ⑬保険給付の償還請求のための証明書の交付 ⑭サービス提供に関する健康手帳への記載 ⑮保険給付の不正受給を行った利用者等に関する市町村への通知 ⑯指定訪問介護の基本取扱方針 ⑰指定訪問介護の具体的取扱方針 ⑱主治医との関係 ⑲訪問看護計画書及び訪問看護報告書の作成 ⑳緊急時の主治医への連絡等の対応 ㉑同居家族に対する訪問看護の禁止
3．サービスの取扱いに関する基準以外の基準	3．サービスの取扱いに関する基準以外の基準
①管理者及びサービス提供責任者の責務（事業全体の統括，従業者及び業務の一元管理，従業者による運営基準遵守のための指揮命令等） ②事業の運営についての重要事項に関する運営規程の策定 ③事業所ごとの勤務体制の確保・研修の機会の確保等 ④訪問介護員，事業所の設備・備品の衛生管理 ⑤運営規程の概要，従業者の勤務の体制等のサービスの選択に必要な重要事項の掲示 ⑥業務上知り得た利用者等の秘密保持，個人情報開示の場合の利用者等の同意 ⑦虚偽又は誇大な広告の禁止 ⑧居宅介護支援事業者に対する利益供与の禁止 ⑨利用者からの苦情処理，国保連の苦情処理業務への協力 ⑩事故が発生した場合の損害賠償 ⑪指定訪問介護の事業の会計とその他の事業の会計の区分 ⑫サービスの提供に関する記録の整備及び保存等	①事業所の管理者等に係る責務（従業者の一元的管理，業務の実施状況の一元的把握，従業者による運営基準の把握等） ②事業の運営についての重要事項に関する運営規程の策定義務 ③事業所ごとの勤務体制の確保・研修の機会の確保等 ④従業者，設備，備品に係る衛生管理 ⑤運営規程の概要，従業者の勤務体制等のサービスの選択に必要な重要事項の掲示 ⑥業務上知り得た利用者等の秘密の保持，個人情報開示の場合の利用者等の同意 ⑦虚偽又は誇大な広告の禁止 ⑧居宅介護支援事業者に対する利益供与の禁止 ⑨利用者からの苦情処理，国保連の苦情処理業務への協力 ⑩事故が発生した場合の損害賠償 ⑪指定訪問看護の事業の会計とその他の事業の会計の区分 ⑫サービスの提供に関する記録の整備及び保存

（出典）　『月刊介護保険』（No.35）法研，1999年2月号。

ことになっている。

　いずれにしても，このような措置は，元を正せば介護保険からの給付でカバーされるサービスの水準があまりにも低いということもさることながら，国や地方自治体の財政が逼迫しているため，民間活力を導入して急場をしのごうというものである。

　一方，民間企業が市場に参入するためには採算が十分とらなければならないだけに，民間企業が介護報酬の額がいくらに設定されるのか，関心が高いことはいうまでもない。なぜなら，介護サービスの提供にかかわる職員の人件費，事業費などが適正な価格として設定されなければ事業として成り立たないからである。

　したがって，この介護報酬の額の設定にあっては，単に事業として採算がとりやすいだけでなく，利用者の要介護状態区分（要介護度）や都市部と農村部などの地域格差，介護サービスの結果，要介護状態区分（要介護度）が軽減した場合は成功報酬的な報奨金を加算するなどといった配慮が望まれているのである。

注
(1) 契約型特別養護老人ホームは1992年，厚生省が都道府県・指定都市の老人福祉主管部長あてに出した「老人福祉施設機能強化モデル事業の実施について」と題する通知のなかで明記されたもので，1996年現在，社会福祉法人によって全国で12か所設置されている。
　　具体的には，高齢者の多様なニーズに対応するため，入所措置とは別枠で契約制の特別養護老人ホームをモデル事業として実施し，その実施上の問題点を把握し，今後のあり方の確立に資することを目的としたが，実は，その2年後の1994年12月，高齢者介護・自立支援システム研究会から出された報告書で公表された介護保険の構想を練る段階で検討された事業である。
(2) 国民生活センター編『高齢者のサービスニーズと消費者問題』中央法規出版，1995年，154〜159頁。
(3) NPOに対する支援については，1998年3月，NPO法（特定非営利活動促進法）が制定され，法人格の取得を前提に福祉関連団体でも介護保険の指定居宅支援事業者として認められることになったが，税制優遇措置が盛り込まれなかったなどの問題を残している。

第Ⅲ部

介護ビジネスの動向

第6章

在宅介護サービス

1 在宅介護サービスの概要

　寝たきりや痴呆性などの要介護高齢者は2000年現在，全国で約280万人であるが，21世紀の本格的な高齢社会にはさらに増加すると予測されている（表6-1）。

　しかし，戦後の高度経済成長による産業・就業構造の変化や核家族化，地域社会の崩壊，女性の社会進出に伴って家庭における介護機能が低下しているものの，指定介護老人福祉施設（特別養護老人ホーム）やマンパワーは相変わらず不足している。このため，家族が仕事をやめて老親の介護に当たったり，病院に「社会的入院」させたりしているのが実態である。

　この高齢者の在宅介護は，基本的には老人福祉法にもとづき，訪問介護（ホームヘルプサービス）や通所介護（デイサービス），短期入所生活介護（ショートステイ）の在宅福祉三本柱のほか（表6-2），訪問診療や訪問看護（訪問看護サービス）などが行われているが，その実態は寝たきりや痴呆性高齢者と同居している配偶者や嫁，娘など女性に偏重した負担のもとで行われている。これは，指定介護老人福祉施設（特別養護老人ホーム）の整備やマンパワーの養成・確保が不十分であるため，家族が老親の介護に当たらざるを得ないからである。

　そこで，厚生省は1988年，「社会福祉・医療事業団法の一部を改正する法律」にもとづき，従来，社会福祉法人しか認めていなかった公的年金などの積立金

第6章　在宅介護サービス

表6-1　将来の介護費用

	平成12年度（2000）	平成17年度（2005）	平成22年度（2010）
総　費　用	4.2兆円	5.5兆円	6.9兆円
保険料／月 （3年間一定の場合）	2,400円 （2,500円）	2,900円 （2,800円）	3,600円 （3,500円）
要介護高齢者等の数	280万人	340万人	400万人

(注) 1. 平成12年度からの在宅・施設同時実施に伴い，在宅サービスについては利用の拡大を見込んでいる。
　　 2. 保険料に関する「3年間一定の場合」とは，中期的（3年）な見通しに基づいて，保険料を3年間固定した場合である。
　　 3. この数字は，全国平均の推計値を示すものであって，個別の市町村や個人の負担を示すものではない。
　　 4. 要介護高齢者の数には，介護保険の対象となることが見込まれる40〜64歳の要介護者等の数（各年度約10万人程度）が含まれている。
(出典) 厚生省高齢者介護対策本部事務局『〔新訂〕介護保険のポイント』1998年。

表6-2　在宅福祉対策

事業の名称	事業の概要
訪問介護事業 （ホームヘルプサービス）	日常生活に支障がある高齢者がいる家庭を訪問して，家事，サービスを提供 ※ヘルパー数　178,500人
短期入所生活介護事業 （ショートステイ事業）	寝たきり老人等を介護する家族が疾病等によって一時的に介護が困難になった場合に，施設で短期間介護を行う。なお，この事業予算の中には，ホームケア促進事業（寝たきり老人等とその介護者を特別養護老人ホームに入所，宿泊させ，介護の実習等を行う。）とナイトケア事業（夜間の介護が得られない痴呆性老人等を一時的に夜間のみ特別養護老人ホームで介護する。）が含まれる　※ベッド数　63,000床
日帰り介護事業 （デイサービス事業）	虚弱老人等をデイサービスセンターに通所させ，給食，入浴，日常動作訓練等のサービスを提供するとともに，寝たきり老人等の家庭に訪問して，給食，入浴等のサービスを提供する　※箇所数　10,150所
在宅介護支援センター運営事業	在宅の寝たきり老人等の介護者に対し，在宅介護に関する総合的な相談に応じ，各種の保健福祉サービスが総合的に受けられるように，市町村等関係機関との連絡調整等を行う事業。在宅介護支援センターは，24時間体制で，特別養護老人ホーム，老人保健施設等に全治されている ※箇所数　10,000か所
日常生活用具の給付等事業	寝たきり老人等の日常生活を容易にするための日常生活用具を給付又は貸与する ○対象品目【特殊寝台，マットレス，エアーパッド，腰掛便座（便器），特殊尿器，火災警報機，自動消化器，体位変換器，老人用電話（貸与），痴呆性老人徘徊感知機器，車いす，歩行器，電磁調理器，移動用リフト，歩行支援用具，入浴補助用具，電導車いす】
高齢者サービス総合調整推進事業	保健・医療・福祉の各施設の調整と総合的推進を図る ●都道府県指定都市レベル…高齢者サービス総合調整推進会議を設置 ●市町村レベル…高齢者サービス調整チームを設置

(注)　※印は，平成11年度予算の人員，ベッド数，箇所数である。
(出典)　社会保障入門編集委員会編集『社会保障入門（平成11年版）』中央法規出版，1999年。

融資を，訪問介護（ホームヘルプサービス）や訪問入浴介護（訪問入浴サービス）を提供する民間企業に対しても認め，必要な事業資金や経営資金を低利で融資することになった。

具体的には，1988年5月，従来，社会福祉法人に限られていた公的年金などの積立金融資を，介護機能を有する有料老人ホームの整備，および在宅介護・在宅入浴サービスの民間企業に対しても認め，年5.2～5.5％の低利で設置資金や経営資金を融資する道を開いた。さらに，1988年4月にはシルバーサービスの従事者に対して資格制を導入すべく，社会福祉士および介護福祉士を制度化し，サービスの質の向上に努めることになった。

また，在宅介護サービスや訪問入浴介護（訪問入浴サービス），配食サービス，さらには通所介護（デイサービス）や短期入所生活介護（ショートステイ）のガイドライン（指針）を策定し，市町村に対して民間企業への委託の推進を指導している。

一方，上述したように，訪問入浴介護（訪問入浴サービス）の業界は1982年に全国入浴福祉事業協議会，在宅介護サービスの業界は1989年に全国在宅介護事業協議会をそれぞれ設立後，1998年11月，日本在宅サービス事業者協会として統合し，その研鑽に努めているが，[1]訪問看護などと比べて専門性が低く，かつ人件費に食われるため，介護ビジネスとしての採算性が困難なのが実態であった。

ちなみにシルバーサービス振興会の調査によると，全国在宅介護事業協議会の会員企業の1996年度実績の売り上げが5000万円に満たない企業は，60社のうち，54社と全体の90％にのぼっている。[2]

2　介護サービスの現状

介護保険によるインパクト

もっとも，2000年4月からの介護保険の施行に伴い，15種類の居宅（在宅）サービスのうち，通所リハビリテーション（デイケア）と短期入所療養介護

第❻章　在宅介護サービス

図6-1　介護サービスの市場展開

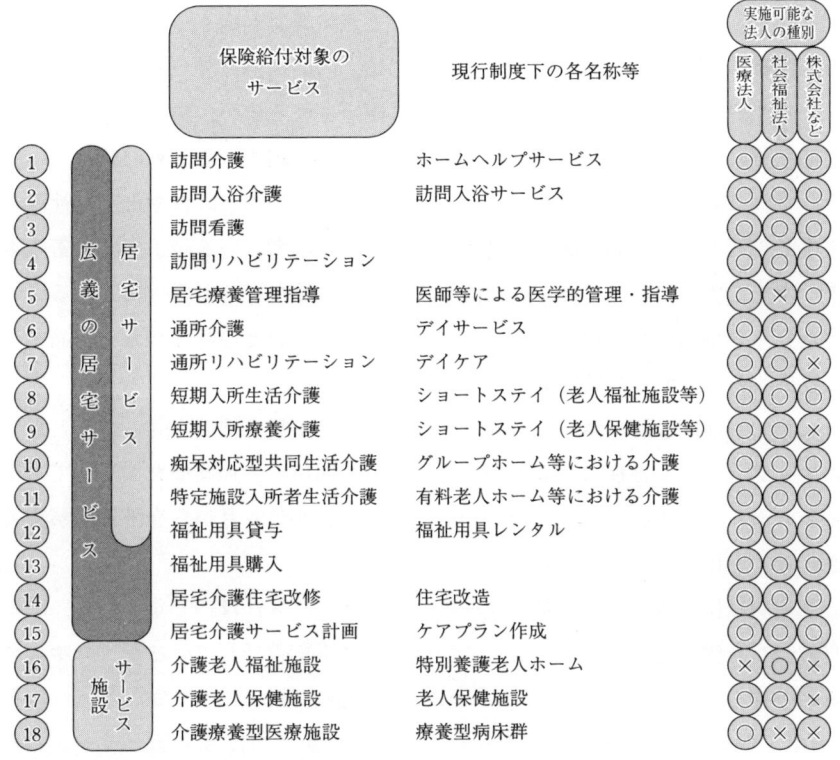

			保険給付対象のサービス	現行制度下の各名称等	実施可能な法人の種別		
					医療法人	社会福祉法人	株式会社など
①	広義の居宅サービス	居宅サービス	訪問介護	ホームヘルプサービス	○	○	○
②			訪問入浴介護	訪問入浴サービス	○	○	○
③			訪問看護		○	○	○
④			訪問リハビリテーション		○	○	○
⑤			居宅療養管理指導	医師等による医学的管理・指導	○	×	○
⑥			通所介護	デイサービス	○	○	○
⑦			通所リハビリテーション	デイケア	○	○	×
⑧			短期入所生活介護	ショートステイ（老人福祉施設等）	○	○	○
⑨			短期入所療養介護	ショートステイ（老人保健施設等）	○	○	×
⑩			痴呆対応型共同生活介護	グループホーム等における介護	○	○	○
⑪			特定施設入所者生活介護	有料老人ホーム等における介護	○	○	○
⑫			福祉用具貸与	福祉用具レンタル	○	○	○
⑬			福祉用具購入		○	○	○
⑭			居宅介護住宅改修	住宅改造	○	○	○
⑮			居宅介護サービス計画	ケアプラン作成	○	○	○
⑯		サービス施設	介護老人福祉施設	特別養護老人ホーム	×	○	×
⑰			介護老人保健施設	老人保健施設	○	○	×
⑱			介護療養型医療施設	療養型病床群	○	×	×

（出典）『シルバーウェルビジネス』（No. 19）総合ユニコム，1998年12月号。

（ショートステイ）および上乗せ・横出しサービスとなる食事，寝具洗濯・乾燥，移送サービス以外の居宅（在宅）サービスは，都道府県知事による指定居宅サービス事業者であればすべて市場展開が可能となった（図6-1および前出・表5-4）。なかでも訪問介護（ホームヘルプサービス）や訪問リハビリ，訪問看護（訪問看護サービス）は要介護認定の低い高齢者を対象とするほか，サービスの基盤整備も遅れているため，収益性は訪問入浴介護（訪問入浴サービス）よりも低いものの，中規模以上の市町村に限り現行の訪問入浴介護（訪問入浴サービス）のスタッフを転換したり，契約件数を伸ばしたりすることにより，訪問介護（ホームヘルプサービス）に代わる居宅（在宅）サービスとし

て市場の拡大が期待される。

　ただし，いずれも人件費や移動交通費など直接経費が高くつきがちであるため，採算性の確保は容易ではない。とりわけ，訪問入浴介護（訪問入浴サービス）は要介護4～5など重度の要介護者に限定されるほか，事業自体が大都市ではすでに飽和状態であるため，市場規模はむしろ縮小すると思われる。

　いずれにしても，居宅（在宅）サービスは民間企業が市町村や市町村社協から事業委託を受け，高齢者のみ世帯，あるいは高齢者のいる親子同居世帯の本人や家族の希望に応じ，部屋の掃除や洗濯，買い物などの家事援助，あるいは寝たきりや痴呆性などの要介護高齢者の入浴・排泄などの身体介護を商品として提供する場合が一般的である。

　しかし，訪問介護（ホームヘルプサービス）は事業費補助方式の導入と単価のアップ，さらには従来の滞在型に加え，24時間対応の巡回型を採用してようやくスポットを浴びることになった。そこへ，2000年4月から介護保険が導入されることになったのである。

　具体的には，まず訪問介護（ホームヘルプサービス）は1995年度現在，22市町村が24時間巡回型に取り組むべく民間企業に事業委託しているが，ややもすると手探り状態の市場が現行の単価よりも介護報酬が高めに設定された結果（前出・表4-7），今後，シルバーサービスのなかでも訪問介護（ホームヘルプサービス）はかつてないマーケットをもたらすことが予想される。なぜなら，良質なサービスが提供されるのであれば民間企業でも抵抗はないとする利用者が年々増加し，介護ビジネスの市場規模が広がっているからである。

　このような介護保険の"追い風"に伴い，中小の既存の在宅介護サービスの専門業者から大手の寝具メーカーやデパート，スーパー，宅配業などの異業種も各種在宅介護サービスのほか，食事の材料の宅配や介護用電動ギャッジベッド，ポータブルトイレ，車椅子，酸素濃縮器，電動車椅子の販売・レンタル，さらには警備会社やタクシー会社では緊急通報システムなど，高度情報処理システムを活用したサービスを独自に展開し始めている（写真6-1）。

　とりわけ，家事援助などでは従来の専門業者のほか，受験産業や医療事務代

第6章　在宅介護サービス

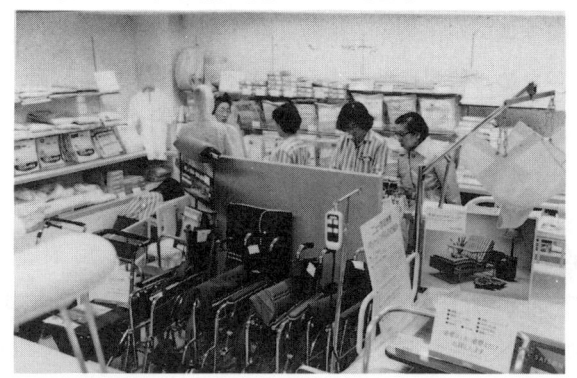

写真6-1　在宅介護の相談コーナーも登場したデパート

▷都内のデパートにて。

行業者も訪問介護員（ホームヘルパー）や介護支援専門員（ケアマネジャー）の養成講座を開催し，養成した有資格者を大量に採用し，市町村から訪問介護（ホームヘルプサービス）の事業委託を受けるため，従来の滞在型から巡回型の24時間対応の訪問介護（ホームヘルプサービス）はもとより，通所介護（デイサービス）や短期入所生活介護（ショートステイ），さらには在宅（老人）介護支援センターの運営や老人訪問看護サービスもにらんだ介護ビジネスに注目し，事業展開を計画しているところが増えている。

しかも，先行する民間企業のなかには加盟店を全国規模で拡充すべくフランチャイズを採用し，新規参入組に対抗しようとしているところもある。このようなフランチャイズ化による過当競争は今後，さらにエスカレートしそうな情勢である。

このほか，寝たきりや痴呆性などの要介護に備えるための民間介護保険を商品化している生命保険会社や損害保険会社，ドラッグストアでは部屋の掃除，調理，買物や通院の介助などの在宅介護サービスを売り込むため，介護情報誌を発行したり，医療事務センターと提携して介護情報を提供したり，介護サービス計画（ケアプラン）の作成，在宅介護の相談に応じたりして顧客の安定・確保や企業のイメージアップに努めるところもある。

一方，訪問入浴介護（訪問入浴サービス）は1999年6月，介護報酬の仮単価

87

が1回当たり1万2500円と決まった。業界が妥当な介護報酬としている1万5000円よりも若干低いが，業界では参入の目安は一応立ったものとして受け止めている。このため，新規に参入する民間企業が期待できるほか，これを迎え撃つ既存の民間企業もサービスの拡大と質の確保を図り，その選別化をめざしている。

　また，老人訪問看護事業所（老人訪問看護ステーション）は「高齢者保健福祉推進十か年戦略の見直しについて（新ゴールドプラン）」によって1999年度までに全国で5000か所整備することになっているが，1998年末現在，全国に3319か所で全体の62.5％しか整備されていない。このため，厚生省は1999年度から民間企業にも参入を認め，地域格差をなくすことになった。しかし，肝心の訪問看護婦の養成・確保も遅れており，2000年の時点で在宅の要介護高齢者を78万8000人と推計した場合，訪問看護婦は18万1000人必要なため，差し引き4万人も不足すると予測されている。

　このほか，介護保険では上乗せ・横出しサービスとなる配食・食材サービスは，在宅の高齢者や障害者に対し，定期的に食事の宅配を行うサービスであり，厚生省の1996年の調査によると，事業所は全国に241か所にすぎず，介護保険が導入される2000年4月以降は在宅で療養する高齢者が増えるため，大都市では市場が大きく拡大するものと思われる。このため，この在宅配食市場に参入する民間企業も増えているが，あくまでも上乗せ・横出しサービスであるため，既存の社協や生協，農協，ボランティア団体との競合も予想される。このため，「シルバーマーク」や他の市町村からの事業委託の実績の有無，市町村の高齢者福祉課をはじめ，福祉事務所や在宅（老人）介護支援センターなど相談窓口へのアプローチ，システムの整備などに努めたうえで市場に参入しないと採算面で思わぬ苦戦を強いられるおそれもある。

　また，最近では携帯電話やファックス，赤外線センサー，テレビ電話，インターネットなどの活用もみられるが，介護保険では上乗せ・横出しサービスである。しかし，将来の保険の適用を期待し，通信機器メーカーや警備会社，医療機関，福祉専門会社が従来のペンダント方式のものから最新のハイテクを駆

使した機器の開発に努め，代理店を整備して全国展開をみせており，激化が予想されている。

一方，1997年度からは市町村が民間企業に対し，通所介護（デイサービス）および短期入所生活介護（ショートステイ）も委託することが可能となったため，通所介護（デイサービス）はグループホームなどと同様，利用者が自分の居宅のような雰囲気で必要な介護サービスを利用することができるほか，利用者同士が互いに交流できるところに魅力がある。このため，1999年現在，民間企業によるデイホームや在老所などと併せて全国に200か所以上も整備されており，一部の市町村では施設の整備や運営費に補助があるほどである。

住民参加型有償在宅福祉サービスの動向

ところで，地域の住民によって自主的，自発的に組織された社協や生協，ボランティアなど，さまざまな住民団体からなる住民参加型有償在宅福祉サービスの供給組織により，事業活動がみられるようになった。

ちなみに全社協の調査によると，1997年10月現在，全国3429，職員約6万6000人の市町村社協の全体の3分の2から2分の1の社協で訪問介護（ホームヘルプサービス）や食事サービス，訪問入浴介護（訪問入浴サービス）が行われている。なかには訪問介護（ホームヘルプサービス）のように市町村から委託を受けた国庫事業もあるが，1994年12月から全社協が国庫負担を得て北九州市で地元の民間事業者に委託し，寝たきり高齢者を対象に24時間巡回型の居宅介護サービス（在宅介護サービス）が実施されているところもある。

一方，日本生活協同組合連合会（日生協）のまとめによると，有償の家事援助を行っている生協は1998年3月末現在，55生協，1万2175人（援助会員）にのぼっている。なかでも先駆的なところは兵庫県下の約半数の世帯を組合員に持つコープこうべで，1983年に「コープくらしの助け合いの会」を設け，組合員の相互扶助という生協の理念にもとづき，サービスの提供者，利用者のいずれも生協の組合員で，年会費1200円の負担によって実施されている。

具体的には，日常の家事援助や通院の付き添い，入浴・排泄の介助などで，

サービスを受けた利用者が2時間を1単位とし，1000円に交通費の実費を加算した額を提供者に支払う。また，サービスを提供した組合員のサービスの実働時間を登録し，将来，その組合員がサービスを必要となった場合，優先的に同様のサービスを受けることができる預託制度を導入しているのが特徴である。

また，JA全中（全国農業協同組合中央会）も老親の家事援助などの高齢者福祉事業に取り組むため，1991年度から婦人部の職員の希望者を対象に2～3級課程のホームヘルパー（訪問介護員）の養成に着手している。そして，翌1992年，農業協同組合法の改正に伴い，正式に事業を展開しており，1999年3月現在，2～3級修了者が合わせて約3万人で，全国にJA助け合い組織258団体を結成しているほか，全国60か所の市町村から委託を受け，訪問介護（ホームヘルプサービス）を展開している。

なお，近年，コーポレートシチズンシップ（企業市民意識）にもとづくフィランソロピー，すなわち，社会貢献活動に関心を示す企業も増えつつある。とりわけ，高齢者福祉の分野では各種調査・研究費の助成や施設の運営資金への寄付，在宅の寝たきりや痴呆性高齢者などに対する家事援助や介護などに注目が集まっている。

3　在宅介護サービスの課題

さて，介護保険が2000年4月から施行されることになったため，今後の取り組みによってはサービスの格差などの問題を招きかねない。

そこで，この在宅介護サービスの課題をまとめてみると，家政婦の平均年収は200万円前後と低額で定着率が芳しくないのが実態であるため（図6-2），今後，収入のアップや健康保険，労災保険などの社会保険の適用，さらにはパートタイマー制度の導入など，雇用条件を改善することがまず第一に必要である。

ちなみに，訪問介護員（ホームヘルパー）の報酬は1997年度，従来，国が常勤職員1人当たり年額349万円程度，非常勤職員も1時間当たり1400円の補助であったが，1998年度からは常勤職員，非常勤職員を問わず，1時間当たりで

滞在型の場合，身体介護は2890円（1999年度は3730円），家事援助は1790円（1999年度は1460円），巡回型の場合，昼間帯は1450円，早朝・夜間は1810円，深夜帯は2890円と従来の人件費補助方式から事業費補助方式に転換されている。

この結果，これまで実施されてきた1回2～3時間単位の滞在型ホームヘルプサービス（訪問介護）は補助の対象とならなくなったため，実際のサービスの提供時間も少なくなり，1回当たり20～30分程度の巡回型訪問介護（ホームヘルプサービス）へと移行するとみられる。

もっとも，その業者は中小企業が大半であるが，最近，24時間巡回型対応への希望が増えているため，訪問入浴介護（訪問入浴サービス）など単発的なホームヘルプ関連サービスの分野で市町村や社協からの業務委託による市場への参入が増えている。このため，労働省は1999年，マンパワーの養成・確保の一環として全国に1000か所，主婦約8万5000人の登録を数える家政婦紹介所の統合および法人化を図り，介護保険の指定事業者としての要件を満たすべく，機能の強化のためのモデル事業を予算化している。

第二に，寝たきりや痴呆性などの要介護高齢者の自立支援を計画的に行うため，1993年度から特別養護老人ホーム・老人保健施設サービス評価事業が実施されているが，在宅介護や施設介護のいずれを問わず，居宅介護支援事業（ケアマネジメント）を活用して介護サービス計画（ケアプラン）を策定し，介護に当たることが必要である。

具体的には，「Plan――Do――See」理論にもとづき，あらかじめ寝たきりや痴呆性高齢者と家族の心身の状況や生活能力，地域の社会資源の現状を把握して分析したうえ，介護の方針や達成目標を設定する。そして，在宅介護の場合は親族をはじめ，近所の住民や友人，知人などのインフォーマルのサービスのほか，訪問介護員（ホームヘルパー）など多様なサービスを組み合わせ，介護サービス計画（ケアプラン）を策定する。そして，サービスを開始後，一定期間が経過するまでの間の状況を記録して進行管理する一方，高齢者や家族にとってADL（日常生活動作）やQOL（生活の質）の向上に有効であったのかどうかを効果測定し，評価する。その結果，不十分であった場合，介護サー

第Ⅲ部 介護ビジネスの動向

図6-2 国民生活センターのホーム

○1ヶ月のホームヘルプ活動日数（税込、人数・カッコ内％）

活動日数	5日未満	6～10日	11～15日	16～20日	21～25日	26日以上
全体	101(9.1)	135(12.1)	205(18.5)	337(30.3)	253(22.7)	61(5.5)
地方自治体	6(3.8)	4(2.5)	14(8.8)	78(48.8)	47(29.4)	8(5.0)
社会福祉協議会	23(15.6)	34(23.1)	32(21.8)	33(22.4)	21(14.3)	1(0.7)
福祉公社等ホームヘルプ協会	15(9.4)	23(14.4)	32(20.0)	48(30.0)	35(21.9)	4(2.5)
在宅介護支援センター特別養護老人ホーム	5(4.8)	9(8.7)	15(14.4)	45(43.3)	23(22.1)	5(4.8)
家政婦紹介所	15(4.9)	21(6.9)	74(24.2)	81(26.5)	72(23.5)	35(11.4)
株式会社・有限会社ヘルプ業者等	7(5.9)	13(10.9)	15(13.4)	32(26.9)	46(38.7)	5(4.2)
生協・生活クラブ高齢者協同組合			15(42.9)	11(31.4)	6(17.1)	2(5.7)
市民グループ	15(18.1)	20(24.1)	17(20.5)	18(21.7)	9(10.8)	3(3.6)

○1ヶ月の収入（税込、人数・カッコ内％）

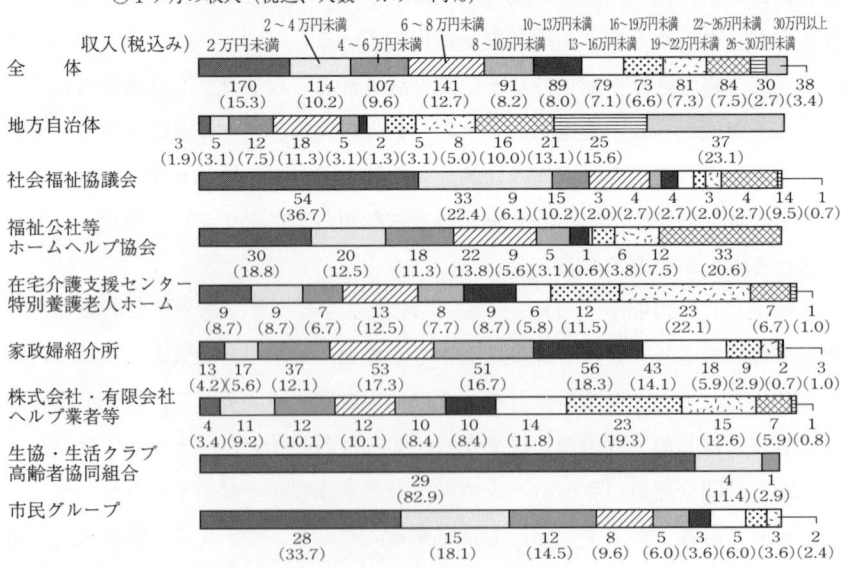

収入（税込み）	2万円未満	2～4万円未満	4～6万円未満	6～8万円未満	8～10万円未満	10～13万円未満	13～16万円未満	16～19万円未満	19～22万円未満	22～26万円未満	26～30万円未満	30万円以上
全体	170(15.3)	114(10.2)	107(9.6)	141(12.7)	91(8.2)	89(8.0)	79(7.1)	73(6.6)	81(7.3)	84(7.5)	30(2.7)	38(3.4)
地方自治体	3(1.9)	5(3.1)	12(7.5)	18(11.3)	5(3.1)	2(1.3)	5(3.1)	8(5.0)	16(10.0)	21(13.1)	25(15.6)	37(23.1)
社会福祉協議会	54(36.7)	33(22.4)	9(6.1)	15(10.2)	3(2.0)	4(2.7)	4(2.7)	3(2.0)	4(2.7)	14(9.5)		1(0.7)
福祉公社等ホームヘルプ協会	30(18.8)	20(12.5)	18(11.3)	22(13.8)	9(5.6)	5(3.1)	1(0.6)	6(3.8)	12(7.5)	33(20.6)		
在宅介護支援センター特別養護老人ホーム	9(8.7)	9(8.7)	7(6.7)	13(12.5)	8(7.7)	9(8.7)	6(5.8)	12(11.5)	23(22.1)	7(6.7)		1(1.0)
家政婦紹介所	13(4.2)	17(5.6)	37(12.1)	53(17.3)	51(16.7)	56(18.3)	43(14.1)	18(5.9)	9(2.9)	2(0.7)		3(1.0)
株式会社・有限会社ヘルプ業者等	4(3.4)	11(9.2)	12(10.1)	12(10.1)	10(8.4)	10(8.4)	14(11.8)	23(19.3)	15(12.6)	7(5.9)		1(0.8)
生協・生活クラブ高齢者協同組合								29(82.9)		4(11.4)		1(2.9)
市民グループ	28(33.7)	15(18.1)	12(14.5)	8(9.6)	5(6.0)	3(3.6)	5(6.0)	3(3.6)	3(3.6)	2(2.4)		1

（出典）『ばんぶう』日本医療企画，1998年6月号．

第6章 在宅介護サービス

ヘルパー（訪問介護員）実態調査結集
○賃金についての思い（資格等の有無別）

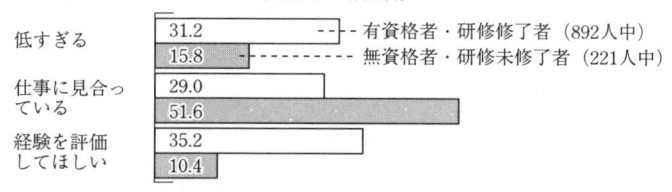

	有資格者・研修修了者（892人中）	無資格者・研修未修了者（221人中）
低すぎる	31.2	15.8
仕事に見合っている	29.0	51.6
経験を評価してほしい	35.2	10.4

○労災保険の適用状況（所属機関別）

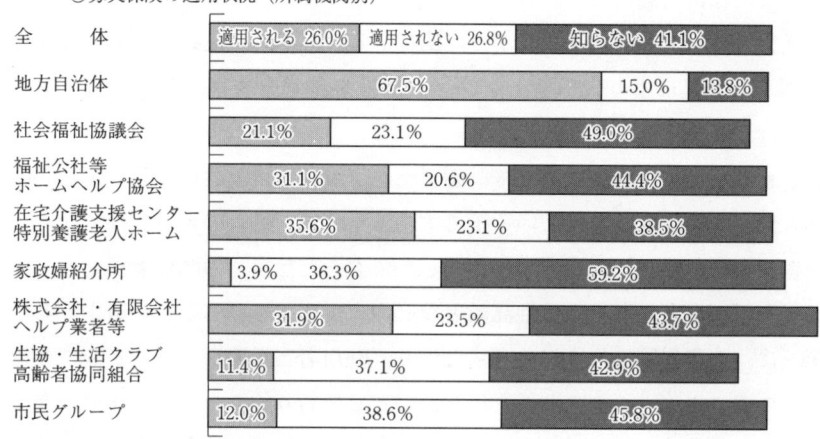

	適用される	適用されない	知らない
全体	26.0%	26.8%	41.1%
地方自治体	67.5%	15.0%	13.8%
社会福祉協議会	21.1%	23.1%	49.0%
福祉公社等ホームヘルプ協会	31.1%	20.6%	44.4%
在宅介護支援センター特別養護老人ホーム	35.6%	23.1%	38.5%
家政婦紹介所	3.9%	36.3%	59.2%
株式会社・有限会社ヘルプ業者等	31.9%	23.5%	43.7%
生協・生活クラブ高齢者協同組合	11.4%	37.1%	42.9%
市民グループ	12.0%	38.6%	45.8%

○医療保険の加入状況（所属機関別）

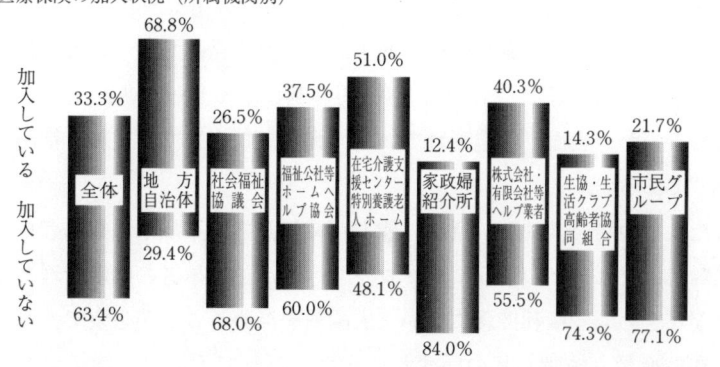

	加入している	加入していない
全体	33.3%	63.4%
地方自治体	68.8%	29.4%
社会福祉協議会	26.5%	68.0%
福祉公社等ホームヘルプ協会	37.5%	60.0%
在宅介護支援センター特別養護老人ホーム	51.0%	48.1%
家政婦紹介所	12.4%	84.0%
株式会社・有限会社ヘルプ業者等	40.3%	55.5%
生協・生活クラブ高齢者協同組合	14.3%	74.3%
市民グループ	21.7%	77.1%

ビス計画（ケアプラン）を再策定して計画をローリングする。

この一連の進行管理や効果測定の場合，介護者はもとより，医師，看護婦，保健婦，ソーシャルワーカー，さらには利用者を含む関係者によってケースカンファレンスを定期的に開き，サービスの連絡・調整を図ることが必要である。もっとも，そのためにはどの機関が居宅介護支援事業（ケアマネジメント）を担うのかといった論議がポイントとなるが，在宅介護の場合は市町村の福祉事務所，または担当窓口のケースワーカー，もしくは保健センターの保健婦か在宅介護支援センターのスタッフが一般的である。しかし，最近では老人保健福祉計画との関連により，保健センターと福祉事務所を統合した保健福祉センターで行うところもある。

いずれにしても，介護サービス計画（ケアプラン）は施設の介護サービスの評価も公表されようとされている折でもあるだけに，施設の職員だけでなく，利用者や家族，さらには地域の住民など，できるだけ多くの関係者が協力し，地域をあげて寝たきりや痴呆性高齢者などの自立支援を図ることが望まれる。

第三に，介護保険は社会保険方式により，利用者と保険者，サービスの提供機関との間に対等・平等の関係を保ちたいとしており，この点では国民の間にかなり理解されつつあるが，介護体制が不十分なままでは「負担あって介護なき」制度に終わる懸念がある。とりわけ，利用者が在宅介護の方を選択した場合，果たして「高齢者保健福祉推進十か年戦略の見直しについて（新ゴールドプラン）」にもとづき，ただちに24時間体制によるサービスを受けることが可能であるのか，当面，想定されている介護体制のままでは疑問を抱かざるを得ないのである。

また，その場合，判断（意思）能力が減退している痴呆性高齢者や一人暮らし高齢者はだれがどのようにフォローすべきか，当事者の財産管理や身元引き受けなどをめぐる権利擁護についても論議を深めることが必要である。このほか，在宅介護，施設介護のいずれにせよ，だれでもいつかは必ず人生のフィナーレを迎えることになるため，その際のターミナルケアへの対応もきわめて重要である。

第6章　在宅介護サービス

　このターミナルケアについては，近年，医学の進歩や出来高払い方式による診療報酬点数制，一部の医療機関での独立採算制に伴う経営優先により，在宅死から施設死，病院死へと転換している。なかには高度な先進医療を駆使した各種医療機器に装着された延命だけの看護・介護もみられるが，人間の尊厳を重視し，残された能力を最大限に活用して最後まで親しい人たちとの絆を大切にするよう，援助していくことが必要である。とりわけ，ガンなどの末期患者の場合，本人に対する告知の是非の問題もさることながら，自宅の畳の上で看取られたいという要望があれば，それがかなうべく対応することが望まれる。

　そこで，注目されているのがホスピスで，わが国の場合，病院の病室や特別病棟，独立したホスピスに設置されているほか，開業医による訪問診療や老人訪問看護事業所（老人訪問看護ステーション）からの訪問看護などによる在宅ホスピスも展開されている。また，今後，欧米のように住民によるボランティア活動も予測されるが，いずれにせよ，患者や家族の要望や地域の特性を踏まえ，関係施設や機関，団体が連絡・調整して最善を尽くすことが大切であるが，わが国の場合，欧米と違って宗教的な対応は困難な状況の場合もあることに注意すべきである。

　なお，家族は肉親との死別，病院や施設での看取りに罪悪感を抱きがちであるが，その決断には全面的に支持して励ます一方，死後に定期的にその安否を確認するなどのアフターケアも忘れてはならない。

注
(1)　前述したように，従来の「高齢者保健福祉推進十か年戦略の見直しについて（新ゴールドプラン）」は，2000年度から2004年度にかけ，「今後5年間の高齢者保健福祉施策の方向（ゴールドプラン21）」にシフトされ，訪問介護員（ホームヘルパー）が現行の17万人から35万人に増やされる予定である（前出・表4-4）。
(2)　全国入浴福祉事業協議会と全国在宅介護事業協議会は1998年10月，日本在宅サービス事業者協議会（1999年10月現在，196社加盟）に再編，統合されている。

第7章

福祉機器・介護用品販売・レンタル

1 福祉機器・介護用品販売・レンタルの概要

老人日常生活用具給付等事業

　高齢者の福祉機器・介護用品販売・レンタルは，老人福祉法にもとづき，1969年から老人日常生活用具給付等事業を主とし，おおむね65歳以上の寝たきりや痴呆性などの要介護高齢者の生活の便を図るとともに，家族の介護の負担を軽くするため，市町村が日常生活用具を給付，または貸与している。

　具体的には，特殊寝台やエアパッド，マットレス，体位変換器，移動用リフト，車椅子（電動車椅子を含む），歩行支援用具，入浴補助用具，腰掛け便座，特殊尿器，電磁調理器，痴呆性老人徘徊感知器，火災報知器，自動消火器，緊急通報装置，老人用電話（貸与）である（表7-1）。

　このほか，「高齢者保健福祉推進十か年戦略の見直しについて（新ゴールドプラン）」により，介護実習・普及センターを1999年度までに全国で59か所，また，在宅（老人）介護支援センターを1999年度までに全国で1万か所それぞれ整備し，在宅における寝たきりや痴呆性などの要介護高齢者の介護のための対策が講じられている。また，1993年には65歳以上の寝たきりや痴呆性などの要介護高齢者のいる家庭を対象に，段差の解消から手すりの設置，トイレや浴室の構造の変更を行う住宅改造（リフォーム）ヘルパー制度が導入されている。

　一方，業界については，その健全育成のための方策の一つとして，「社会福祉・医療事業団法の一部を改正する法律」にもとづき，1990年度から福祉機

第7章　福祉機器・介護用品販売・レンタル

表7-1　老人日常生活用具給付等事業と政府管掌健康保険在宅介護支援事業によるレンタル助成制度

	老人日常生活用具給付等事業	政府管掌健康保険在宅介護支援事業
対象者	おおむね65歳以上のひとり暮らし老人，寝たきり老人等	被保険者，またはその被扶養者で福祉用具の利用が必要と認められる者
助成対象用具		
特殊寝台	● ○	○
エアパッド（床ずれ防止用エア発生調節器）	●	○
マットレス	●	
体位変換器	●	
移動用リスト	● ○	○
車いす	● ○	○
歩行支援用具	●	
歩行補助器		○
腰掛便座	●	
特殊尿器	●	
入浴補助用具	●	
電磁調理器	●	
緊急通報装置	●	
痴呆性老人徘徊感知機器	●	○
火災報知器	●	
自動消化器	●	
老人用電話	◎	
費用負担の条件と負担額		
利用者世帯の階層		
A　生活保護法による被保護世帯（単給世帯を含む）	0円	所得にかかわらずレンタル料の7割
B　生計中心者が前年所得被課税世帯	0円	
C　生計中心者の前年所得税課税年額が10000円以下の世帯	16,300円	
D　生計中心者の前年所得税課税年額が10001円以上30000円以下の世帯	28,400円	
E　生計中心者の前年所得税課税年額が30001円以上80000円以下の世帯	42,800円	
F　生計中心者の前年所得税課税年額が80001円以上140000円以下の世帯	52,400円	
G　生計中心者の前年所得税課税年額が140001円以上の世帯	全額	

(注)　●：給付，○：レンタル，◎：貸与。
(出典)　民間病院問題研究所監修『介護産業白書（1999年版）』日本医療企画，1999年。

器・介護用品関連サービスのレンタル事業についても同様の低利融資の道が開かれている。

低利融資や助成，シルバーマーク

また，厚生省は1990年，福祉用具の普及をより適切に図るため，介護用品・介護機器の賃貸サービス（レンタル）のためのガイドライン（指針）を策定し，福祉用具の適切な供給や利用者のプライバシーの保護，衛生管理の徹底，適正な職員の配置などの指導に努めている。さらに，1993年には「福祉用具の研究開発及び普及に関する法律（福祉用具法）」を制定し，従来の福祉機器・介護用品を「福祉用具」に呼称を統一するとともに，老人日常生活用具給付等事業の充実，および健康保険の加入者を対象とした在宅介護支援機器の貸与料に対する助成事業を創設した。

一方，業界ではシルバーサービス振興会が1990年から1994年にかけ，福祉機器・介護用品販売・レンタルにおける「シルバーマーク」を制度化し，1998年2月現在，合わせて689社に交付している。また，1994年に日本福祉用具供給事業者協会（現日本福祉用具供給協会＝1998年7月現在，724社加盟）を設立し，その研鑽に努めている。また，1996年には全国福祉用具製造事業者協議会（1998年7月現在，139社加盟）を発足させており，産業界の福祉用具に対する関心も高まっている。

ただし，従来の老人日常生活用具給付等事業は利用者世帯の所得水準に応じて利用者の負担額が異なっているため（前出・表7-1），購入額は市町村によって補助されている。もっとも，中産階級や高額所得者の場合は全額負担とならざるを得なかったため，制度の普及としては今一つというのが実態である。

対象品目の追加によって市場拡大

しかし，介護保険が2000年から施行，保険として給付されることになったため，従来，市町村からの事業委託や助成制度に依存してきた業界も，今後は利用者自身が介護用品店や在宅（老人）介護支援センター，病院，薬局，生協，

第7章　福祉機器・介護用品販売・レンタル

農協などの居宅サービス事業者を通じ，希望する福祉用具を契約によって直接購入したり，レンタルしたりすることが可能になった。また，その品目についても従来の対象品目に加え，手すりやスロープ，簡易浴槽，移動用リフトの吊り具なども加えられることになったため（表7-2），レンタルを中心とした市場が一気に拡大するものと予測される。

具体的には，介護保険の給付の対象となる福祉用具貸与（福祉用具レンタル）は心身の機能が低下し，日常生活を営むうえで支障のある高齢者，または心身障害者の日常生活上の便宜を図るための用具，およびこれらの者の機能訓練のための用具ならびに補装具で，訪問介護（ホームヘルプサービス）や訪問看護などの居宅介護サービス（在宅介護サービス）と同様の位置づけになり，他の在宅介護サービスのいずれも人的なサービスである。

このため，福祉用具貸与についても用具そのものの購入費の給付ではなく，賃貸サービス（レンタル）としての給付が保険の対象となっている（写真7-1）。

もっとも，保健衛生上，一部の賃貸サービス（レンタル）になじまない特定福祉用具サービスについては，これに代えて購入費が給付されることになっている。また，これらの福祉用具のうち，貸与（レンタル）の場合は介護保険の指定事業者に限られるのに対し，購入の場合は必ずしも指定事業者でなくてもよいことになっている。

なお，介護報酬の単価は，1999年8月に公表された仮単価をその後の実態調査，要介護認定の直近のデータによって微調整したうえ，2000年2月，厚生大臣の告示によって最終決定されている（表7-3）。

2　福祉機器・介護用品販売・レンタルの現状

期待されるレンタル部門

ちなみに，厚生省の「平成8年度　健康・福祉関連サービス産業統計調査の概況」によると，在宅福祉サービスを実施している事業所は1996年9月現在，

第Ⅲ部　介護ビジネスの動向

表7-2　介護保険における福祉用具の給付対象品目

貸　　　　　　　与　(12品目)
車椅子，車椅子付属品（クッション，電動補助装置等），特殊寝台（介護ベッド），特殊寝台付属品（マットレス，サイドレール等），褥そう予防用具，体位変換器，手摺り，スロープ，歩行器，歩行補助杖，痴呆性老人徘徊感知器，移動用リフト（主に床走行型，吊り具を除く）
購　　　　　　　入　(10品目)
腰掛け便座，特殊尿器，入浴用椅子，浴槽用手摺り，浴槽用椅子，入浴台，浴室内すのこ，浴槽内すのこ，簡易浴槽，移動用リフトの吊り具

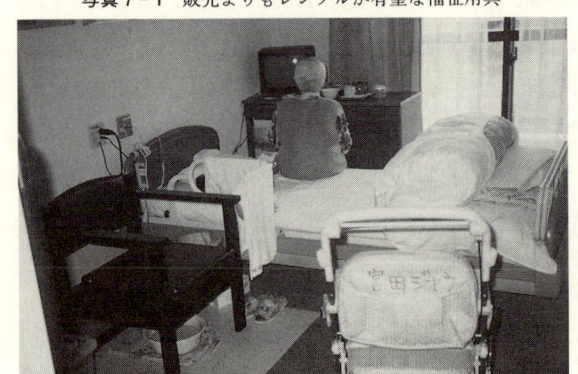

写真7-1　販売よりもレンタルが有望な福祉用具

▷都内の老人保健施設にて。

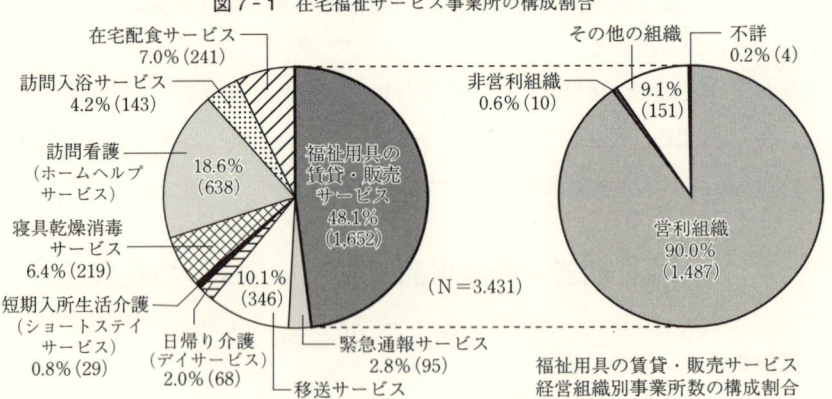

図7-1　在宅福祉サービス事業所の構成割合

在宅配食サービス　7.0%(241)
訪問入浴サービス　4.2%(143)
訪問看護（ホームヘルプサービス）　18.6%(638)
寝具乾燥消毒サービス　6.4%(219)
短期入所生活介護（ショートステイサービス）　0.8%(29)
日帰り介護（デイサービス）　2.0%(68)
移送サービス
緊急通報サービス　2.8%(95)
福祉用具の賃貸・販売サービス　48.1%(1,652)
10.1%(346)
(N=3,431)

その他の組織　9.1%(151)
不詳　0.2%(4)
非営利組織　0.6%(10)
営利組織　90.0%(1,487)

福祉用具の賃貸・販売サービス経営組織別事業所数の構成割合

(出典) 厚生省「平成8年度　健康・福祉関連サービス産業統計調査の概況」1996年。

表7-3 主な介護報酬

▷訪問介護（ホームヘルプサービス）	▷痴呆対応型共同生活介護（グループホーム）
（30分以上1時間未満）	1日　　8,090～8,740円
・身体介護中心　　4,020円	▷特定施設入所者介護（有料老人ホームなど）
・複合型　　　　　2,780円	1日　　2,380～8,180円
・家事援助中心　　1,530円	▷福祉用具レンタル　　実費
▷訪問入浴介護　　12,500円	▷福祉用具購入（年間）　10万円
▷訪問看護（30分以上1時間未満）　8,300円	▷住宅改修　　　　　　20万円
▷通所介護（デイサービス・4時間以上6時間未満）	▷介護サービス計画（ケアプラン）作成（1か月）6,500～8,400円
・福祉系　　4,000～9,810円	▷施設サービス（1日）
・医療系　　4,630～7,890円	・特別養護老人ホーム　7,960～9,740円
（食事 390円，送迎片道 440円，介助入浴 390円，特別浴 600円）	・老人保健施設　　　　8,800～10,800円
▷短期入所生活・療養介護（ショートステイ）（1日）	・療養型病床群等　　　11,260～12,990円
・福祉系　　7,940～11,540円	
・医療系　　9,280～15,430円	

3431事業所であり，このうち，48.1％に当たる1652事業所が福祉機器・介護用品販売・レンタルを行っている。また，その90％に当たる1487事業所は株式会社などの営利組織である（図7-1）。

一方，日本福祉用具供給事業者協会（現日本福祉用具供給協会）が1994年に実施した「福祉用具の販売・レンタル実態に関する調査」によると，会員企業506社の売上高は総額587億4727万円で，このうち，施設向けが186億5875万円，在宅向け（公的助成あり）が206億8422万円，在宅向け（公的助成なし）が152億5945万円（表7-4），また，品目別では特殊ベッド（介護用電動ギャッジベッド）が195億5750万円，車椅子が95億2870万円，おむつが67億5733万円となっている（表7-5）。

また，通産省編「福祉用具産業政策の基本的方向　福祉用具産業懇談会第二次中間報告」によると，その市場規模は1995年現在，8040億円で，1993年から1995年までの年平均の伸び率は7.1％となっている。このため，通産省は2005年，市場規模は1兆7000億円から2兆49億円に及ぶと試算している（図7-2）。

このうち，最近，とくに売り上げを伸ばしているものがおむつやホームエレベーター，特殊ベッド（介護用電動ギャッジベッド），電動車椅子，移動用リ

第Ⅲ部　介護ビジネスの動向

表7-4　施設向け・在宅向け・住宅改善の売上高推計結果

内　訳　項　目	売　上　高（単位：万円）
施　設　向　け	186億5875万円
在　宅　向　け（公的助成あり）	206億8422万円
在　宅　向　け（公的助成あり）	152億5945万円
住　宅　改　善（公的助成あり）	22億2044万円
住　宅　改　善（公的助成なし）	19億2440万円
合　　　　計	587億4727万円

（資料）　日本福祉用具供給事業者協会『福祉用具の販売・レンタル実態に関する調査』（平成6年度）より作成。
（出典）　テクノエイド協会他編集協力『福祉用具ビジネス白書'98』中央法規出版，1998年。

表7-5　品目大分類別・販売／レンタル別の売上高推計結果

品目分類	売　上　高			品目構成比		
	販　売	レンタル	合　計	販　売	レンタル	合　計
特殊ベッド	152億8663万円	42億7087万円	195億5750万円	29.89%	56.20%	33.29%
ベッド補助用具	37億5693万円	7億10万円	44億5702万円	7.35%	9.21%	7.59%
車　い　す	86億4465万円	8億8405万円	95億2870万円	16.90%	11.63%	16.22%
移動用リフト	11億9865万円	1億292万円	13億156万円	2.34%	1.35%	2.22%
歩行補助用具	17億2932万円	1億119万円	18億3051万円	3.38%	1.33%	3.12%
お　む　つ	59億419万円	8億5314万円	67億5733万円	11.54%	11.23%	11.50%
排泄補助用具	22億3244万円	5409万円	22億8653万円	4.36%	0.71%	3.89%
入浴補助用具	30億5560万円	4582万円	31億142万円	5.97%	0.60%	5.28%
痴呆性老人徘徊感知機器	1億9095万円	503万円	1億9598万円	0.37%	0.07%	0.33%
衣　類・靴	19億4019万円	4331万円	19億8350万円	3.79%	0.57%	3.38%
補　聴　器	6億8784万円	373万円	6億9157万円	1.34%	0.05%	1.18%
そ　の　他	65億2052万円	5億3512万円	70億5564万円	12.75%	7.04%	12.01%
合　　計	511億4789万円	75億9938万円	587億4727万円	100.00%	100.00%	100.00%

（資料）　日本福祉用具供給事業者協会『福祉用具の販売・レンタルの実態に関する調査』（平成6年度）より作成。
（出典）　テクノエイド協会他編集協力『福祉用具ビジネス白書'98』中央法規出版，1998年。

図７－２　2005年における福祉用具市場規模の推計結果

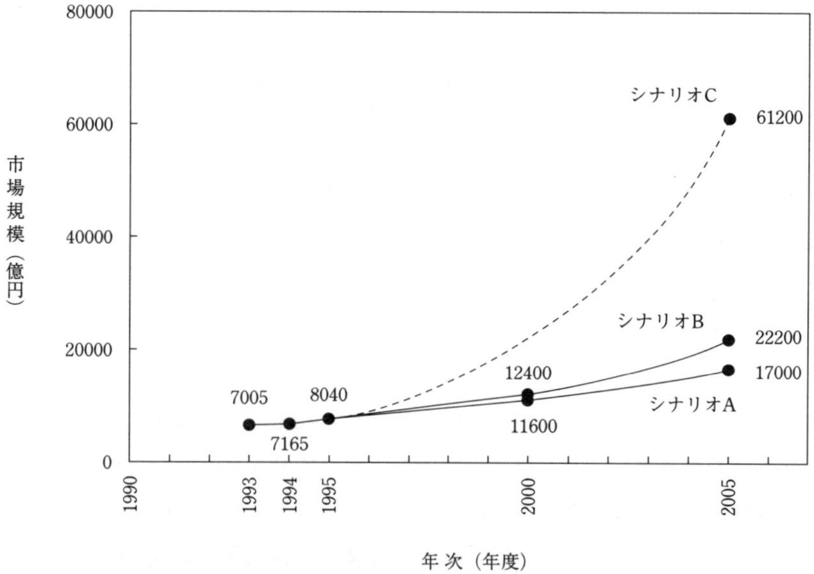
80000
60000
40000
20000
0
市場規模（億円）
シナリオC
61200
シナリオB
22200
17000
シナリオA
12400
11600
7005
8040
7165
1990
1993
1994
1995
2000
2005
年次（年度）

（資料）　通産省機械情報産業局編『福祉用具産業政策の基本的方向　福祉用具産業懇談会第２次中間報告』より作成。
（出典）　社会保障入門編集委員会編集『社会保障入門（平成11年版）』中央法規出版，1999年。

フトである。これらのなかには，アルミやプラスチックなどの素材を主に軽量化を図ったり，工具を使わずに組み立てられたり，マンションなど狭い場所への搬入や搬出が容易であるよう，家族の介護への負担を少しでも軽減すべく，創意工夫しているものが目立っている。

しかも，最近では介護保険の導入をにらみ，大手商社から家電店，スーパー，コンビニエンスストア，製紙メーカーなど異業種からの参入も顕著であるため，販売・レンタルの面で先行するドラッグストアやデパートは展示即売コーナーの拡大や薬剤師，介護福祉士，介護専門支援員（ケアマネジャー）などの専門職を配置し，展示コーナーや介護情報の提供，各種無料相談を受け付けるなど，サービスの充実によって差別化を図っている。

具体的には，先行する民間企業，とりわけ，在宅医療の分野では介護ビジネ

スの先進国・米国のヘルスケア大手と業務提携し，人工透析や酸素濃縮機，携帯型ポンプなど在宅医療機器の販売・レンタル，看護支援システムなど，既存のサービスに加え，センサーや情報システムを組み合わせた診断システムなどを軸に商品開発している。もっとも，全体の採算となると，売り上げは伸びているものの，業界の歴史そのものはまだ浅く，かつ経営基盤も弱いため，これらの機器や用品の選び方や使い方がまだ利用者に十分知られておらず，軌道に乗せることは容易ではないようである。

有望なベッド，トイレ，車椅子など

このようななか，とくに有望とみられるのは介護用電動ギャッジベッド，ポータブルトイレ，電動車椅子，酸素濃縮器の販売・レンタル，さらには警備会社では緊急通報システムなど高度情報処理システムを活用したサービスで，介護保険の給付対象事業のなかには介護用具貸与事業も含まれるため，販売よりもレンタルの方が期待されている。なぜなら，利用者にとって販売よりもレンタルの方が割安であるばかりか，その対象品目も10種類と豊富だからである（前出・表7-2）。

しかも，介護報酬が現行の単価よりも高めに設定されたため（前出・表4-7），今後，さらに業者の参入が予想される。もっとも，介護保険はあくまでも要介護認定を受けた寝たきりや痴呆性などの要介護高齢者だけが対象であるため，保険給付だけをアテにした事業には限界がある。現に，すでに市場に参入している業者は結構多いものの，売り上げの店舗が小さいため，採算のベースに乗らないところがほとんどである。

なかでも注目されるのが，上乗せ・横出しサービスとなる介護情報や介護業務支援システムなどのソフトの開発であり，家電メーカーやコンピューターメーカーの間で注目されている。なぜなら，介護保険の導入に伴い，市町村は寝たきりや痴呆性などの要介護高齢者の調査・認定作業のため，コンピューターシステムを導入する必要があるものの，財源的にもマンパワー的にもほとんど困難だからである。

第7章　福祉機器・介護用品販売・レンタル

　具体的には，指定介護老人福祉施設（特別養護老人ホーム）などの入所者や在宅の寝たきりや痴呆性などの要介護高齢者の健康管理や介護記録，血圧・体温，食事の栄養価などの測定器，財務会計，また，介護保険の被保険者の資格取得や保険料の納付記録，要介護認定，介護サービス計画（ケアプラン）の作成，サービスの提供のための総合的なシステム化，受給者のリストや給付実績の管理などの管理システム，さらには一人暮らし高齢者の安否確認や双方向テレビ電話を使った遠隔装置，施設や病院，消防署への緊急通報装置など情報処理のためのシステムおよび機器の開発である。
　そこで，中小の既存の居宅介護サービス（在宅介護サービス）の専門業者から大手の寝具メーカーやデパート，スーパー，宅配業などの異業種も各種居宅介護サービス（在宅介護サービス）のほか，食事の材料の宅配や介護用電動ギャッジベッド，ポータブルトイレ，車椅子，酸素濃縮器，電動車椅子の販売・レンタル，さらには警備会社やタクシー会社までもが緊急通報システムなど高度情報処理システムを活用したサービスを展開している。このため，今後の展開次第では業界の再編成や業務提携などの動向も予想される情勢である。

3　福祉機器・介護用品販売・レンタルの課題

　上述したように，福祉機器・介護用品販売・レンタルの業界にあっては介護用電動ギャッジベッドや電動車椅子，杖，ポータブルトイレ，ホームエレベーター，福祉車両および一般車両の改造，緊急通報システムなど高度情報処理システムを活用したマルチメディアによる新製品の製造や販売・レンタルがみられるが，当面の課題としては，まず第一に，このような福祉機器・介護用品関連にあっては入れ歯や老眼鏡の加工・販売，増毛剤，健康飲料水，バランス栄養食，リハビリ用衣料，ワンタッチ肌着，総入れ歯安定剤，長寿食，拡大テレビやビデオカメラ，一眼レフカメラ，CD，ショッピング・レジャー情報向け定期交信システム，テレビ電話，介護・看護ロボット，各種検査代行サービス，フィットネスクラブ，葬儀の代行や霊園の斡旋，墓石販売の葬祭サービスなど

その他関連サービスとも関連させ，サービスを展開することも必要である。

　第二に，業界の健全育成はまだ始まったばかりであり，かつ厚生省と通産省は1998年，共同所管として福祉機器・介護用品の品質管理や安全性・保証の国際規格「ISO（国際標準化機構）」を導入したものの，安全性への取り組みはこれからである。このため，業界，とくにメーカーにあっては利用者が安全で使いやすく，かつ品質のよい，しかも安価な商品の開発を行うことが必要である。また，これに関連して福祉用具の賃貸サービス（レンタル）のためのガイドライン（指針）や規格・基準の整備，利用者への情報提供網の整備も必要である。

　第三に，販売・レンタルの卸・小売業者は利用者のニーズに応じ，用具の選択や利用方法の習得，流通情報網の整備，適切なメンテナンスの保証などを図ることが必要である。その意味で，これらの福祉用具の利用方法をめぐる相談・助言，居宅介護サービス計画（ケアプラン）の作成などが可能な人材の養成・確保はもとより，レンタル向けの在庫の確保や保管・消毒設備の整備に伴う新たな投資を行うことが必要である。なぜなら，スウェーデンやデンマーク，アメリカなどから輸入される高品質の商品に立ち向かう戦略こそ，市場の可能性をもたらし，かつ過当競争に勝ち残ることにもなるからである。

　いずれにしても，介護保険から給付される福祉用具貸与は全体のごく一部にすぎないため，介護保険にとらわれず，自由な発想で商品やサービスの展開をすることが必要である。

第8章

有料老人ホーム等

1　有料老人ホームの概要

半数は民間企業の施設

　有料老人ホームは，常時10人以上の高齢者を入所させ，給食その他日常生活に必要な便宜を供与することを目的とする民間の施設で，指定介護老人福祉施設（特別養護老人ホーム）や養護老人ホーム，軽費老人ホームと異なっている。

　設置数は1997年10月現在，全国で281か所（入所者3万100人）である（表8－1）。このうち半数は民間企業によるもので，かつその大半は「終身利用（同一施設内介護）型」である。

　これを立地別でみてみると，都市型，都市近郊型，保養地型，田園型の四種類に大別することができる。もっとも，いずれも一長一短があるため，結局，入居者のニーズや費用負担能力，ライフスタイルなどによって自由に選択することになる。

　ただし，総じて都市型や都市近郊型の場合，長年住み慣れた地域で老後を過ごすことができるため，ニーズは根強いものの，地価高騰などを反映して入居金や管理費，生活費が割高になりがちな傾向である。このため，従来は保養地型や田園型のタイプの方が脚光を浴びていたが，近年は都市型や都市近郊型のタイプの方に人気が集まっている。

　ちなみに国民生活センターの調査によると，入居金は単身で平均2670万円，二人で4150万円であるが，なかには数億円という高額な施設もある。また，入

表8-1 施設福祉対策

	施 設 名	事 業 の 概 要
入所型	特別養護老人ホーム	65歳以上の寝たきり老人等で，居宅において適切な介護を受けることが困難な者を入所させて養護する。 ＊ 3,713か所　251,893人
	養護老人ホーム	65歳以上の人で，心身機能の減退などのために日常生活に支障がある，あるいは住宅に困っている場合等であって，被保護世帯か市町村民税所得割被課税世帯に属する者を入所させて養護する。 ＊ 949か所　66,944人
	軽費老人ホーム	低所得階層に属する60歳以上の者で，家庭環境，住宅事情等の理由により居宅において生活することが困難な者を低額な料金で利用させる施設。A型とB型に区分され，A型は給食サービスが付いていて，B型は自炊が原則となっている。 A型→＊　251か所　15,045人，B型→＊　38か所　1,790人
	介護利用型 （ケアハウス）	高齢者のケアに配慮しつつ自立した生活を確保できるよう，車いすでの生活が容易であるなど工夫された住宅としての機能があり，生活相談，給食等のサービスを提供する。 ＊ 623か所　24,479人
	老人短期入所施設	養護者の疾病その他の理由により，居宅において介護を受けることが一時的に困難になった65歳以上の者を短期間入所させて養護する。 ＊ 33か所　1,244人
	有料老人ホーム	常時10人以上の老人を入所させ，食事の提供その他日常生活上必要な便宜を供与する。 ＊ 281か所　30,100人
利用型	老人日帰り介護施設	65歳以上の者であって，身体上又は精神上の障害があるために日常生活を営むのに支障がある者を通わせ，入浴，食事の提供，機能訓練，介護の方法の指導その他の便宜を供与する。 ＊ 5,625か所
	老人福祉センター	地域の老人に対して各種の相談に応じるとともに，健康の増進，教養の向上及びレクリエーション等のための便宜を供与する。 ＊ 2,234か所
	老人憩の家	地域の老人に対して，無料又は低廉な料金で教養の向上，レクリエーション等のための場所を提供し，老人の心身の健康を図る施設。老人クラブの拠点とされており，老人福祉センターより小規模なもの。 ＊ 4,553か所
	老人休養ホーム	景勝地，温泉地などの教養地に，老人の保健教養，安らぎと憩いの場として設置された宿泊利用施設。老人が気軽に利用できるように一般の国民宿舎よりさらに低料金になっている。 ＊ 65か所

（注）　事業の概要欄の＊印は，平成9年10月1日現在の施設数・定員数。
（出典）　社会保障入門編集委員会編集『社会保障入門（平成11年版）』中央法規出版，1999年。

居後の管理費や生活費は一人当たり月額13万円程度から数十万円別に必要な施設もあるが，その大半は75歳以上の女性の単身入居である。

なお，入居の権利形態は終身利用権方式と所有権分譲方式の二つに大別されるが，終身利用権方式がほとんどである。もっとも，入居契約の当初は健康であることを要件にしている健康型が圧倒的に多い。

有料老人ホームの沿革

ところで，有料老人ホームが初めて市場にお目見えしたのは1945年ごろであるが，当時は厚生年金事業振興団や簡易保険福祉事業団など公的なものが大半であり，今日のような純粋の民間の施設が介護ビジネスとして登場したのは1970年代に入ってからである。

そこで，厚生省は1974年，ガイドライン（設置運営指導指針）を定め，業界の健全育成とともに入居者の保護に乗り出したが，1980年，東京都下の有料老人ホームが倒産して社会問題となったため，同年，省内に有料老人ホーム懇談会を発足させ，1981年に意見具申を受けた。これを踏まえ，業界では行政指導にもとづき，翌1982年に全国有料老人ホーム協会を設立し，施設の運営や契約内容の適正化，入居者などからの苦情の処理，職員の資質の向上のために努めることになった。

しかし，1989年，滋賀県の有料老人ホームが経営危機に見舞われ，経営陣が交代する騒ぎとなったほか，三重県の有料老人ホームでは入居者難のために倒産して社会問題となった。このため，厚生省は1990年，老人福祉法を改正し，設置者に対して所轄の都道府県知事へ事前に設置届を出すことを義務づけるとともに，施設の運営状況について報告を求めたり，調査をしたりして入所者の保護に努めることになった。

また，シルバーサービス振興会は「シルバーマーク」制度を導入し，事業活動の健全化に力を入れるほか，協会においても，倒産など万一の際，入居者に対して金銭の保証を行うため，「入居者基金」制度を設立した（図8-1）。

ところが，国民生活センターが1990年，全国147か所の有料老人ホームを調

第Ⅲ部　介護ビジネスの動向

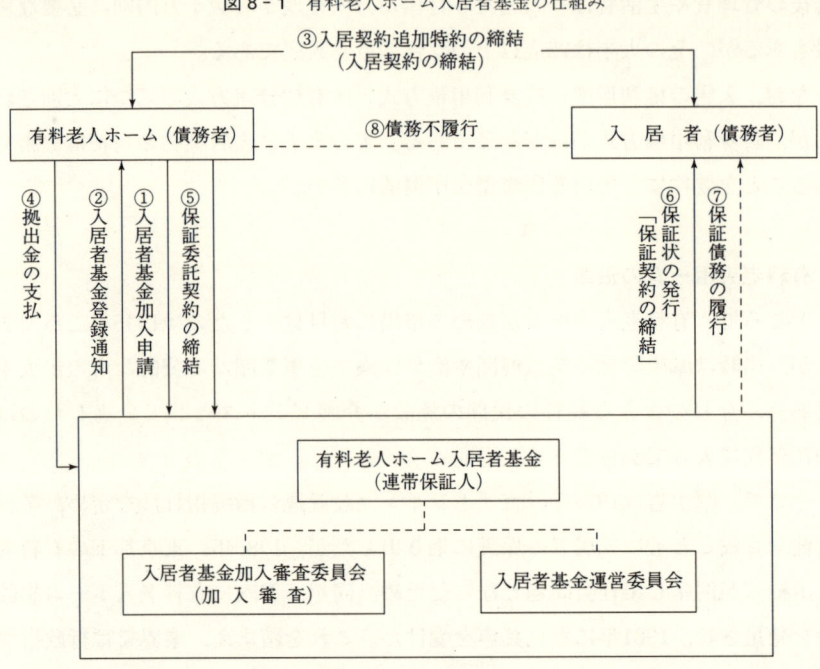

図 8-1　有料老人ホーム入居者基金の仕組み

```
                       ③入居契約追加特約の締結
          ┌─────────────（入居契約の締結）─────────────┐
          │                                              │
    ┌─────┴──────┐         ⑧債務不履行          ┌──────┴──────┐
    │有料老人ホーム│- - - - - - - - - - - - - - -│入 居 者      │
    │（債務者）    │                              │（債務者）    │
    └──┬──┬──┬──┘                              └──┬──┬──────┘
    ④  ② ① ⑤                                    ⑥  ⑦
    拠  入 入 保                                    保  保
    出  居 居 証                                    証  証
    金  者 者 委                                    状  債
    の  基 基 託                                    の  務
    支  金 金 契                                    発  の
    払  登 加 約                                    行  履
        録 入 の                                   「保 行
        通 申 締                                    証
        知 請 結                                    契
                                                    約
                                                    の
                                                    締
                                                    結」
          │  │  │  │                              │  │
          └──┴──┴──┴──────┬──────────────────────┴──┘
                      ┌─────┴──────────┐
                      │有料老人ホーム入居者基金│
                      │（連帯保証人）          │
                      └───┬──────────┬─────┘
                          │          │
              ┌───────────┴──┐   ┌──┴──────────┐
              │入居者基金加入審査委員会│   │入居者基金運営委員会│
              │（加　入　審　査）      │   │                  │
              └──────────────┘   └──────────────┘
```

（出典）　全国有料老人ホーム協会『有料老人ホーム入居ガイド』（No. 11），1991年。

査した結果，内部において対応できる介護サービスを「終身ケアまで」としている施設は84か所にすぎなかった。また，痴呆性の症状が出た場合に退去させたり，寝たきりになった場合に病院へ入院させたりする可能性もあるなど，その実態はなおも不明である。

このほか，介護サービスの基準を入居前，入居希望者に明示しているのかどうかについては，57か所の施設が「特別な介護基準はない」，あるいは「見せない」と答えており，依然として「終身介護」の意味が曖昧のままである。

そこで，厚生省は翌1991年，ガイドライン（設置運営指導指針）を全面的に改正し，新たに有料老人ホームを設置する者に対し，向こう30年間の事業収支計画を策定し，所轄の都道府県知事に提出させるほか，入居一時金の返還債務について銀行保証を付させるなど，経営の安定化と倒産の防止を図った。

また、入居者が適切に施設を選ぶことができるよう、介護基準を「終身利用（同一施設内介護）型」、「終身利用（提携施設介護）型」、「提携施設移行型」、「限定介護型」、「健康型」、「介護専用型」に区分し、介護の場所や内容、頻度、費用負担を明示したサービスの一覧表を契約前に入居者に交付し、説明を義務づけるなど、指定介護老人福祉施設（特別養護老人ホーム）に準じた体制をとるよう改めた（表8-2）。

再三にわたるトラブルや苦情申し立て

しかし、その後も苦情が続出したため、1997年12月、ガイドライン（設置運営指導指針）を再び改正し、施設の類型を見直すとともに、サービスの中身や頻度などを具体的に記載し、消費者に必要な情報を公開することを義務づけた。

しかし、①実際には病院などに移しているにもかかわらず、施設内で終身介護をしている、②提携先の老人保健施設で介護を受ける権利が保障されている、③夜間は警備員が勤務しているだけにもかかわらず、常勤の看護婦によって24時間体制で対応しているかのような表示をして入居者との間でトラブルが続出しており、公正取引委員会は1997年、5法人に対し、不当表示による景品表示法違反として警告する有様であった。このため、1998年6月、ガイドライン（設置運営指導指針）を再度改正し、施設の運営内容はもとより、入所者の定員が常時10人未満で、施設の運営とサービスの提供が異なる介護機能付きのケアホテルや老人マンション、リタイアメントコミュニティなどの類似施設も指導の対象とし、万一、倒産した場合に備えた入居者の保護や運営内容のディスクロージャー（情報開示）、サービス内容の表示の適正化、有料老人ホームの定義の見直しなど健全な施設の運営を維持するため、抜本的に改善することになった。

しかし、その後も各地の施設で入居者難をはじめ、事業計画の杜撰さや経営方針をめぐる内紛、"バブル経済"の崩壊による不況も加わって入居者率の低下から経営危機から倒産、契約内容と実際のサービスの相違をめぐり、トラブルが続出しているのが実態である。

第Ⅲ部　介護ビジネスの動向

表8-2　新たな有料老人ホームの類型（1998年7月1日現在）

	契約上定める要介護状態になった場合の取扱い			施設数
	契約の解約の有無	専用居室又は介護居室の権利	介護を行う場所	
健康型	解約する ［介護が必要となった場合］	消滅	・契約上定めがない ・契約上定めがあっても新たな入居一時金が必要	73
限定介護型	解約する ［契約上定められた以上の介護が必要となった場合］	消滅	同　上	14
提携施設移行型	解約する ［新たに提携施設等と契約を締結］	消滅	提携施設または同一設置者の別施設 ［介護の程度が軽い場合は，同一施設内で介護し，更に重度の介護が必要となった場合に，提携施設等に移すものも含む］	4
終身利用 （提携施設介護）型	解約しない	存　続	同　上	13
終身利用 （同一施設内介護）型	解約しない	存　続	同一施設内	144
介護専用型 主として入居時より常時介護を要する者を入居させることを目的とするものをいう。	解約しない	存　続	同一施設内	38
合　計				286

（注）　1．一般居室の終身利用権が介護居室の終身利用権に振り替わる場合を含む。
　　　　2．一般居室の利用権が介護居室または提携ホームの居室の終身利用権に振り替わる場合を含む。

その背景として，高額な入居金を支払ったにもかかわらず，入居者率の低下に伴って倒産したり，経営危機に見舞われたり，あるいは不当な表示や不徹底なサービスに対する不安感や不満が噴出して入居率の低下を招いているほか，最近の銀行の事業資金の貸し渋りに伴い，建築費の支払いや銀行への返済などによって運転資金の減少に悩まされていることにある。

2 有料老人ホーム等の現状

介護保険の居宅サービスを適用

このようななか，有料老人ホームは介護利用型軽費老人ホーム（ケアハウス）や痴呆性高齢者を対象としたグループホームと同様，介護保険では特定施設として位置づけられ，かつその居室は本人の"居宅"とみなされるため，食費や生活費を除き，保険給付の対象とされ，居宅介護サービス費が給付されることになった。

また，有料老人ホームの一部は介護保険の施行に伴い，施設の提供する居宅介護サービス（在宅介護サービス）が一定の限度まで介護保険によってカバーされ，入居者は経費の1割を負担すればよいことになった。このため，従来，不動産関連や生命保険など，住宅や福祉などに何らかの関連のある民間企業に交じり，製鉄会社や家電メーカー，ガス会社，ビル管理会社などの異業種や同系列，それも大手企業の参入が目立つようになった。

このほか，介護機能付きのケアホテルや老人マンション，リタイアメントコミュニティなどの類似施設も，厚生省が1998年2月現在までに把握しているだけでも全国に127か所あるが，介護利用型軽費老人ホーム（ケアハウス）は指定介護老人福祉施設（特別養護老人ホーム）と有料老人ホームの中間的なものであり，かつ公的な施設であるため，不信感が根強い有料老人ホームと比べて個室の割に低額で都市型に人気がある（表8-3）。

一方，介護保険のうえでは，施設サービスに適用される指定介護老人福祉施設（特別養護老人ホーム）や介護老人保健施設（老人保健施設），指定介護療

養型医療施設(療養型病床群,老人性痴呆疾患療養病棟,介護力強化病院)は,「高齢者保健福祉推進十か年戦略の見直しについて(新ゴールドプラン」)」のなかでその整備が図られているが,このうち,指定介護老人福祉施設(特別養護老人ホーム)は社会福祉法人でなければ整備が認められない。

このため,電力会社など一部の民間企業では社会福祉法人の法人格を取得して整備を進め,かつ在宅(老人)介護支援センターなどを併設し,在宅介護サービスを展開しているところも出ている。

特養は有料老人ホームに転用?

そこで,中央社会福祉審議会では指定介護老人福祉施設(特別養護老人ホーム)についても民間企業の参入を促進すべきであるむねを答申しているが,介護保険の導入に伴い,要介護状態区分(要介護度)が軽度の入所者の多い施設では介護報酬による収入減のため,経営難に陥るところも懸念される。しかも,待機者が全国で4万7000人もいるにもかかわらず,指定介護老人福祉施設(特別養護老人ホーム)の整備が遅れているため,今後,民間企業への売却や介護利用型軽費老人ホーム(ケアハウス),あるいは有料老人ホームへの転換を見据え,民間企業が指定介護老人福祉施設(特別養護老人ホーム)の施設運営を促進する"引き金"ともなりかねない情勢である。

一方,介護老人保健施設(老人保健施設)は,本来,急性疾患の治療が終わった高齢者の家庭復帰をめざすため,「高齢者保健福祉推進十か年戦略の見直しについて(新ゴールドプラン」)」の整備の一環として整備されているものであり,いわば老人病棟や指定介護療養型医療施設(療養型病床群,老人性痴呆疾患療養病棟,介護力強化病院),指定介護老人福祉施設(特別養護老人ホーム)を結びつける中間施設である(表8-4)。

もっとも,老人医療費の増大を抑制し,かつ不足する指定介護老人福祉施設(特別養護老人ホーム)の"受け皿"として指定介護療養型医療施設(療養型病床群,老人性痴呆疾患療養病棟,介護力強化病院)とともに,今後も医療法人など民間法人にその整備を委ねなければならない様相であるが,長期的には

第8章 有料老人ホーム等

表8-3 介護保険により在宅サービスが提供される施設

	●有料老人ホーム	●ケアハウス	●痴ほう対応型グループホーム
	現在は全額自己負担で食事，介護などのサービスを受けている。介護保険の導入で，入居時に支払った介護費用は返還される	自炊できない程度に心身機能が低下するなどして，一人暮らしが難しくなった高齢者が食事や入浴のサービスを受けている	痴ほう症の高齢者が地域の中での生活を続けるため，民家などを利用して共同で暮らしている
1カ月当たりの介護費用の利用者負担額	約7000円（要支援）～約2万5000円（要介護5）	約7000円（要支援）～約2万5000円（要介護5）	約2万3000円（要介護1）～約2万6000円（要介護5）
その他の利用者負担	一般的に数千万円の入居金食費，管理費	生活費，管理費など	家賃，食費，光熱費など

（出典）『転ばぬ先の介護保険ABC』朝日新聞社，1999年より一部抜粋。

表8-4 介護保険で利用できる施設

		特別養護老人ホーム	老人保健施設	療養型病床群
利用者1人当たりの居室・療養室の面積と必要な設備		10.65m² ・医務室 ・機能回復訓練室 ・食堂 ・浴室	8m² ・診察室 ・機能回復訓練室 ・食堂 ・浴室	（病床転換型は当分の間，食堂や浴室がなくても可）6.4m² ・機能訓練室 ・談話室 ・食堂 ・浴室
利用者100人当たりの職員配置基準		医師（非常勤可） 1人 看護婦 3人 介護職員 31人 介護支援専門員 1人	医師（常勤） 1人 看護婦 10人 介護職員 24人 理学療法士または作業療法士 1人 介護支援専門員 1人	医師 3人 看護婦 17人 介護職員 17人 介護支援専門員 1人
2000年度の利用者見込み数		30万4000人	20万5000人	19万7000人
1カ月当たりの平均利用者負担額（案）〈介護＋食費〉	①標準	5万円	5万3000円	5万9000円
	②市町村民税世帯非課税者	4万円	4万円	4万円
	③老齢福祉年金受給者	2万4000円	2万4000円	2万4000円

（出典）『転ばぬ先の介護保険ABC』朝日新聞社，1999年より一部抜粋。

指定介護老人福祉施設(特別養護老人ホーム)や介護老人保健施設(老人保健施設)と競合しかねず,施設体系全体に及ぶ統廃合も予想される。

このようななか,最近,注目されているのが痴呆性高齢者を対象としたグループホームで,厚生省は1997年度から国の補助事業として制度化し,1999年度までに400か所以上の施設の整備のために予算措置を講じている。しかも,このグループホームは介護保険では痴呆対応型共同生活介護として位置づけ,かつ民間企業も事業に参入することが認められているため,指定介護老人福祉施設(特別養護老人ホーム)などが不足するなか,要介護3～5の認定を受けた痴呆性高齢者を対象とした在宅介護サービスの一つとして,民間企業をはじめ,医療法人,社会福祉法人などによる建設ラッシュが予想される。

なお,痴呆性高齢者が5～9人で共同生活を送るグループホームも介護保険では本人の"居宅"とみなされ,在宅サービスの対象となるのでかなりの参入が見込まれるが,サービスの質を懸念する声もある。そこで,サービスの状況や管理者の資質,個室の居室面積(4.5畳以上)の確認などのため,市町村による立ち入り調査などが行われることになっている。

3 有料老人ホーム等の課題

健全育成と消費者保護の強化

さて,21世紀の本格的な高齢社会に向けた有料老人ホーム等をめぐる課題はなお山積していると思われる。そこで,今後の施策として,とくに地方自治体に望まれる課題を中心にいくつか述べてみたい。

まず第一は,官民一体によるチェック機関を整備し,業界を健全育成するとともに消費者の保護を強化することが必要である。

具体的には,すべての都道府県および都道府県庁所在地や政令指定都市などにおいてシルバーサービス振興会の地方組織を設立し,既存,新設,あるいは類似施設であると否とを問わず,すべてのホームに対して当該組織への加盟を義務づけ,ガイドライン(設置運営指導指針)を順守させるとともに,地域の

特性に応じた運営および経営の安定化を求め，倒産や経営危機などを招かないよう，指導することである。

　ところが，有料老人ホーム協会に加盟しているのは1997年現在，155施設で，しかも，「シルバーマーク」を取得している施設はわずかに27か所にすぎない。これは，1991年に「シルバーマーク」が導入されたため，既存の施設はその取得を義務づけられていないからである。

　このため，オーストラリアの州政府のように，民間企業が誇大宣伝によって強引に契約に持ち込んだり，契約条項を守らなかった場合，一定の罰則などを科すことができる規制法を制定し，消費者の保護に努めることも一考である。

　また，有料老人ホームの入居者も介護保険料を納め，万一，自分の居室などにおいて介護サービスを受ける場合，介護サービスの利用料の自己負担分（1割）を除く全額は介護保険で賄われるため，介護付き終身利用型や提携ホーム型，介護専用型の場合，入居時に支払い済みの入居金は施設側による不当利得となるおそれがある。

　このほか，新規に入居契約を結ぶ場合でも介護保険料を支払うことになるため，介護費用として施設側が事前に入居金などを徴収する従来の契約内容は抜本的に見直す必要がある。このため，施設と入居者との間で現行の契約上の介護サービスの費用負担について早急に調整すべきである。

　なお，介護保険の施行後の入居者から，介護給付にかかわるサービスについて一時金による費用徴収は原則として認められないことになっている。

　いずれにしても，有料老人ホームの設置は多様なニーズを持つ住民の選択肢の幅を拡大するだけでなく，施設の職員としての雇用の創出や新たな税収の確保など地域に経済効果をもたらすため，その参入を頭から拒絶したりするのは疑問である。その意味で，たとえば遊休の公有地があれば施設を設置するための用地として提供したり，公設民営方式によって施設を建設して事業委託したり，他の公共施設との併設を検討するなど柔軟に対応することが望まれる。

　第二は，地域の社会資源を活用するとともに，有料老人ホームの運営の支援を通じ，保健・医療・福祉の連携に努めることが必要である。

周知のように，わが国の高齢者に対する保健・医療・福祉サービスは老人福祉法などにもとづいて別体系となっているため，有料老人ホームに保健・医療サービスまで求めることには無理があるが，入居者にしてみれば"ついのすみか"として期待するのは当然のことである。

そこで，「終身介護」を標榜する有料老人ホームは，ドイツやイギリスの一部の施設のように健康型と介護型の併設に努める。また，地方自治体も地域の介護老人保健施設（老人保健施設）や老人病棟，指定介護老人福祉施設（特別養護老人ホーム）など，地域の関係機関の協力を得ながら保健・医療・福祉を連携させ（表8-5），入居者の期待に応えることが望まれる。

たとえば要介護1～2程度の場合は軽費老人ホームやシニア住宅，シルバーハウジング（高齢者世話付き住宅），健康型の有料老人ホーム，要介護3～5程度の場合はケアハウスや介護老人保健施設（老人保健施設），介護型の有料老人ホーム，要介護5の場合は指定介護老人福祉施設（特別養護老人ホーム）や介護型有料老人ホーム，老人病棟，グループホームなど，費用負担の面と併せて地域の関係機関との連携を強め，公私協働によるコンビネーションシステム（ワンセットプラン）の整備に努めるといった具合である。

また，有料老人ホームを社会化することにより，地域福祉として推進することが必要である。すなわち，施設の食堂や娯楽室，浴場を地域の高齢者に開放するよう，要望することが考えられるが，将来的には施設の機能を生かし，在宅の寝たきりや痴呆性などの要介護高齢者を対象にした短期入所生活介護（ショートステイ）や通所介護（デイサービス），家族を対象にした介護者講習会の開催，介護保険の介護サービス提供機関としての協力の要請も検討すべきである。

もっとも，この場合に入居者の理解と協力をどこまで得ることができるのかが問題となるが，施設の運営は地域の関係機関との連携なしには成立し得ないだけに，関係者の社会連帯にもとづく理解と協力が望まれる。

加えて，1990年の老人福祉法等福祉八法の改正に伴い，従来，市のほかに都道府県に留保されていた指定介護老人福祉施設（特別養護老人ホーム）などの

第8章 有料老人ホーム等

表8-5 老人病棟・療養型病床群を有する病院・老人保健施設・特別養護老人ホームの比較

(平成10年9月1日)

	老人病棟	療養型病床群を有する病院	老人保健施設	特別養護老人ホーム
機能	治療機能	治療機能(療養型機能を有する)	家庭復帰・療養機能	家庭と同じ機能
対象者	病状の急性期又は慢性期の治療を必要とする老人	長期にわたり療養を必要とする患者	病状安定期にあり、入院治療をする必要はないが、リハビリ、看護・介護を必要とする寝たきり老人等	在宅での介護が困難なため生活の場を必要とする寝たきり老人
主たる要件	療養が必要な場合 (治療が重点)	療養が必要な場合	リハビリ、看護・介護等の施設療養が必要な場合(入院治療は要さない)	居宅での介護が困難で常時介護が必要な場合(入院治療は要さない)
費用の支払	医療費 ・老人診療報酬による定額制または出来高払い ・生活保護対象者には医療扶助	医療費 ・老人診療報酬による定額制または出来高払い ・生活保護対象者には医療扶助	療養費 ・老人保健施設療養費を支給 ・生活保護対象者には医療扶助	措置費 ・生活費全般について措置費を支給
財源	介護・看護体勢の整った老人病院について ・保険者拠出金1/2、国1/3、県・市町村それぞれ1/12 それ以外 ・保険者拠出金7/10、国2/10、県・市町村それぞれ0.5/10	介護・看護体勢の整った病院について ・保険者拠出金1/2、国1/3、県・市町村それぞれ1/12 それ以外 ・保険者拠出金7/10、国2/10、県・市町村それぞれ0.5/10	保険者拠出金1/2、国1/3、県・市町村それぞれ1/12	国1/2、市部については市1/2、町村部については県・市町村それぞれ1/4
利用者負担	一部負担(入院) ・月710(円/日)×30(日) 入院時食事療養費の標準負担額 ・月600(円/日)×30(日)	一部負担(入院) ・月710(円/日)×30(日) 入院時食事療養費の標準負担額 ・月600(円/日)×30(日)	利用料 ・施設ごとに設定(月6万円程度) ・生活保護対象者には一定額の生活扶助	費用徴収 ・本人の所得に応じ負担(月4万円程度)
利用手続	病院と個人の契約	病院と個人の契約	施設と個人の契約	市町村長の入所措置
開設者	医療法人、国、地方自治体、社会福祉法人、公益法人、日本赤十字社、厚生連、社会保険関係団体、医師等	医療法人、国、地方自治体、社会福祉法人、公益法人、日本赤十字社、厚生連、社会保険関係団体、医師等	医療法人、社会福祉法人、地方自治体その他厚生大臣が定める者	社会福祉法人、地方自治体
開設許可等	都道府県知事の許可	都道府県知事の許可	都道府県知事の許可	同府県の設置────許可不要 市町村の設置────知事への届出 社会福祉法人の設置─知事の許可
施設	病室(1人当たり4.3㎡以上) 診察室、手術室、処置室、臨床検査室等 廊下幅 片廊下 1.2m以上 中廊下 1.6m以上	病室(1人当たり6.4㎡以上) 診察室、処置室、臨床検査室、機能訓練室、談話室、浴室、食堂等 廊下幅 片廊下 1.8m以上 中廊下 2.7m以上	療養室(1人当たり8㎡以上) 診察室、機能訓練室、談話室、食堂、浴室等 廊下幅 片廊下 1.8m以上 中廊下 2.7m以上	居室(1人当たり10.65㎡以上) 医務室、機能回復訓練室、食堂、浴室等 廊下幅 片廊下 1.8m以上 中廊下 2.7m以上
スタッフ (100人当たり)	(特例許可老人病棟) 医師 3人 看護婦 17人 介護職員 13人 その他 薬剤師、診療放射線技師等	医師 3人 看護婦 17人 介護職員 17人 その他 薬剤師、診療放射線技師等	医師 1人(常勤) 看護婦 8〜10人 介護職員 20〜24人 PT又はOT 1人 その他 相談指導員等	医師 1人(非常勤可) 看護婦 3人 介護職員 22人 その他 生活指導員、機能回復訓練指導員等

(出典) 厚生統計協会『保険と年金の動向(平成10年版)』1998年。

入所措置権が町村に移譲されたほか，市町村老人保健福祉計画，ふるさと21健康長寿のまちづくり事業基本計画，市町村社協地域福祉活動計画の策定およびその実施を通じて施設福祉と在宅福祉を統合し，地域福祉として推進していくべき基盤も整備されつつある[(1)]。その意味で，有料老人ホームが果たすべき社会的使命はきわめて大きいのである。

施設の民主的運営

第三は，入居者の保護に関し，入居者に対して有料老人ホームでの入居生活における自治活動を啓発し，入居者の施設の経営および運営への参加を促進すべきである。

具体的には，入居者が毎月負担する管理費や生活費について，施設側から一方的に料金の改定が実施されるのではなく，その理由の説明はもとより，毎年度の収支決算報告や事業計画についても，その都度，入居者に対して説明が行われるなど，入居者の施設における自治活動を保障するとともに，経営や運営の参加を保障することが必要である。

また，入居時に1人当たり何千万円もの負担を必要とする入居金の算出の根拠が不明であることもその一つであり，提示された入居金が果たして適正価格であるのか，入居者は見当がつかないのが実情である。さらに，多くの施設は「終身介護」としているものの，その後，寝たきりや痴呆性など要介護の状態になった場合の介護費用は入居金の中に含まれるのか，また，その場合，どのような状態にいくら賄われるのか，明確にされていないところも少なくない。あるいはその場合の場所についても居室であるのか，併設，もしくは提携した病院であるのか，施設によって異なるなど説明が不十分なため，トラブルを招きやすい（写真8-1）。

このほか，入居時に支払い済みの入居金は，施設が入居時に入居者から徴収している入居金などの介護費用と介護保険による介護サービスに相当する部分の額を調整し，一時払いや分割払いによって返還する，または入居者の自己負担の部分を施設が代わって負担したりするなど，サービスが行われる前に調整

写真8-1 有料老人ホームはシルバーサービスの"花形"だが

▷静岡県細江町にて。

することが必要である。

グループホーム参入上の観点

　なお，グループホームについては，法人格を有していればどのような機関でも設置・運営が認められることになっているため，介護保険の導入により，民間企業もスーパーの空き地や社員寮の転用，一人暮らし高齢者の民家の活用などによって市場に参入すると思われる。なぜなら，グループホームは有料老人ホームに比べ，投資のコストが少なくて済むうえ，民家や社員寮，アパートなど住み慣れた地域の既存の建物を改造して事業を展開したり，指定介護老人福祉施設（特別養護老人ホーム）や介護老人保健施設（老人保健施設）が不足しているなか，入居者についてもそれぞれの要介護状態区分（要介護度）に応じ，かつ自立心を見極めながら編成できるからである。

　しかし，介護保険の指定居宅支援事業者の場合，居室は個室であり，かつ共用部分も必須である，このほか，定員は5〜9人と小規模な割には介護職員は

第Ⅲ部　介護ビジネスの動向

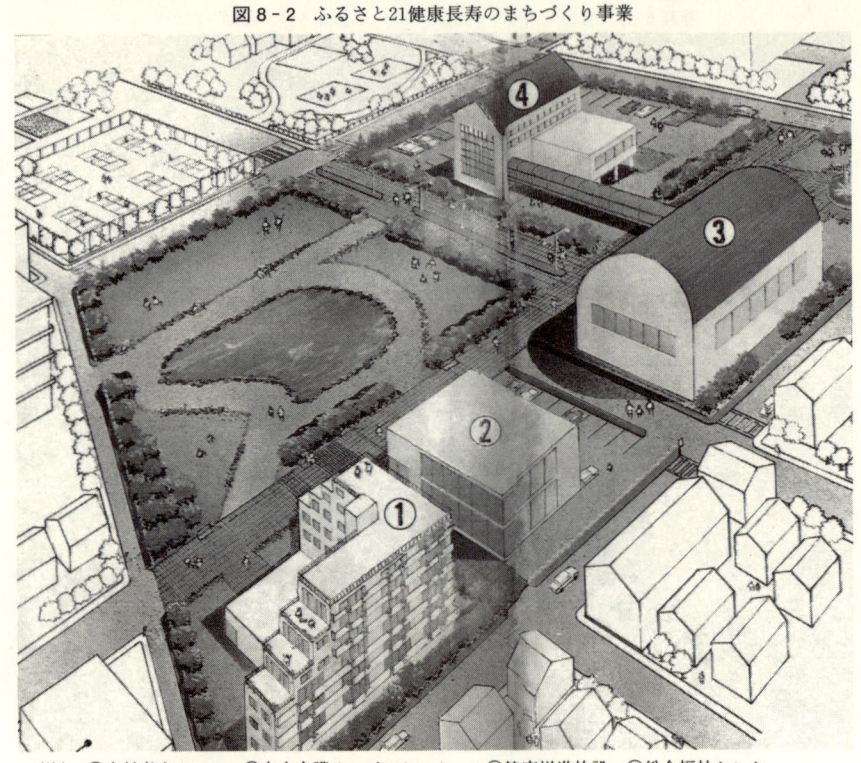

図8-2　ふるさと21健康長寿のまちづくり事業

(注)　①有料老人ホーム　②在宅介護サービスセンター　③健康増進施設　④総合福祉センター
(出典)　厚生省監修・社団法人シルバーサービス振興会編集『「高齢者に配慮したまちづくりのあり方」について』中央法規出版，1989年。

利用者2人につき1人は必要などと限定されている。また，要介護3～5と想定されているため，人件費が高くつく割には介護報酬が低いので採算が悪いほか，周辺の住民感情にも左右されがちであるため，現実的には多くの課題がある。

さらに，利用者は痴呆性高齢者であるため，市町村による施設への立ち入り調査や市町村社協の地域福祉権利擁護事業としての生活支援員の配置により，本人の利益行為を代行するような対策も必要であるが，これについては第Ⅳ部「介護ビジネスの行方」で詳述したい。

いずれにしても，有料老人ホームなどを設置して運営する場合，建物の建設

費や運営費などに対する行政からの補助金などは一賤もないため，本業の延長線上として事業展開するのか，あるいはまったく異業種なのかを見極め，単に「儲かりそうだ」などとして無計画に市場へ参入しないことである。なぜなら，債務超過になれば入居者や家族に不信感を与えるだけでなく，いったん事業に進出したら簡単には撤退できず，ひいては本業の企業イメージを損ないかねないからである。

注
(1) 具体的には，地方自治体が地域の民間事業者と公的施策との適切な連携のもとで特定民間施設（疾病予防運動センター，高齢者総合福祉センター，在宅介護サービスセンター，有料老人ホーム）を一体的に整備する場合，税制上の優遇措置やNTT（日本電信電話会社）無利子融資などを通じ，全面的に支援しているもので，1989年度から全国約100か所以上の市町村が指定を受け，事業化を検討している（前出・資料5-1および図8-2）。

第9章

民間介護保険

1 民間介護保険の概要

わが国は、戦後の高度経済成長に伴う国民生活や医療の向上によって平均寿命が延び、人生八十年時代を迎えた。しかし、その一方で、少子・高齢社会の到来や経済の低成長の長期化により、社会保障制度の基盤は大きな転換期にさしかかっている。

このようななか、社会保険を補完するものとして民間保険の役割が注目されるようになった。なかでも疾病保険や傷害保険、民間介護保険などは、従来の生命保険、損害保険に次ぐ「第三分野の保険」としてクローズアップされている（図9-1）。

このうち民間介護保険は、長い人生において個人では解決することが困難な偶発的なリスク（危険負担）に伴う経済的な損失や支出に対処するため、大数の法則にもとづき、加入者の保険料の拠出によってリスクをプールし、万一の場合、保険料を原資にした保険金の給付によってその分散を図るところに意義がある。このため、従来の生命保険や損害保険と同様、保険の一種ではあるものの、金融機関として営利性を一段と強めながらも、とくにその理念として福祉性を押し出しているところに特徴がある。

そればかりか、人口の高齢化の進行に伴い、今や住宅関連分野における有料老人ホーム、訪問入浴介護（訪問入浴サービス）などと並ぶ有力なシルバーサービスとして注目されているのである（写真9-1）。

第⑨章　民間介護保険

図9-1　民間保険の類型

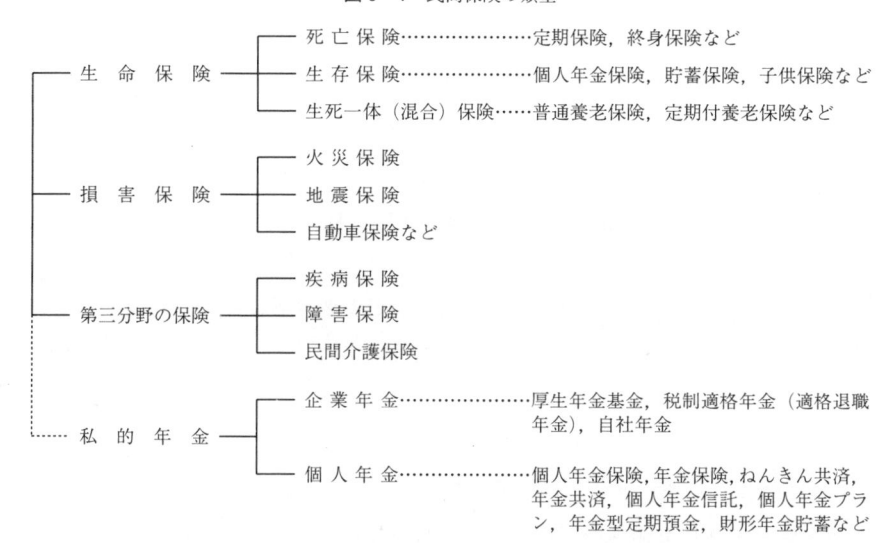

```
            ┌─ 死亡保険………………定期保険，終身保険など
┌ 生命保険 ─┼─ 生存保険………………個人年金保険，貯蓄保険，子供保険など
│           └─ 生死一体（混合）保険……普通養老保険，定期付養老保険など
│
│           ┌─ 火災保険
├ 損害保険 ─┼─ 地震保険
│           └─ 自動車保険など
│
│              ┌─ 疾病保険
├ 第三分野の保険┼─ 障害保険
│              └─ 民間介護保険
│
│           ┌─ 企業年金………………厚生年金基金，税制適格年金（適格退職
└ 私的年金 ─┤                        年金），自社年金
            └─ 個人年金………………個人年金保険，年金保険，ねんきん共済，
                                    年金共済，個人年金信託，個人年金プラ
                                    ン，年金型定期預金，財形年金貯蓄など
```

写真9-1　民間介護保険の普及に努める保険会社

▷名古屋市内の生命保険会社にて。

ちなみに，生命保険文化センターが1997年3月にまとめた「公的保障と自助努力に関する意識調査」によると，要介護状態になったとき，介護費用を賄う手段として，公的介護保険(2)とともに民間介護保険や生命保険，損害保険，預貯金などによる自助努力をあげているのである。

2　民間介護保険の現状

この民間介護保険は，寝たきりや痴呆性などの要介護高齢者を対象とした介護保障保険として，1985年から生命保険会社，また，その約半年後の1989年から損害保険会社によって介護費用保険がそれぞれ発売している（図9-2）。

具体的には，生命保険会社の介護保障保険は単独型，終身保険や個人年金（保険）などに介護サービスの保障を特約で付ける特約型，保険料の満了時，保険金をベースに介護保障に移行できる移行型の三つに分かれる。このうち，基本的には寝たきりや痴呆性などによって要介護状態となった場合に限って介護年金が支給されるものの，健康な場合には何も支給されないタイプ，および終身保険や定期付き終身保険に加入し，保険料の払い込み満了後に介護年金コースを選択すれば健康な期間は一定の年金が支給され，介護が必要となった場合に割増の介護年金が支給されるタイプがある。

このため，前者は保険に加入後，すぐに介護保障がスタートする単品であり，終身保険や定期付き終身保険を組み合わせた商品である。これに対し，後者は介護保障を選択するまでは通常の終身保険や定期付き終身保険に加入し，保険料の払い込みが満了した時点で，それまでの死亡保障に代え，介護保障に重点を置いた内容へと移行する商品となっている。

いずれにしても，保険契約後，寝たきりや痴呆性などによって要介護となり，かつその状態が一定期間（通常，6か月以上）継続する場合，介護年金，または介護給付金，もしくは介護一時金が支給されるのが一般的である。

一方，損害保険会社の介護費用保険はあくまでも損害保険の商品の一つとして位置づけられている。そして，保険契約後，寝たきりや痴呆性などによって

第9章　民間介護保険

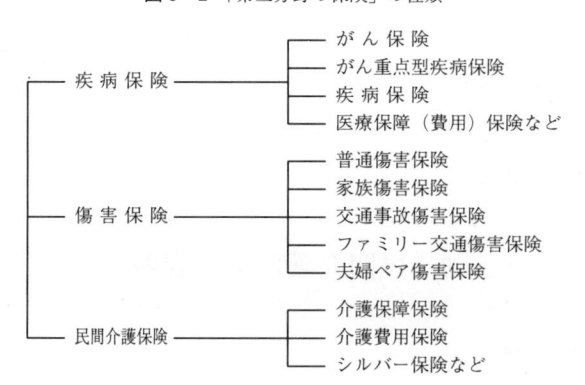

図9-2　「第三分野の保険」の種類

```
           ┌─ がん保険
           ├─ がん重点型疾病保険
  ┌疾病保険─┤
  │        ├─ 疾病保険
  │        └─ 医療保障（費用）保険など
  │
  │        ┌─ 普通傷害保険
  │        ├─ 家族傷害保険
  ├傷害保険─┤─ 交通事故傷害保険
  │        ├─ ファミリー交通傷害保険
  │        └─ 夫婦ペア傷害保険
  │
  │        ┌─ 介護保障保険
  └民間介護保険─┤─ 介護費用保険
           └─ シルバー保険など
```

　要介護となり，かつその状態が一定期間（通常，6か月以上）継続する場合，介護施設の利用負担額を支払う医療費用・介護施設費用保険金，または要介護の状態に応じ，毎月，一定額を支払う介護諸費用保険金，もしくは介護用品の購入や住宅改造などのための費用を支払う臨時費用保険金などの現金（金銭）給付が支給されるのが一般的である。このため，生命保険会社の介護保障保険と損害保険会社の介護費用保険では受取額などに若干の違いがある。

　具体的には，前者の場合は定額であるのに対し，後者の場合は介護にかかった費用そのものが補償されることによるものである。もっとも，いずれも保険料の払い込み期間中に重度の寝たきりや痴呆性になった場合，以後の保険料の払い込みは免除される。また，幸いにして健康な場合は健康祝金，逆に不幸にして死亡した場合には死亡保険金が支給されるのが一般的である。

　なお，これらの民間介護保険のなかには介護年金や介護給付金，介護一時金，あるいは医療費用・介護施設費用保険金や介護諸費用保険金，臨時費用保険金などの現金（金銭）給付に代え，訪問介護員（ホームヘルパー）の派遣により，訪問入浴介護（訪問入浴サービス）や部屋の掃除，調理，買物や通院の際の介添えなどの訪問介護（ホームヘルプサービス）を受けることができる商品もある。また，保険会社の直営，あるいは提携先の有料老人ホームへの入居，介護用品の取り次ぎ，家族の相談・助言に努めるなど介護情報サービスの実施等，

現物給付を受けることができる商品もある。

　ちなみに，介護保障保険を含めた医療保障保険（生命保険）の保有契約高は1998年度実績で約65億円，対前年度比で4.7％増，また，介護費用保険（損害保険）の元受正味保険料(4)は1998年度実績で約488億円，対前年度比で7.8％増といずれも微増している。

3　民間介護保険の課題

公的介護保険を補完

　ところで，公的介護保険と民間介護保険との関係であるが，これについては民間介護保険は公的介護保険の上乗せ・横出しサービスとして位置づけられているため，公的介護保険の機能を補完する"混合介護"の一翼を担っている。

　具体的には　民間介護保険は公的介護保険のサービスの利用料金の一部負担のほか，指定介護老人福祉施設（特別養護老人ホーム）などの入所の際の食事の負担や教養・娯楽費，理・美容代，おやつ代など，公的介護保険で賄われない部分の費用負担を賄うことができる。また，要介護状態区分（要介護度）に応じた支給限度額を超える部分，あるいは公的介護保険の給付の対象となっていない外出介助や配食サービス，大規模な住宅の増改築など，上乗せ・横出しサービスに相当する自己負担分の費用を賄う役割を担うむね位置づけられている（図9-3）。

　ただし，これらの民間介護保険の給付要件である要介護認定は，通常，それぞれの保険会社が指定する医療機関の医師に委任されているが，公的介護保険にいう要介護4，あるいは5程度とかなり厳しいところに設定されている。

　また，居宅介護サービス（在宅介護サービス）などの現物給付を選択できる商品は全体としてはまだ少ないほか，保険料が年齢に応じて設定されており，いわゆるシルバー層の場合には保険料が割高となる。さらには契約時にすでに要介護状態の場合，利用できないなどの要件が設定されているため，公的介護保険を補完する機能にまで至っていないのが実態である。

第9章　民間介護保険

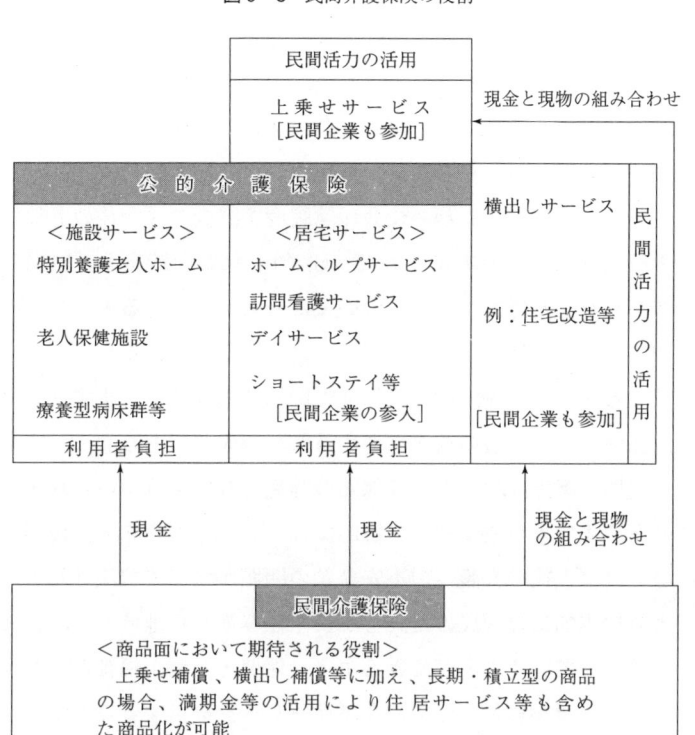

図9-3　民間介護保険の役割

民間活力の活用	
上乗せサービス［民間企業も参加］	現金と現物の組み合わせ

公的介護保険

＜施設サービス＞	＜居宅サービス＞	横出しサービス	民間活力の活用
特別養護老人ホーム	ホームヘルプサービス 訪問看護サービス		
老人保健施設	デイサービス	例：住宅改造等	
療養型病床群等	ショートステイ等 ［民間企業の参入］	［民間企業も参加］	
利用者負担	利用者負担		
現金	現金	現金と現物の組み合わせ	

民間介護保険

＜商品面において期待される役割＞
　上乗せ補償、横出し補償等に加え、長期・積立型の商品の場合、満期金等の活用により住居サービス等も含めた商品化が可能

（出典）『月刊介護保険』（No.31）法研，1998年10月号を一部修正。

　したがって，業界としては介護保険が施行された2000年4月以降，制度そのものが具体化されるのを待って，これらの問題をどのようにクリアして商品開発すべきか，その動向を見定めたいというのが本音のようである。

現物給付への対応

　民間介護保険は今後，まず第一に老後の介護への不安の解消のためにも，公的介護保険と既存の民間介護保険との関係について，前者は基礎的ニーズに対応するものとして一定の制限を設けるのに対し，後者は付加的ニーズに対応するものとして引き続き振興を図るべく，システムを確立することが必要である。

具体的には、その介護部門にあっては2000年4月から公的介護保険が施行されることになったため、民間介護保険を公的介護保険の補完とすべく、公私の役割分担を明確に提示すべきである。また、全労済や県民共済、コープ生協など公的金融機関の事業活動についてはNPO活動の一環として育成し、全体として公私の役割分担から公私協働へと推進すべきである。

これについて、政府は1985年の社会保障制度審議会の「今後の老齢化社会に対応すべき社会保障の在り方について（建議）」などを踏まえ、国民の多様な福祉ニーズのうち、基礎的ニーズについては公共部門によるサービスによって対応するのに対し、付加的ニーズについては民間部門によるサービスに委ねることにしているが、社会保険と民間保険の関係にあっては、まず社会保険である公的医療保険などの一層の拡充に努めることが先決である。

ただし、民間介護保険は公的介護保険の補完として位置づけられるとしても、それ自体はあくまでも手段であって目的ではない。その意味で、民間介護保険の普及に努めれば老後の介護への不安などの問題がすべて解決されるとは言い切れず、より根本的には国民のだれもが長年住み慣れた地域でいつまでも健康で安心して暮らしていくことができるよう、保健・医療・福祉など多様な施策を総合的に講じ、現物給付としての介護サービスを提供することが何よりも重要なのである。なお、全国の郵便局、全国労働者共済生活協同組合連合会（全労済）の金融商品のなかにもこのような民間介護保険と同様の簡易保険、共済商品があるため、これらの商品と比較検討したうえ、契約するとよいのではないかと思われる。

業界の健全育成と消費者保護

第二は、政府はシルバーサービスを振興するため、業界内における「倫理綱領」および自主基準の策定による規制を指導しているが、今後の動向によっては法的な規制も併せつつ、業界の健全育成を一層図ることが必要である。

具体的には、生命保険会社および損害保険会社と郵便局、農協（JA）、全労済、県民生協、コープ生協など公的金融機関とのサービスの調整、公的助成に

よるサービスの質の確保,保険料等費用負担にかかわる公的責任の明確化,事業内容のチェック,オンブズパーソン制度の創設,税制優遇の拡充,業界団体の倒産の防止,各種調査・研究費の補助,技術開発およびその啓蒙など政策的な支援体制の整備を図るべきである。

また,生命保険会社や損害保険会社の事業活動は社会保険を補完する役割を担っているため,基本的には業界における社会的使命と責任の自覚が望まれるが,戦後,一貫して護送船団方式により業界に対する保護行政を優先してきた姿勢を改め,消費者のサイドに立った保護行政に努めるべきである。

折しも1995年の新保険業法[5]の制定に伴う規制緩和・自由化,業界の経営の健全性の維持,公正な事業運営の確保をめざし,生命保険会社および損害保険会社の相互参入,国内保険会社の海外市場への進出,および外国損害保険会社の日本市場への進出も本格化しており,業界の淘汰・再編時代を迎えている(図9-4)。その意味で,業界も従来の利潤だけを追求してきた事業活動を改め,今後,老後や余暇,介護保障など消費者の多様なニーズに応じ,営利性と福祉性を統合させた事業活動,および国内や海外における社会貢献活動が望まれる。

第三は,経営の情報公開と消費者の保護の推進を図ることである。

具体的には,生命保険会社および損害保険会社における保有資産の内容や資金の運用手腕,配当実績など,業界の経営内容の情報公開と顧客など消費者の保護に努めるべきである。

そこで,政府は1996年,新保険業法の施行によりディスクロージャー[6]について業界を指導するほか,保険契約者保護基金制度[7]を創設し,破綻した保険会社の契約を救済保険会社に移転し,保険契約者保護基金が救済保険会社に資金援助することになった。

もっとも,この保険契約者保護基金は経営破綻によって焦げついた保険料や満期保険金などを契約者に直接返すのではなく,あくまでも経営権を引き継いだ新会社に資金を提供するものである。生命保険および損害保険と銀行預金との目的の違いというのがその理由であるが,民間保険の契約者に対しても,銀行が経営破綻した場合,資金を出す預金保険機構のような支払保証制度などを

第Ⅲ部　介護ビジネスの動向

図9-4　21世紀に向けた保険制度改革の方向

```
┌─────────────────────────────────────────────────────────────┐
│              改正保険業法の施行（平成8年4月）                │
├──────────────────┬──────────────────┬──────────────────────┤
│規制緩和による競争促進│公正な事業運営(透明性の確保)│消費者保護(健全性維持)│
│・損保・生保相互参入│・ディスクロージャーの整備│・ソルベンシー・マージン基│
│・ブローカー制度の導入│                │  準の導入             │
│・料率算定会制度の見直し など│          │・保険契約者保護基金の創設│
└──────────────────┴──────────────────┴──────────────────────┘
```

●日本版ビッグバン（金融システム改革）構想（平成8年11月）
●ビッグバン実現に向けて，保険審議会をはじめとする関係5審議会で検討開始
【保険審議会での検討の視点】　①利用者の立場に立った制度の構築
　　　　　　　　　　　　　　②国民経済的に望ましい制度の構築
　　　　　　　　　　　　　　③国際的に調和のとれた制度の構築

保険業の規制緩和に関する提言等
・行政改革委員会（規制緩和小委員会）の報告
・経済審議会（行動計画委員会）の報告　　　　　など

日米保険協議決着（平成8年12月）
1．主要分野の規制緩和
　・算定料率使用義務の廃止（平成10年7月まで）
　・リスク細分型自動車保険の認可（平成9年9月実施済）
　・火災保険の付加率アドバイザリー制度の対象最低保険金額
　　の引下げ（平成9年1月＜実施済＞および平成10年4月）
　・届出制の対象の拡大（平成9年1月実施済）
2．子会社による第三分野（疾病，障害，介護）への参入生保
　　の損保子会社ならびに損保の生保子会社について，激変緩
　　和措置※として，一定の販売制度を実施
　※激変緩和措置の解除基準
　　上記1の主要分野の規制緩和を経て，遅くとも2001年までに解除

　　　　　　　　　　　　　　　　　　　保険審議会報告
　　　　　　　　　　　　　　　　　　　（平成9年6月）

　　　　　　　　　　　　　　　　関係法令の改正等

・経営破たん未然防止のための早期是正措置の検討
・支払保証制度の検討

1．算定会制度の改革
　・火災保険，任意自動車保険，傷害保険について算定会が算出する料率の使用義務を廃止
　　（平成10年7月までに実施）
　・算定会は遵守義務のない参考純率の算出を行うほか，データバンク機能などを果たす。
2．業態間の参入促進
　・保険会社と金融他業態との間の参入促進（業態別子会社方式により，2001年までに実現
　　をはかる。）
　・保険会社による銀行・信託・証券業務への参入，証券会社による保険業への参入につい
　　ては，時期を早めて実施
3．持株会社制度の導入
　・持株会社形態の利用を可能とし，保険契約者等の保護，保険会社の経営の健全性確保の
　　ための効果的な監督の枠組みを構築
　・改正独占禁止法の施行をにらみ，所要の法的整備を可及的速やかに実施
4．銀行等による保険販売など
　・影響力を行使した販売の禁止などの実行性のある弊害防止措置等を講じたうえ，
　　住宅ローン関連の長期火災保険および信用保険の販売を導入（2001年をめどに実施）
5．トレーディング勘定への時価評価の適用
　・取引の実態等を見ながら，できるだけ早期に実現

日本版ビッグバン完了　2001年（平成13年）　フリー，フェア，グローバルな市場の実現

（出典）　日本損害保険協会『損害保険』（No.255）日本損害保険協会，1998年。

創設することが必要である。

　一方，業界もこれまでの行政指導を踏まえ，消費者の保護のため，すでにクーリングオフ制度を導入するなど必要な対策を一応講じてはいるが，ディスクロージャーについては，欧米に比べ，きわめて立ち遅れているのが現状である。

　いずれにしても，2001年を目標とした金融システム改革，いわゆる"日本版金融ビッグバン"は最終段階に入っており，その関連としての保険制度改革もいよいよ本格化しつつある。もとより，"日本版ビッグバン"による公正な競争は消費者にとって有利な市場の拡大が期待されるわけであるが，だからといって，これまでのように行政や業界任せの姿勢はもはや許されず，消費者も今後は厳しい自己責任が求められる。なぜなら，最近の変額保険をめぐる契約無効訴訟，また，日産生命の経営破綻をめぐる満期保険金の減額などのトラブルがそれを教えているからである。

注
(1) 大数の法則とは，一人ひとりにとっては偶発的であり，かつ予測が困難な事故であっても，多数の者について観察すればその発生率はほぼ一定している事故に対し，不安を同じくする者同士が保険料を負担し合い，将来のリスク（危険負担）を分散させる法則である。
(2) 2000年4月から施行された介護保険と民間介護保険とを区別するため，前者の場合，本節ではあえて公的介護保険と言い換えている。
(3) 損害保険会社の介護費用保険は実損塡補方式によるもので，あらかじめ設定した保険金額を限度に，実際の損害額がすべて補償されるシテスムである。
　　一方，生命保険会社の介護保障保険は比例補償方式で，時価に対する補償の割合によって保険金額を決めるシテスムとなっている。
(4) 元受正味保険料は元受収入保険料（グロス）から諸返戻金を控除したものである。もっとも，満期返戻金（満期払戻金）は控除しない。積立保険（貯蓄型保険）については収入積立保険料を含む。
(5) 新保険業法は1995年6月，保険業法を全面的に改正し，翌年4月の施行と同時に保険募集の取り締まりに関する法律，および外国保険事業者に関する法律がこの保険業法に一本化されたことに伴う法の総称である。

(6) ディスクロージャーとは生命保険会社および損害保険会社の各社の業務や財産状況，すなわち，資産や負債などにかかわる説明書類を公衆の縦覧に供することである。
(7) 保険契約者保護基金は，保険会社が経営破綻した場合に破綻会社の保険契約を他の健全な保険会社，すなわち，救済会社にスムーズに移転するため，救済会社に必要な資金を援助する組織で，業界の出資によって設立された。
(8) クーリングオフ制度は保険期間が1年超える長期契約を対象にしたもので，契約後，8日間以内であれば消費者は無条件によって申し込みを撤回することができる制度である。

第Ⅳ部

介護ビジネスの行方

第10章

介護ビジネスの可能性と限界

1 介護ビジネスの可能性

高齢者像の変化

　介護ビジネスはここ数年，"バブル経済"の崩壊もあって有料老人ホームなどを中心に鎮静化しているが，中長期的には依然として有力な市場であることに変わりはない。なぜなら，21世紀の本格的な高齢社会に向け，寝たきりや痴呆性高齢者などの要介護高齢者が年々急増しているため（図10-1および図10-2），国民の間に自分自身や老親の介護に対する不安がつのっているからである。

　具体的には，まず厚生省が1997年にまとめた「国民生活基礎調査」によると，近年，従来の親子三世代世帯に代わり，高齢者夫婦のみ世帯や単独世帯，すなわち，一人暮らしの高齢者世帯が増加しており，この傾向は年々深刻になっている（表10-1）。しかも，一人暮らしの高齢者世帯の大半は女性であることは想像するに難しくない。

　もっとも，このデータには65歳未満の寝たきりや痴呆性などの要介護者や障害者は含まれていないため，これらの分も含めると実際はもっと多い。しかもこのような傾向は今後，ますます強まっていくと思われる。

　ただし，1世帯当たりの平均年収は一般世帯が657万7000円であるのに対し，高齢者世帯は323万1000円と低いものの（表10-2），総務庁の1997年の「貯蓄動向調査」によると，勤労者世帯の1世帯当たりの貯蓄現在高は1250万円，負債

第10章　介護ビジネスの可能性と限界

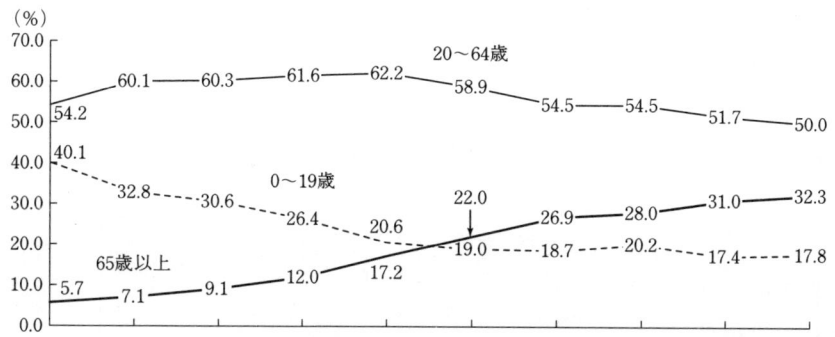

図10-1　総人口に占める各年齢層の割合

年	20～64歳	0～19歳	65歳以上
昭和35年（1960）	54.2	40.1	5.7
昭和45年（1970）	60.1	32.8	7.1
昭和55年（1980）	60.3	30.6	9.1
平成2年（1990）	61.6	26.4	12.0
平成12年（2000）	62.2	20.6	17.2
平成22年（2010）	58.9	22.0 / 19.0	19.0
平成32年（2020）	54.5	18.7	26.9
平成42年（2030）	54.5	20.2	28.0
平成52年（2040）	51.7	17.4	31.0
平成62年（2050）	50.0	17.8	32.3

（資料）　総務庁統計局「国勢調査」，国立社会保障・人口問題研究所「日本の将来推計人口（平成9年1月推計）」。
（注）　将来推計は，中位による。
（出典）　厚生省編『厚生白書（平成11年版）』ぎょうせい，1999年。

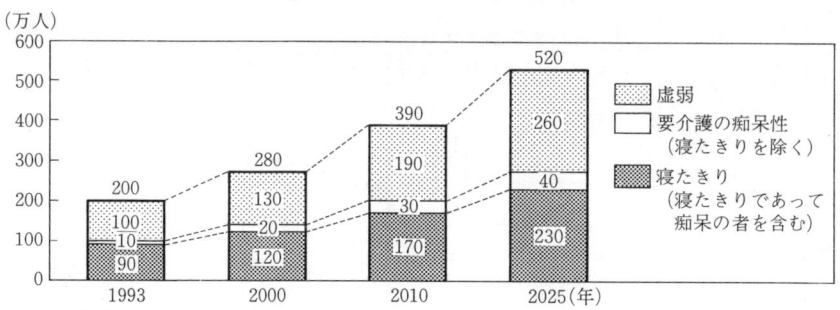

図10-2　寝たきり・痴呆性・虚弱高齢者の将来推計

年	寝たきり（寝たきりであって痴呆の者を含む）	要介護の痴呆性（寝たきりを除く）	虚弱	合計
1993	90	10	100	200
2000	120	20	130	280
2010	170	30	190	390
2025	230	40	260	520

（資料）　厚生省推計。
（出典）　厚生省編『厚生白書（平成11年版）』ぎょうせい，1999年。

現在高は497万7000円であるのに対し，高齢者世帯の場合，貯蓄現在高が2415万3000円と上回っているうえ，負債現在高は214万4000万円に止まっているのである（表10-3）。これは，老後に備えた退職金や公的年金の収入，あるいは世帯人数の減少による生活支出の軽減に由来しているためで，一部の生活保護世帯などを除けば，高齢者は現役世代よりも経済的に余裕があることを示している。

第Ⅳ部　介護ビジネスの行方

表10-1　65歳以上の者のいる世帯数の年次推移・世帯構造別

	全世帯数	総数		単独世帯	65歳以上の者のいる世帯					
			割合(%)		夫婦のみの世帯			親と未婚の子のみの世帯	三世代世帯	その他の世帯
					総数	一方が65歳未満の世帯	ともに65歳以上の世帯			
推　数（千世帯）										
昭和50年	32,877	7,118	21.7	611	931	487	443	683	3,871	1,023
55	35,338	8,495	24.0	910	1,379	657	722	891	4,254	1,062
60	37,226	9,400	25.3	1,131	1,795	799	996	1,012	4,313	1,150
平成2年	40,273	10,816	26.9	1,613	2,314	914	1,400	1,275	4,270	1,345
3	40,506	11,613	28.7	1,816	2,572	901	1,671	1,392	4,472	1,361
4	41,210	11,884	28.8	1,865	2,706	1,002	1,704	1,439	4,348	1,527
5	41,826	12,187	29.1	1,990	2,842	1,036	1,806	1,538	4,377	1,440
6	42,069	12,853	30.6	2,110	3,084	1,079	2,006	1,602	4,491	1,566
7	40,770	12,695	31.1	2,199	3,075	1,024	2,050	1,636	4,232	1,553
8	43,807	13,593	31.0	2,360	3,401	1,069	2,332	1,850	4,323	1,659
9	44,669	14,051	31.5	2,478	3,667	1,145	2,522	1,920	4,245	1,741
10	44,496	14,822	33.3	2,724	3,956	1,244	2,712	2,025	4,401	1,715
構　成　割　合（%）										
昭和50年		100.0		8.6	13.1	6.8	6.2	9.6	54.4	14.4
55		100.0		10.7	16.2	7.7	8.5	10.5	50.1	12.5
60		100.0		12.0	19.1	8.5	10.6	10.8	45.9	12.2
平成2年		100.0		14.9	21.4	8.4	12.9	11.8	39.5	12.4
3		100.0		15.6	22.1	7.8	14.4	12.0	38.5	11.7
4		100.0		15.7	22.8	8.4	14.3	12.1	36.6	12.8
5		100.0		16.3	23.3	8.5	14.8	12.6	35.9	11.8
6		100.0		16.4	24.0	8.4	15.6	12.4	34.9	12.2
7		100.0		17.3	24.2	8.1	16.1	12.9	33.3	12.2
8		100.0		17.4	25.0	7.9	17.2	13.6	31.8	12.2
9		100.0		17.6	26.1	8.1	18.0	13.7	30.2	12.4
10		100.0		18.4	26.7	8.4	18.3	13.7	29.7	11.6

(資料)　厚生省「国民生活基礎調査」、昭和60年以前の数値は厚生省「厚生行政基礎調査」。
(注)　平成7年の数値は兵庫県を除いたものである。
(出典)　厚生省「国民生活基礎調査」1999年。

第10章　介護ビジネスの可能性と限界

表10-2　1世帯当たり平均所得額の推移　（単位：万円）

		1965	1975	1997
一般世帯	1世帯当り平均所得金額	70.8	264.7	657.7
	世帯人員1人当り平均所得金額	17.6	79.5	222.7
高齢者世帯	1世帯当り平均所得金額	28.6	114.7	323.1
	世帯人員1人当り平均所得金額	19.5	76.5	207.0

（資料）　厚生省統計情報部「国民生活基礎調査」。
（出典）　社会保障入門編集委員会編集『社会保障入門（平成11年版）』中央法規出版，1999年。

表10-3　1世帯当たり貯蓄・負債現在高の推移　（単位：万円）

	勤労者世帯		高齢者世帯	
	1966	1997	1996	1997
貯蓄現在高	68.0	1,250.0	137.1	2,415.3
負債現在高	70.1	497.7	12.3	214.4

（資料）　表10-2と同じ。
（出典）　社会保障入門編集委員会編集『社会保障入門（平成11年版）』中央法規出版，1999年。

　しかし，だからといって，すべての高齢者が現役世代よりも経済的に豊かであるのかというとそうとは限らない。なぜなら，総務庁の1994年の「全国消費実態調査」によると，年間収入，貯蓄現在高ともにバラつきがあるからである（図10-3および図10-4）。

　周知のように，わが国における定年年齢は総じて60歳であり，かつ公的年金は充実してきたとはいうものの，欧米のように早期に退職して年金生活に入るほど給付水準が高いわけではない。このため，「健康上の理由」や「生きがい・社会参加」のためという動機の一方，「経済上の理由」によって定年退職後も就業せざるを得ない高齢者が，欧米に比べて顕著であることも否めない。

　もっとも，わが国の高齢者は経済力をつけたものの，親子同居が薄れ，自分が築いた財産は老後の生活資金に充て，子どもには残さないとする考え方が増えてきていることも確かである。また，これには戦後の高度経済成長による国民生活の向上に伴うライフスタイルの変化，あるいは先行き不透明な社会保障制度への不安に対する生活防衛のための意識も働いていると思われる。

　一方，総務庁の1993年の「住宅統計調査」によると，高齢者の持ち家率は全

第Ⅳ部 介護ビジネスの行方

図10-3 高齢夫婦世帯の収入の分布（1994（平成6）年）

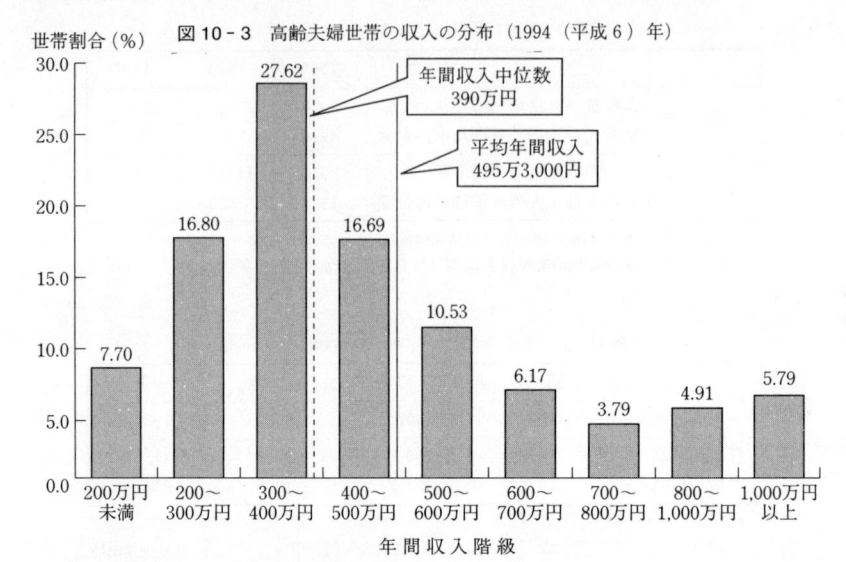

世帯割合（％）

年間収入階級	世帯割合（％）
200万円未満	7.70
200～300万円	16.80
300～400万円	27.62
400～500万円	16.69
500～600万円	10.53
600～700万円	6.17
700～800万円	3.79
800～1,000万円	4.91
1,000万円以上	5.79

年間収入中位数 390万円
平均年間収入 495万3,000円

（資料） 総務庁統計局「全国消費実態調査」1994年。
（注） 高齢夫婦世帯とは夫65歳以上，妻60歳以上の夫婦のみの世帯である。
（出典） 厚生省編『厚生白書（平成11年版）』ぎょうせい，1999年。

図10-4 高齢夫婦世帯の貯蓄の分布（1994（平成6）年）

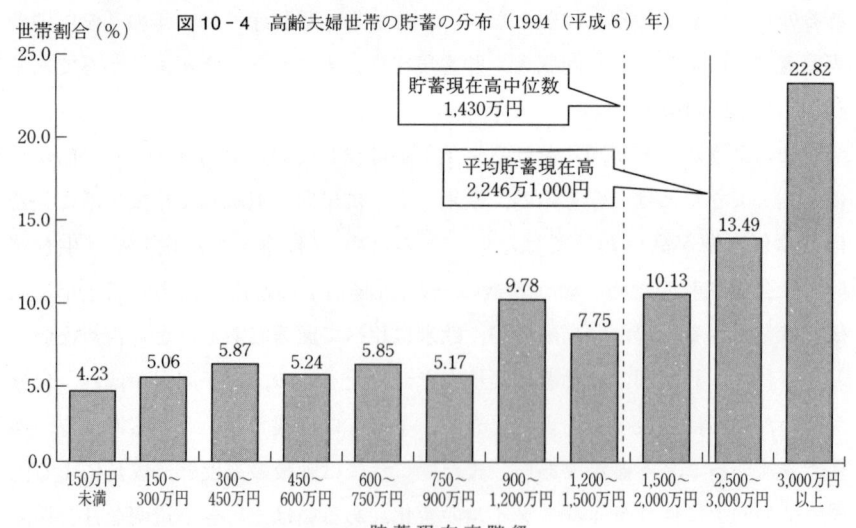

貯蓄現在高階級	世帯割合（％）
150万円未満	4.23
150～300万円	5.06
300～450万円	5.87
450～600万円	5.24
600～750万円	5.85
750～900万円	5.17
900～1,200万円	9.78
1,200～1,500万円	7.75
1,500～2,000万円	10.13
2,500～3,000万円	13.49
3,000万円以上	22.82

貯蓄現在高中位数 1,430万円
平均貯蓄現在高 2,246万1,000円

（資料） 総務庁統計局「全国消費実態調査」1994年。
（注） 高齢夫婦世帯とは夫65歳以上，妻60歳以上の夫婦のみの世帯である。
（出典） 厚生省編『厚生白書（平成11年版）』ぎょうせい，1999年。

世帯の59.6％に対して85.7％と高い。世帯別では単身，すなわち，一人暮らし世帯が64.8％，高齢者夫婦世帯で少なくとも片方が65歳以上の場合が82.8％，両方が65歳以上の場合が84.3％，65歳以上の高齢者がいる世帯が85.7％となっている。しかも，一般的には一人当たりの居住室数や延べ面積は一般世帯の平均を上回っているうえ，住宅や土地のための負債保有率も減少している。また，自ずから年数がかなり経っているため，少なくとも地価は取得時に比べてかなり高くなっている。

　ただし，総じて住宅の設計・施工は高齢者に配慮したものとはなっていないため，住宅内事故による死亡も少なくなく，1992年の厚生省の「人口動態統計」によると，家庭における事故死の64.4％は65歳以上の高齢者である。このうち，住宅事情にかかわる事故死の原因は浴槽での溺死やスリップ，つまずきなど同一平面上での転倒，階段やステップからの墜落・転倒，建物からの墜落が多い。また，官庁や駅舎，デパート，スーパー，学校，公園，図書館の公共施設などにおけるスロープやエレベーター，点字ブロックの設置，車椅子などの貸出の便宜も旧態依然として不十分であるため，生活環境の整備も遅々としている。

　このほか，高齢者は加齢に伴って老化が進むにつれ，健康状態も悪くなるのが一般的であり，厚生省の1995年の「国民生活基礎調査」によると，高齢者の入院者率は人口1000人当たり36.0と全年齢平均の10.3の約3～4倍になっている。また，高齢者の有訴者率は人口1000人当たり509.2と，全年齢平均の288.7の約2倍である。このほか，通院者率は1000人当たり611.8と，全年齢平均の285.4の2倍以上にのぼっている。

　問題は，このように健康状態が悪くなると入浴や屋内移動，屋外移動，衣服の着脱，排泄，食事，体位交換などの日常生活活動作能力（ADL）が低くなるため，他人による介護が必要とならざるを得ないということである。しかも，これらの介護の担い手の大半は，同居する子どもの配偶者や本人の配偶者，子どもなど女性で占められている。

　しかし，多くの高齢者は比較的健康であるため，定年退職後の余暇時間の増

大に伴い，いかに充実した老後を過ごすべきかに関心が集まっていることも確かである。それも，従来はややもするとテレビやラジオ，新聞，雑誌などに時間を費やし，無為とも受け取ることができる傾向にあったが，近年は趣味や特技を楽しむだけでなく，地域におけるボランティア活動や市民福祉講座の受講などを通じ，社会参加や生涯学習を望む傾向がみられる。

ちなみに総務庁の1996年の「社会生活基本調査」によると，家事や仕事などの義務的な第二次活動よりも睡眠や食事に費やす生理的な第一次活動，あるいはテレビやラジオ，新聞，雑誌を見聞きして余暇を過ごす第三次活動の方がいずれも他の年齢層に比べて多くなっている。それというのも，人生八十年時代を迎え，だれもが健康の増進によって「一病息災」に努めるだけでなく，社会参加や生涯学習を通じ，世代間交流を図る傾向が強まっているからである。

現に，内閣総理大臣官房広報室が1992年にまとめた「高齢期の快適性に関する世論調査」によると，高齢期に利用してみたいサービスや商品として高齢者のための相談サービスや防犯・安全サービス，文化・教養講座，高齢者向けのツアー，レジャー，食事の配達サービスなどに関心が集まっているのである（図10-5）。

介護保険に伴う市場の拡大

このような折，介護保険法案が国会で可決，成立した1998年12月以降，民間企業の介護ビジネスに対する関心には目を見張らさせるものがある。

その一つが1999年春，東京都内で開催された日本貿易振興会（ジェトロ）主催の第7回目の「ヘルスケア'99」で，ヨーロッパや北米，オセアニア諸国から最新の医療・介護関連の製品やサービスの有力企業128社が出展し，5日間で1万3000人が来場したほどの盛り上がりようであった。業界にあっても，従業員に対する介護支援専門員（ケアマネジャー）の養成・確保や介護ビジネスの商品開発，介護保険に適用されるサービスを提供し，介護報酬を受け取るべく都道府県に対する居宅介護支援事業者の指定を取り付けるため，長引く不況を一掃する"最後の切り札"として，中小企業から大手企業まで入り乱れての

第10章　介護ビジネスの可能性と限界

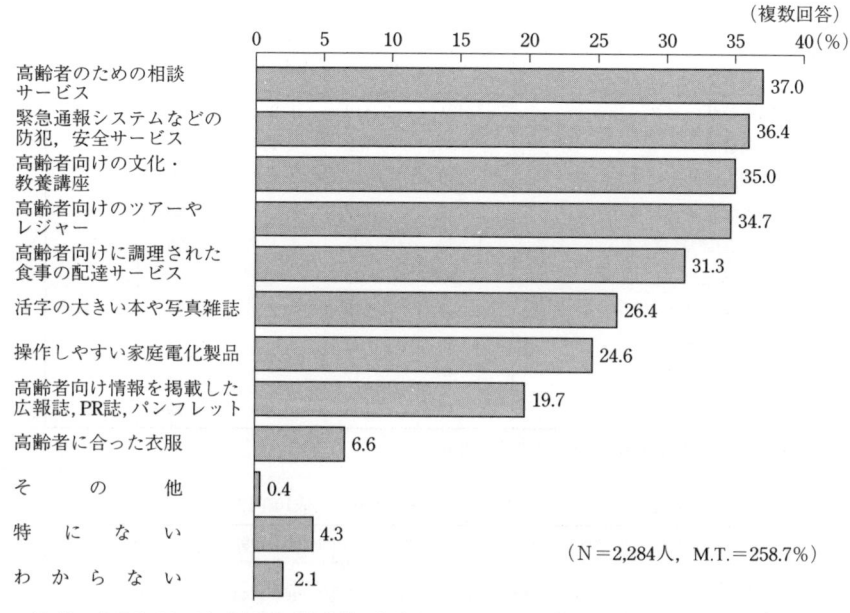

図10-5　高齢期に利用してみたいサービスや商品

(複数回答)

サービス・商品	%
高齢者のための相談サービス	37.0
緊急通報システムなどの防犯，安全サービス	36.4
高齢者向けの文化・教養講座	35.0
高齢者向けのツアーやレジャー	34.7
高齢者向けに調理された食事の配達サービス	31.3
活字の大きい本や写真雑誌	26.4
操作しやすい家庭電化製品	24.6
高齢者向け情報を掲載した広報誌,PR誌,パンフレット	19.7
高齢者に合った衣服	6.6
その他	0.4
特にない	4.3
わからない	2.1

(N＝2,284人，M.T.＝258.7％)

(出典)　内閣総理大臣官房広報室「高齢期の快適性に関する世論調査」1992年。

市場への参入がみられるようになった。

　とりわけ，在宅介護サービスへの民間企業の参入が顕著である。しかも，介護保険制度のもとでは，市町村からの事業委託がなくても必要な人員を確保したり，設備などが整備されたりしているなど，一定の要件さえ満たせば都道府県知事の指定によって介護保険からの費用償還を受けられる居宅（在宅）サービスの指定事業者になることが可能となったため，介護ビジネスとして市場が大きく拡大される情勢である。

　現に，厚生省が1998年にまとめた「健康・福祉関連サービス産業統計調査結果」によると，株式会社などの営利組織による在宅福祉サービスの事業所は2410か所で，このうち，株式会社は1867か所，有限会社は532か所である（表10-4）。また，「シルバーマーク」制度は1989年の発足当初，認定事業者は25社にすぎなかったものの，その後，年々増加しており，1998年12月現在，1003

第Ⅳ部　介護ビジネスの行方

表10-4　在宅福祉サービス提供事業所数
(経営組織・サービスの種類別)

	総数	営利組織計	株式会社	有限会社	合名・合資・相互会社
在宅福祉サービス	3,431	2,410	1,867	532	11
訪問看護	638	152	110	42	―
訪問入浴サービス	143	132	113	19	―
在宅配食サービス	241	119	81	38	―
福祉用具の賃貸・販売サービス	1,652	1,487	1,176	306	5
緊急通報サービス	95	83	80	3	―
移送サービス	346	279	224	54	1
日帰り介護	68	13	7	6	―
短期入所生活介護	29	12	7	5	―
寝具乾燥消毒サービス	219	133	69	59	5

(出典)『月刊介護保険』法研，1999年2月号。

表10-5　シルバーマークの認定状況の推移　(平成10年12月1日現在)

マークの種類	1989	1990	1991	1992	1993	1994	1995	1996	1997	1998
在宅介護 (平成元年から)	6	12	18	26	27	28	44	81	120	155
在宅入浴 (平成元年から)	19	27	29	35	38	46	52	78	93	102
福祉用具レンタル (平成2年から)	―	23	63	85	112	150	176	215	230	235
福祉用具販売 (平成6年から)	―	―	―	―	―	49	362	528	486	468
在宅配食 (平成8年から)	―	―	―	―	―	―	―	18	22	23
有料老人ホーム(一般) (平成3年から)	―	―	13	15	17	19	25	27	20	16
有料老人ホーム(介護) (平成4年から)	―	―	―	1	2	3	4	5	4	4
合計	25	62	123	162	196	295	663	952	975	1,003

(出典)　表10-4と同じ。

第10章 介護ビジネスの可能性と限界

表10-6 民間企業への委託市町村数

	訪問介護		訪問入浴			訪問介護		訪問入浴	
	既委託	委託予定	既委託	委託予定		既委託	委託予定	既委託	委託予定
全 国	66	1	431	4	滋 賀	—	—	2	—
北海道	1	—	5	—	京 都	2	—	1	—
青 森	—	—	—	—	大 阪	3	—	15	—
岩 手	1	—	2	—	兵 庫	2	—	3	—
宮 城	—	—	7	—	奈 良	2	—	9	—
秋 田	—	—	14	—	和歌山	—	—	—	—
山 形	—	—	9	—	鳥 取	—	—	—	—
福 島	—	—	13	—	島 根	—	—	2	1
茨 城	—	—	23	—	岡 山	—	—	1	—
栃 木	—	—	7	—	広 島	1	—	7	—
群 馬	—	—	6	—	山 口	1	—	6	—
埼 玉	9	1	62	1	徳 島	—	—	2	—
千 葉	3	—	47	—	香 川	—	—	4	—
東 京	14	—	28	—	愛 媛	—	—	—	—
神奈川	3	—	23	—	高 知	1	—	—	—
新 潟	2	—	8	1	福 岡	10	—	12	—
富 山	1	—	—	—	佐 賀	1	—	—	—
石 川	—	—	2	—	長 崎	—	—	1	—
福 井	—	—	—	—	熊 本	—	—	—	1
山 梨	—	—	10	—	大 分	—	—	1	—
長 野	1	—	11	—	宮 崎	—	—	—	—
岐 阜	4	—	18	—	鹿児島	—	—	1	—
静 岡	—	—	9	—	沖 縄	—	—	—	—
愛 知	4	—	54	—					
三 重	—	—	6	—					

(出典) 表10-4と同じ。

社にのぼっている。

　なかでも福祉機器・介護用品販売・レンタルや在宅介護,在宅入浴が急増している(表10-5)。このため,訪問介護(ホームヘルプサービス)を民間企業に事業委託している市町村は1997年8月現在,66市町村,また,民間企業への事業委託が比較的進んでいる訪問入浴介護(訪問入浴サービス)は431市町村と全市町村の1割強にすぎないものの(表10-6),「良質なサービスが提供されるのであれば(シルバーサービスを利用することに)抵抗はない」,また,「公的介護保険により低料金での利用が可能であれば利用したい」との調査結

第Ⅳ部　介護ビジネスの行方

図10-6　シルバーサービスの利用意向

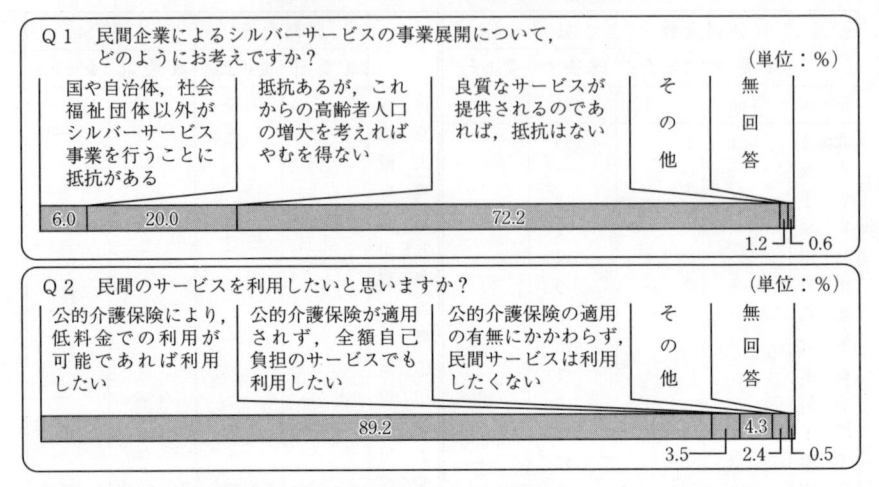

Q1　民間企業によるシルバーサービスの事業展開について，どのようにお考えですか？　　　　　　　　　　　　　　（単位：％）

国や自治体，社会福祉団体以外がシルバーサービス事業を行うことに抵抗がある	抵抗あるが，これからの高齢者人口の増大を考えればやむを得ない	良質なサービスが提供されるのであれば，抵抗はない	その他	無回答
6.0	20.0	72.2	1.2	0.6

Q2　民間のサービスを利用したいと思いますか？　（単位：％）

公的介護保険により，低料金での利用が可能であれば利用したい	公的介護保険が適用されず，全額自己負担のサービスでも利用したい	公的介護保険の適用の有無にかかわらず，民間サービスは利用したくない	その他	無回答
89.2	3.5	2.4	4.3	0.5

（出典）　厚生省編『厚生白書（平成11年版）』ぎょうせい，1999年。

図10-7　高齢者介護費用の推計について（単価の伸び3％の場合）

- 施設サービス整備率100％　在宅サービス整備率80％　10.5兆円
- 施設サービス整備率100％　在宅サービス整備率60％　7.0兆円
- ケースA　施設サービス整備率100％　在宅サービス整備率50％　4.8兆円
- ケースB　施設サービス整備率100％　在宅サービス整備率40％
- 4.4兆円
- 2.7兆円
- 4.1兆円
- ケースC
- 2.1兆円
- 新GPによる整備
- 新システムに基づく計画的なサービス基盤整備

平成7年度（1995）　平成9年度（1997）⇒新システム　平成12年度（2000）　平成17年度（2005）⇒本格施行　平成22年度（2010）

（出典）　老人保健福祉審議会「中間答申」1995年。

第10章 介護ビジネスの可能性と限界

果も出ているため，有力な市場として注目されている（図10-6）。なぜなら，「高齢者保健福祉推進十か年戦略の見直しについて（新ゴールドプラン）」による居宅（在宅）サービスの整備率が2000年の時点で40％，2005年の時点で60％，2010年の時点で80％に止まるほか，施設サービスの整備率の見通しも決して明るくなく，その不足分を補う手段としてシルバーサービスに対する期待が集まっているからである（図10-7）。

このようななか，ニッセイ基礎研究所の推計によると，1999年度現在の総予算額は在宅サービスが6100億円である。このうち，最も予算額が大きいのは通所介護（デイサービス）で3254億円，次いで訪問介護（ホームヘルプサービス）の2222億円，短期入所生活介護（ショートステイ）の573億円と続いている。また，施設サービスの1999年度現在の総予算額は，指定介護老人福祉施設（特別養護老人ホーム）の7511億円，ケアハウスの366億円である（表10-7）。そこへ介護保険が2000年4月から施行され，現行の老人医療費や老人福祉費の一部が介護保険の財源へと移行するため，介護市場は居宅（在宅）サービスおよび施設サービスを合わせて8兆4500億円，高齢化率が32.3％とピークを迎える2050年には実に20兆5100億円に達すると推計されている（表10-8）。

このため，経済企画庁は「社会的な介護サービスの充実により，女性を中心とした労働力の供給によって経済を支え，社会保障制度を資金面から支えることにもつながる」と期待している。なぜなら，厚生省の「福祉人材確保の指針」によると，「高齢者保健福祉推進十か年戦略の見直しについて（新ゴールドプラン）」の達成により，介護職員だけでも1999年度末までに18万人増えるほか，2010年には新たに132万人もの雇用の創出が見込まれているからである。

雇用の創出などの経済効果も

上述したように，確かに，介護ビジネスは市場の拡大や市場原理によるサービスの量の確保や質の向上，さらには雇用の創出という可能性はある。

具体的には，1995年の産業連関表によると，国内生産額は約937兆1010億円で，このうち，保育所や特別養護老人ホームなど社会福祉部門における国内生

第Ⅳ部 介護ビジネスの行方

表10-7 介護保険対象の老人福祉サービス予算の年次推移　(単位:億円)

	1992	1993	1994	1995	1996	1997	1998	1999
(1) 在宅サービス								
・ホームヘルプサービス	576	672	777	1,094	1,452	1,850	2,152	2,222
・デイサービス	738	987	1,249	1,538	1,931	2,374	2,909	3,254
・ショートステイ	106	148	195	239	312	385	476	573
・日常生活用具	34	43	60	55	68	67	51	51
小　　計	1,454	1,850	2,281	2,926	3,763	4,676	5,588	6,100
(2) 施設サービス								
・特別養護老人ホーム	4,427	4,790	5,222	5,791	6,455	6,978	7,254	7,511
・ケアハウス	155	176	209	247	281	310	326	366
小　　計	4,582	4,966	5,431	6,038	6,736	7,288	7,580	7,877
小計住宅＋施設の合計	6,036	6,816	7,712	8,964	10,499	11,964	13,168	13,977

(注)　1．在宅及び施設サービスの費用額には、利用者負担額は含んでいない。
　　　　なお、平成7年度の利用者負担額は、約1,550億円。
　　　2．ケアハウスは、介護保険下では在宅サービスの範囲であるが、現時点では施設サービスの範疇となっているため、ここでは施設サービスの区分としている。
(出典)　厚生省「関係資料」1999年。

表10-8 介護市場の将来推計　(単位:億円)

		2000年	2010年	2020年	2030年	2040年	2050年
在宅	ヘルパー	30,400	54,400	97,000	100,700	104,500	101,500
	家族介護費	18,800	—	—	—	—	—
	サービス	2,100	2,700	3,400	3,500	3,700	3,600
施設	老人保健施設	2,800	5,000	9,100	9,300	9,800	9,500
	特別養護老人ホーム	10,200	17,900	32,200	33,500	34,900	33,900
	有料老人ホーム	600	1,200	2,300	2,300	2,400	2,400
	療養型病床群	19,500	31,500	50,900	53,200	55,700	54,200
在　宅　計		51,400	57,100	100,400	104,200	108,100	105,100
施　設　計		33,100	55,600	94,300	98,300	102,800	100,000
総　　　計		84,500	112,700	194,700	202,500	210,900	205,100

(出典)　『月刊介護保険』法研、1999年2月号。

産額は約 4 兆2420億円と全体の0.5％にすぎないものの，最近，問題になっている産業廃棄物の約 3 兆950億円（0.3％）を上回っている。また，1990年から1995年までの国内生産額の伸び率も全産業の1.4％に対し，11.5％と断トツである（表10-9）。

　そればかりか，介護ビジネスは〈福祉産業〉として雇用の創出という経済効果をあげるようになってきつつある。

　たとえば1996年現在，社会福祉施設の職員や訪問介護員（ホームヘルパー）など社会福祉の分野の従事者は約113万3000人と，同年の就業者数の約1.7％を占めるまでになった（図10-8）。また，1970年の社会福祉の従事者数を100として，その後の推移をみてみると，1996年は383と約3.8倍になっているのである（図10-9）。

　一方，政府の産業構造転換・雇用対策本部の試算によると，保健・福祉分野で「高齢者保健福祉推進十か年戦略の見直しについて（新ゴールドプラン）」，エンゼルプランの緊急保育対策等五か年事業，障害者プランの推進に伴い，1999年度だけでも約10万人の雇用の創出の効果をあげている。

　また，日本経済団体連合会（日経連）の「100万人雇用創出計画」によると，近い将来，全産業部門において雇用の創出が約100万人と見込まれているが，このうち，社会福祉には40万人も含まれている。なぜなら，寝たきりや痴呆性などの要介護高齢者は2025年に500万人に増え，3 対 1 の比率で介護を行うとすると170万人のマンパワーを必要としているからである。それだけではない。今後，人口の高齢化の進行に伴い，2050年には国民の 3 人に 1 人は65歳以上の高齢者で占められるようになるため，雇用対策はもはや国をあげて講じなければならない情勢にあるのである。

　一方，茨城県の調査によると，1996年から1999年までの「高齢者保健福祉推進十か年戦略の見直しについて（新ゴールドプラン）」で定められた県内における高齢者福祉施設などの整備目標に必要な投資額は1228億円であるが，この投資額による経済効果を同県の産業連関表で試算すると，生産誘発額が1862億円，雇用者誘発人数は 1 万2270人になる。この額を建設部門にそっくり投資し

第Ⅳ部　介護ビジネスの行方

表10-9　社会保障及び関係分野の国内生産額の推移

	1985 (昭和60)		1990 (平成2)		1995 (平成7)		年平均伸び率	
	金額(10億円)	構成比	金額(10億円)	構成比	金額(10億円)	構成比	1985(昭和60)→1990(平成2)	1990(平成2)→1995(平成7)
国内生産額	678,538	100.0%	872,212	100.0%	937,101	100.0%	5.2%	1.4%
社会保障関係総数	36,145	5.3%	44,429	5.1%	58,015	6.2%	4.2%	5.5%
医療・保険・社会保障(社会保障部門) 総数	21,751	3.2%	26,641	3.1%	36,229	3.9%	4.1%	6.3%
医　療　衛　生	18,541	2.7%	22,569	2.6%	29,814	3.2%	4.0%	5.7%
保　健　衛　生	598	0.1%	506	0.1%	692	0.1%	-3.3%	6.5%
社　会　保　険　事　業	1,114	0.2%	1,107	0.1%	1,480	0.2%	-0.1%	6.0%
社　会　福　祉	1,499	0.2%	2,459	0.3%	4,242	0.5%	10.4%	11.5%
関係分野 総数	14,393	2.1%	17,788	2.0%	21,785	2.3%	4.3%	4.1%
医　薬　品	4,101	0.6%	5,730	0.7%	6,288	0.7%	6.9%	1.9%
上水道・簡易水道	1,934	0.3%	2,330	0.3%	2,770	0.3%	3.8%	3.5%
廃　物　処　理	2,332	0.3%	2,652	0.3%	3,095	0.3%	2.6%	3.1%
建物サービス	2,143	0.3%	2,302	0.3%	2,459	0.3%	1.4%	1.3%
洗濯・洗張・染物業	1,380	0.2%	1,830	0.2%	2,161	0.2%	5.8%	3.4%
理　容　業	662	0.1%	718	0.1%	871	0.1%	4.0%	3.4%
美　容　業	1,146	0.2%	1,365	0.2%	1,668	0.2%	3.6%	4.0%
浴　場　業	335	0.0%	378	0.0%	428	0.0%	2.4%	4.1%
冠　婚　葬　祭　業＊	359	0.1%	484	0.1%	2,046	0.2%	6.1%	2.5%

(資料)　総務庁統計局「平成7年産業関連表（確報）」。

(注) 1. 医療・保健・社会保障の内、主な分野の具体例は以下のとおり。医療は病院、一般診療所、歯科診療所、保健衛生は保健所、健康相談施設、検査業、消毒業等。社会保険事業は社会保険事業事務所、共済組合、組合管掌健康保険等の社会保険事務。社会福祉は保育所、特別養護老人ホーム、知的障害者授産施設、身体障害者授産施設等。
2. 関係分野の主な産業の具体例は以下のとおり。医薬品は医療品製品、医薬部外品等。上水道・簡易水道は水道局、浄水場、下水処理施設等。廃物処理はゴミ収集、廃棄物収集・処理、尿尿収集等。建物サービスはビルサービス業、建物サービス、処理等。洗濯・染物業はクリーニング業、貸しおしぼり業、染物業等。
　＊1985年及び90年は葬儀業。

(出典)　厚生省編「厚生白書（平成11年版）」ぎょうせい、1999年。

第10章　介護ビジネスの可能性と限界

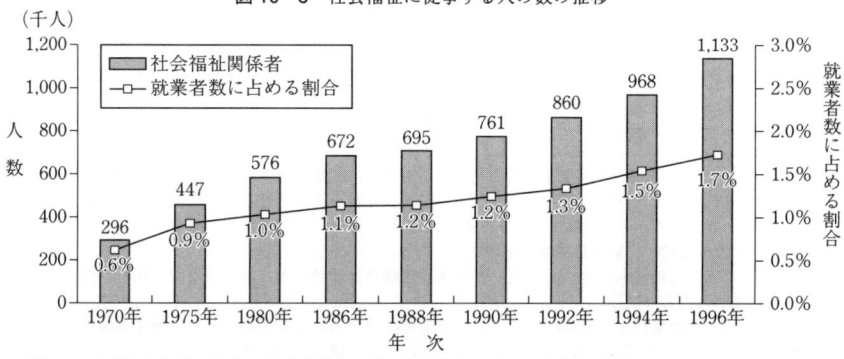

図10-8　社会福祉に従事する人の数の推移

年次	社会福祉関係者（千人）	就業者数に占める割合
1970年	296	0.6%
1975年	447	0.9%
1980年	576	1.0%
1986年	672	1.1%
1988年	695	1.2%
1990年	761	1.2%
1992年	860	1.3%
1994年	968	1.5%
1996年	1,133	1.7%

（注）　社会福祉関係者，保健・医療関係者ともにおおむね10月1日現在の人数。
（出典）　小島克久「社会福祉の経済効果」『月刊福祉』（第83巻第1号）全社協，2000年1月号。

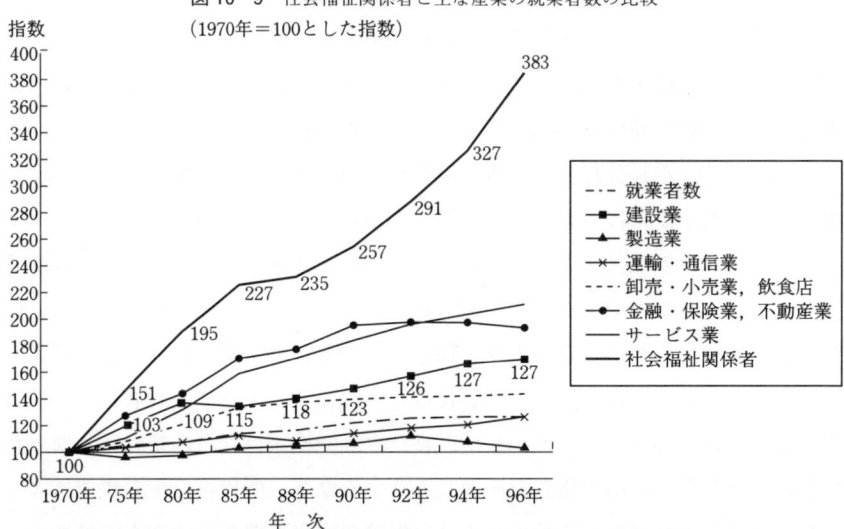

図10-9　社会福祉関係者と主な産業の就業者数の比較
（1970年＝100とした指数）

年次	社会福祉関係者
1970年	100
75年	151
80年	195
85年	227
88年	235
90年	257
92年	291
94年	327
96年	383

凡例：就業者数／建設業／製造業／運輸・通信業／卸売・小売業，飲食店／金融・保険業，不動産業／サービス業／社会福祉関係者

建設業 1996年：127
製造業付近：103, 109, 115, 118, 123, 126, 127

（資料）　社会福祉関係者は図1（厚生省大臣官房統計情報部「医師・歯科医師・薬剤師調査」，「衛生行政業務報告」，「医療施設調査・病院報告」，「社会福祉施設等調査」，厚生省社会・援護局「福祉事務所現況調査」，厚生省（健康政策局，保健医療局，老人保健福祉局）資料，社会福祉振興・試験センター資料，自治省「地方公共団体定員管理調査」による。就業者数は総務庁統計局「労働力調査」による）と同じ数値を指数化した。主な産業別就業者数は総務庁総務局「労働力調査」による。
（出典）　小島克久「社会福祉の経済効果」『月刊福祉』（第83巻第1号）全社協，2000年1月号。

表10-10 「福祉部門」と「建設部門」の投資効果の比較

投資ケース	生産誘発額（億円）	雇用者誘発数（人）
1．老健計画に基づく投資	1,862	12,270
2．福祉部門への全額投資	1,902	16,750
3．建設部門への全額投資	1,827	8,280

（資料） 茨城県「高齢者福祉の充実をもたらす経済的効果に関する調査研究報告書」(1997年3月)。
（注） 1．「茨城県老人保健福祉計画」の1999年度の目標値を達成させるために必要な投資額である約1,228億円（施設建設費：約649億円，施設運営費等：約579億円，用地収得費は除く）の生産波及効果，雇用誘発効果を測定。
   2．「1．老健計画に基づく投資」とは施設建設費は建設部門，施設運営費は福祉部門に投資された場合の試算。
   3．約1,228億円が建設部門のみ，または福祉部門のみに投資された場合の効果も測定しており，それぞれ「2．福祉部門への全額投資」「3．建設部門への全額投資」のケースとして試算。
（出典） 茨城県「高齢者福祉の充実がもたらす経済的効果に関する調査研究報告書」1997年。

た場合，その経済効果は生産誘発額で1827億円，雇用者誘発人数で8280人と福祉における経済効果の方が建設における経済効果を上回っている。この結果，福祉への投資は従来の公共事業にまさるとも劣らず，地域社会に対する経済効果をあげるという期待感が出てくるとしている（表10-10）。

したがって，福祉分野の一領域を担うシルバーサービスもすでにある程度の市場規模を有するだけでなく，介護保険の施行に伴い，今後，一大マーケットしてますますその成長が期待される。このため，従来，ややもすれば「福祉は重荷」，あるいは「福祉は金食い虫」などといわれた偏見は一掃され，景気に左右されるどころか，一定の水準を保ち，かつきわめて安定した〈福祉産業〉として飛躍するのではないかと思われる。これこそ，まさに高齢者にとって老後の生活に安心感を与えるばかりか，寝たきりや痴呆性などの要介護となった場合に救済したり，所得格差を解消したりするなど，所得再分配の機能によって政治や社会・経済を安定化させる社会保障の本来の機能のゆえんではある。

このようななか，介護保険に適用される介護ビジネスを利用できる対象者はごく限られるとはいえ，民間企業による積極的な事業展開により，介護サービスの供給量が増せば過当競争によってコストを下げ，かつ優良な財やサービスの供給という効果も期待できないわけではない。このほか，今後，介護サービスの基盤が整備されれば国民も今日のような社会保障制度に対する不安も一掃

され，かつ財布の紐も緩み，安心して消費活動を行うことになるなど，その経済効果は計り知れないからである。

2 首都圏民間企業の実態調査結果

ちなみに，筆者は1989年1月から同5月にかけ，シルバーサービスがビジネスとしての可能性をどの程度持っているのか，首都圏の民間企業を対象にして調査を実施したため，その結果の一部を紹介してみたい。

この調査は，東京商工会議所，シルバーサービス振興会および埼玉県シルバーサービス情報公社の会員企業の中から870社を任意に抽出し，調査票を郵送して回答を求めたほか，一部を面接調査した。有効回収率は50.8％であった。

それによると，業種，規模，地域別構成別では卸・小売業が20.8％とトップで，以下，製造業，建設業，金融・保険業，サービス業の順であった。また，規模別では100人以上300人未満が最も多く，35.5％であった。以下，1000人未満，5000人未満と続いている。地域別では東京23区が86.9％と最多であった。

次に，シルバービジネスの実施，または参入計画についてであるが，「すでに実施している」が20.6％，「近く参入の予定」が6.6％である。しかし，「未定」，および「参入せず」とする民間企業もそれぞれ31.7％，41.1％である。しかも，「未定」と回答した企業のほとんどは具体的な参入計画もない模様であるので，すでにシルバービジネスに参入している民間企業，および，近い将来，参入を予定している民間企業は全体の約3割であった。

また，これまでに訪問調査をした民間企業の例からすると，「すでに実施している」，または「近く参入（予定）」の民間企業でもそれが個々の民間企業の事業に占めるウエートはコンマ以下というのが大多数であるため，全体的にはまだ微々たるものである（表10-11）。

なお，一部の民間企業が参入に踏み切ったことについては，本業とのつながりが深いことを理由とするものが多かった。このため，利益は少なくても本業のイメージアップに効果がある，あるいは先行投資としているところが大半で，

表10-11　シルバービジネスの実施又は参入計画の有無（業種別）

	合計	製造	建設	卸小売	サービス	不動産	金融保険	その他
企業数	(100.0) 442	(100.0) 69	(100.0) 68	(100.0) 92	(100.0) 63	(100.0) 22	(100.0) 67	(100.0) 61
実施中	(20.6) 91	(15.9) 11	(13.2) 9	(14.1) 13	(23.8) 15	(22.7) 5	(43.3) 29	(14.8) 9
近く参入	(6.6) 29	(7.2) 5	(5.9) 4	(4.3) 4	(3.2) 2	(13.6) 3	(11.9) 8	(4.9) 3
未定	(31.7) 140	(33.3) 23	(30.9) 21	(34.8) 32	(30.2) 19	(45.5) 10	(26.9) 18	(27.9) 17
参入せず	(41.2) 182	(43.5) 30	(50.0) 34	(46.7) 43	(42.9) 27	(18.2) 4	(17.9) 12	(52.5) 32

（注）　上段（　）内は実施状況の百分比，下段は企業数。
（出典）　川村匡由他「シルバービジネス――その今日と明日」『福祉社会研究』（No.7）福祉社会研究所，1989年。

当分，赤字にならなければよいというのが本音のようである。業種別では金融・保険業の実施率が43.3％と高率であった。

一方，参入分野別では財の分野で集合住宅の30.0％が最高であった。次いで介護機器，高齢住宅がベスト3であった。業種別では集合住宅，高齢住宅とも建設業が多かったのはある程度予測できたが，金融・保険業の参入が多かったのは所要資金が多額にのぼるうえ，豊富な資金の運用先としてより適切とみられるためではないかと思われる。

ところで，わが国の場合，欧米のナーシングホームにはなじみが薄く，介護型の有料老人ホームなどもいまだに少ないのが実態である。これは，必要な人件費や介護，経営上のノウハウなどに頭を痛めているのが現状で，大企業といえども安易な参入は許されないということではないだろうか。

次に，福祉機器・介護用品の分野では介護用電動ギャッジベッドをはじめ，入浴設備や患者の運搬装置，車椅子，マッサージ器，アラーム関連の通信機器と種類もさまざまであるだけに製造業の参入もきわめて多い。もっとも，多品種・少量生産の見本ともいえる商品コストの圧縮は容易ではないうえ，シルバー層を相手にした価格帯であるため，現状では採算を維持していくのがやっとというのが実態のようである。

第１０章　介護ビジネスの可能性と限界

　また，サービスの分野では第1位は金融・保険の26.5%であり，次が有料老人ホームの運営の17.5%であった。このうち，有料老人ホームの運営は公的施策の立ち遅れや在宅介護の難しさ，福祉ニーズの多様化が顕著になりつつある現状を反映していると思われる。また，学習・文化活動への参入の割合が在宅介護と並び，8.2%と第3位を占めたのはシルバー層の生きがい対策が重視されることの反映であるが，高額所得者を主なターゲットとして注目してきたことにも一因があると思われる。
　いずれにしても，このように同じ高齢者とはいえ，寝たきりや痴呆性などの要介護高齢者向けの福祉機器・介護用品の分野よりも，健常者で，かつ富裕層向けの生きがいなどの分野の方が市場的にも有望とみている。
　なお，ターゲットについては「区分せず」という回答が最も多かったが，このうち，明らかにその対象外にあるのは「75歳以上」の後期高齢者である。また，健康区分では「低所得者」が対象外であり，利潤の追求を最優先するシルバーサービスの限界として注目される（図10-10）。
　最後に，シルバーサービスの現状と今後の展開にあたっての課題についてみると，すでに事業に参入している民間企業の全体の26.7%が「経営として成り立つかどうかの不安，懸念が大きい」ことを一番にあげている。また，参入が「未定」の民間企業の場合でも39.6%が同様の不安や懸念を指摘しているが，この根拠がいまだに採算性の見通しのなさや低さにあることはいうまでもない。
　次いで，全体的には行政や消費者に関するさまざまな「情報不足」や「ニーズ不明」などと続いているが（図10-11），民間企業が求める「情報」がダイレクトメールなどに必要な個別情報も含まれるものと考えれば，公務員が業務上知り得た情報の守秘義務の規定の扱い，および個々の消費者のプライバシーの保護などの問題もからむだけに，その対応には困難な場合もあり得る。この点については，消費者のニーズの充足・充実度やシルバーサービスの利用意向・方法などをテーマとした今後の研究の成果を待つほかはないが，民間企業はもとより，行政も中立的な立場で関連する情報を消費者にどこまで提供すべきか，また，消費者においても民間企業に対する信頼をどうすれば得られるのか，官

155

第Ⅳ部　介護ビジネスの行方

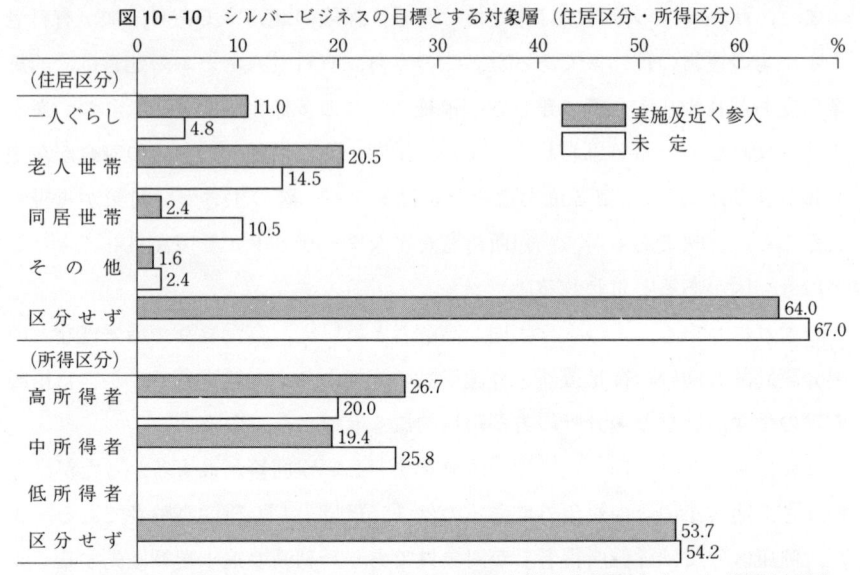

図10-10　シルバービジネスの目標とする対象層（住居区分・所得区分）

（住居区分）
- 一人ぐらし：実施及近く参入 11.0／未定 4.8
- 老人世帯：実施及近く参入 20.5／未定 14.5
- 同居世帯：実施及近く参入 2.4／未定 10.5
- その他：実施及近く参入 1.6／未定 2.4
- 区分せず：実施及近く参入 64.0／未定 67.0

（所得区分）
- 高所得者：実施及近く参入 26.7／未定 20.0
- 中所得者：実施及近く参入 19.4／未定 25.8
- 低所得者：—
- 区分せず：実施及近く参入 53.7／未定 54.2

（出典）　川村匡由他「シルバービジネス──その今日と明日」『福祉社会研究』（No.7）福祉社会研究所，1989年。

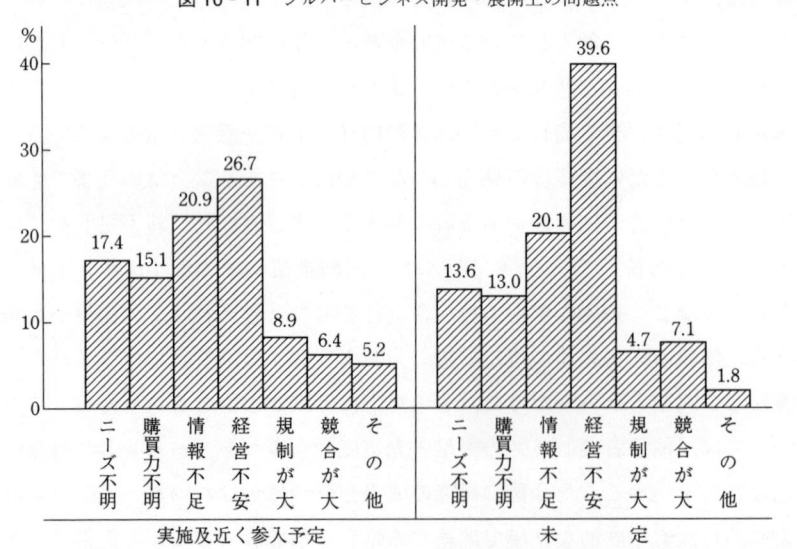

図10-11　シルバービジネス開発・展開上の問題点

実施及近く参入予定
- ニーズ不明：17.4
- 購買力不足：15.1
- 情報不足：20.9
- 経営不安：26.7
- 規制が大：8.9
- 競合が大：6.4
- その他：5.2

未定
- ニーズ不明：13.6
- 購買力不足：13.0
- 情報不足：20.1
- 経営不安：39.6
- 規制が大：4.7
- 競合が大：7.1
- その他：1.8

（出典）　川村匡由他「シルバービジネス──その今日と明日」『福祉社会研究』（No.7）福祉社会研究所，1989年。

民一体になって検討すべきである。

 さらに，民間企業における行政への注文について，一部の民間企業に対し，訪問調査した結果，行政の「シルバーサービス関連事項の窓口業務が多岐にわたっており，統一がとれない」，あるいは「シルバービジネスの支援・助成にもっと積極的な姿勢が欲しい」などという内容が目立った。

 いずれにしても，シルバーサービスの対象外とされる低所得者や公的サービスに恵まれない地方の高齢者に対してこそ，より充実した公的サービスが提供されるべきであるが，この公的サービスのあり方については，1990年の老人福祉法等福祉八法の改正，および2000年4月からの介護保険の施行に伴い，これまでの行政主導型の"してもらう福祉"から個人の応益負担にもとづく"買う福祉"へと政策転換されつつあることは確かである。

3 介護ビジネスの限界

 さて，このようにシルバーサービスはかなりの可能性があるが，それも高齢者の福祉ニーズとしての需要に対し，介護サービスの供給が多いニーズに限り，市場原理が働くにすぎない。また，その事業活動は富裕層を中心とした高齢者が集中した大都市など，一定の地域に限らざるを得ないことも自明の理である（図10-12）。裏を返せば，消費者は十分なサービスの供給がなければ量的にも質的にもよりよいサービスを選ぶ権利を行使することができなくなる，ということでもある。

 具体的には，全国約3300の市町村の半数を占める人口約1万人以下の過疎地域に住む高齢者は，たとえ介護ビジネスの利用の意向があっても利用できないおそれがある。現に，集落が点在する山間地や雪国では移動時間がかかる（写真10-1）。しかも，積雪期には雪に埋もれて道が閉ざされたりして経費がかさむなど人件費が高くつき，大きな損失となりがちである。

 また，仮に参入したとしても特定の民間企業だけのサービスとなって市場原理が働かず，独占企業となる可能性もある。このため，行政は消費者の保護お

第Ⅳ部　介護ビジネスの行方

図 10 - 12　大都市を中心に役割を果たしている民間事業者

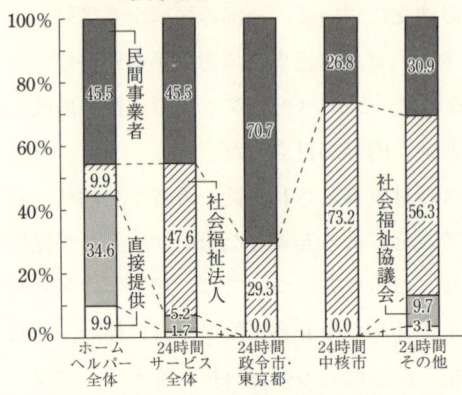

（注）　1．厚生省「社会福祉行政業務報告」（1996年度）及び厚生省資料より作成。
　　　2．ホームヘルパー全体は，ホームヘルパー数の割合，民間事業者は「その他」への委託の数値であり，直接提供は委託を除いたものである。
　　　3．24時間サービスは，97年度までの24時間対応型事業実施自治体における派遣対象世帯数のそれぞれの割合である。
（出典）　経済企画庁編『国民生活白書（平成10年版）』1998年，大蔵省印刷局。

写真 10 - 1　過疎地域には介護ビジネスは不向き？

▷高知県馬路村にて。

図 10 - 13　民間のシルバーサービスを利用しない理由（詳細，複数回答：％）

	(N)	必要ないから	家族で介護する	内容がわからない	どこがよいのか？	料金が高い	サービスの質が不十分	周囲の目が気になる	公的サービスで充分	信頼できる提供団体がない	その他	無回答
在宅介護ホームヘルプ	(1364)	10.7	9.8	17.4	25.1	27.3	2.3	1.2	11.3	3.7	2.9	24.2
在宅入浴サービス	(1356)	11.0	9.0	15.2	22.1	24.7	2.1	1.1	11.6	2.6	3.6	26.5
給食・食事宅配	(1417)	10.9	8.2	12.4	18.7	19.3	1.8	0.7	7.8	2.2	3.7	36.7
移送サービス	(1691)	9.3	5.0	10.3	18.0	18.6	1.3	0.9	8.8	1.8	3.7	41.7
用具のレンタルや販売	(1481)	10.0	4.7	11.1	17.4	20.5	1.6	0.9	8.5	2.1	3.2	40.6
ショートステイ	(1582)	9.4	5.5	12.6	18.9	19.8	1.6	0.9	10.2	2.1	3.6	37.4
デイサービス	(1537)	9.6	5.2	12.1	19.5	19.7	1.4	0.8	10.5	2.1	3.4	37.1
相談・情報提供	(1737)	9.6	3.4	10.0	16.9	13.8	1.2	0.6	10.0	2.0	3.6	44.0
緊急通報サービス	(1754)	8.5	3.8	10.1	17.4	14.9	1.3	0.7	10.3	2.5	4.0	43.0

（出典）　シルバーサービス振興会「平成6年度シルバーサービスの認知状況及び利用状況調査」1995年。

第10章 介護ビジネスの可能性と限界

よび事業の効率性を重視するあまり，地域偏重をきたさないように留意することが重要である。

それだけではない。民間企業は，たとえ大都市であっても採算の見込みがなければ市場に参入しない。また，仮に参入しても採算のメドが立たなくなったら簡単に撤退したり，人件費を削減したり，サービスの質を落としたりして利用料を低くせざるを得ない。なぜなら，それが経済性と効率性を重視する「資本の論理」だからである。現に，福祉にかかわる職場の労働条件は決して整備されているとはいえないのである。

しかもシルバーサービスは，ややもすれば①行政サービスに比べ，費用負担が比較的高い割には財政的に安定していない，②事業の継続性について不安があり，サービスの量や質，地域の相違によって格差が生じやすい，③利潤の追求が最優先され，社会的信用に欠ける，④利用者が費用負担のある者に限定されがちである，⑤コストの低減やリスクの分散が大きい場合，特定の業者にした方が効率的なケースもあるが，市場を独占されかねない懸念もある。さらに，シルバーサービス振興会が1995年にまとめた「シルバーサービスの認知状況及び利用状況調査」によっても，総じて「料金が高い」，「どこがよいのか」，「内容がわからない」などの理由を挙げ，利用しないとしている（図10-13）。

また，厚生省大臣官房統計情報部が1995年にまとめた「平成5年 健康・福祉関連サービスの産業統計調査の概況」によると，その事業の展開は首都圏や中部圏，近畿圏など高齢者の多い都市部に集中し，高齢者の少ない地方への事業展開は期待できないことを示している（図10-14）。

一方，日本総合研究所が1998年に行ったレポート「介護関連事業者の事業展開と自治体の誘致戦略」によると，介護保険の導入を機に，介護ビジネスとして市場に参入を検討している分野は「ケアプランの作成」や「在宅（老人）介護支援センター」，「訪問看護ステーション」などであるが（図10-15），事業の採算に乗ると考えている自治体の人口規模として，大半の民間企業は「10万人以上」，また，人口規模が「30万～50万人」の自治体から要請があればほとんどの企業が進出すると答えているものの，人口規模が小さくなるにつれ，進出

第Ⅳ部　介護ビジネスの行方

図10‑14　在宅医療・在宅福祉等関連サービスの提供事業所数

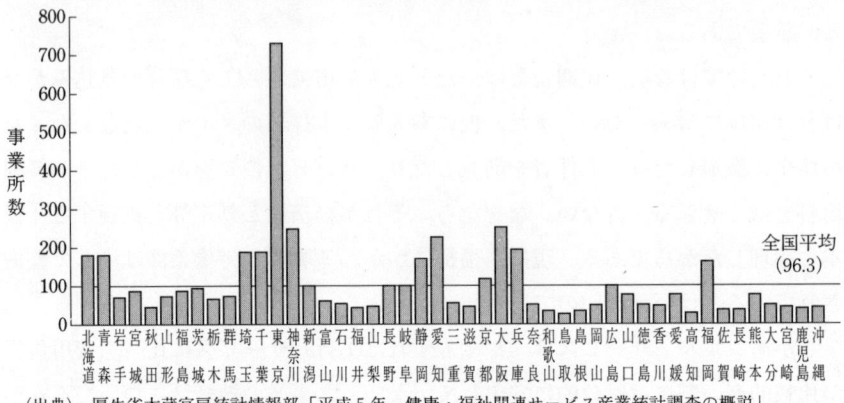

（出典）厚生省大蔵官房統計情報部「平成5年　健康・福祉関連サービス産業統計調査の概説」。

図10‑15　在宅サービス事業者が介護保険制度発足時に拡大意向のあるサービス分野（件数）

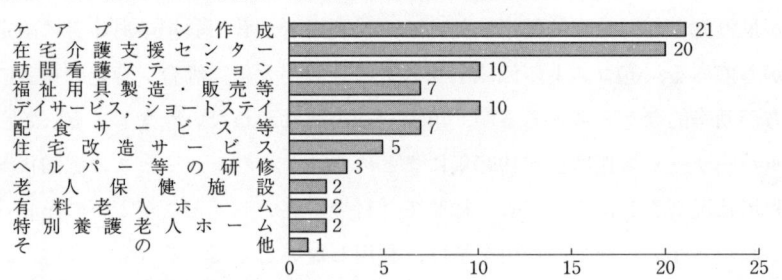

サービス分野	件数
ケアプラン作成	21
在宅介護支援センター	20
訪問看護ステーション	10
福祉用具製造・販売等	7
デイサービス，ショートステイ	10
配食サービス等	7
住宅改造サービス	5
ヘルパー等の研修	3
老人保健施設	2
有料老人ホーム	2
特別養護老人ホーム	2
その他	1

（出典）『月刊介護保険』法研，1999年2月号。

表10‑12　市町村の人口規模別分布

〔市〕

区　分	5万人未満	5万人以上 30万人未満	30万人以上 100万人未満	100万人以上	合　計
団体数	68　(10.2)	538　(80.4)	53　(7.9)	10　(1.5)	669(100.0)
累計	68　(10.2)	606　(90.6)	659　(98.5)	669(100.0)	669(100.0)

〔町村〕

区　分	1千人未満	1千人以上 1万人未満	1万人以上 4万人未満	4万人以上	合　計
団体数	44　(1.7)	1,498　(57.8)	1,011　(39.4)	29　(1.1)	669(100.0)
累計	44　(1.7)	1,542　(59.5)	2,553　(98.9)	2,582(100.0)	2,563(100.0)

（注）カッコ内は構成比（％）。
（出典）中村誠仁「第4章　財源確保策」シルバーサービス振興会『まちづくり計画策定マニュアル報告書』1999年。

するとする企業は低下しており,「1万人以下」では約4割の自治体が条件によらず,進出しないと答えている。

　現に,わが国の介護保険の参考とされたドイツの介護保険は,その後,確かに民間企業による各種高齢者福祉施設や高齢者住宅の設置・運営,さらには福祉・看護業務の経験者などの中小規模の会社の設立による在宅介護サービスの市場への参入が顕著となり,供給過剰にまでエスカレートしたが,それは大都市だけで地域格差が歴然としている。また,その利用者は自立と認定された高齢者がほとんどで,民間サービスの供給が不足する場合に限り公的なサービスが補完される,という皮肉の結果となっている。

　このようなドイツの現状を踏まえ,厚生省は1997年,全国8都県,12地域を対象に過疎地域等在宅保健福祉サービス推進試行的事業として民間企業や生協,農協,NPOなどの民間事業者が過疎地域で訪問介護・訪問入浴サービスなどを提供し,介護保険のもとで事業展開していくうえでの問題点や課題を整理・分析しているが,その結果は果たしていかがなものであろうか。なぜなら,上述したように,全国の市町村の半数を占めるのは人口約1万人以下の市町村であるため(表10-12),過疎地域に住む高齢者は,たとえシルバーサービスの利用の意向があっても利用できない,という問題があるからである。

　まして市町村などから長年事業委託を受け,利用者に社会的信用を得ている社協など,民間非営利団体による割安なサービス料金のNPOと競争していくなか,介護ビジネスのように,需要に対してサービスの供給量が圧倒的に不足していれば市場原理が働かないことも十分考えられる。

　また,仮に参入したものの,採算がとれなければ事業から簡単に撤退してしまうおそれもある。なぜなら,シルバーサービスは人件費的には行政サービスに比べて低コストで済むものの,「運営コストが大きく,構造的に利益が出にくい」,「利用者の経済的負担感が大きい」,「人材確保が困難」,「初期投資が大きく,構造的に利益が出にくい」,「人材育成が困難」,「同業他社との競合が厳しい」などの理由によって民間企業の半数以上が利益をあげることが困難だからである。

第Ⅳ部　介護ビジネスの行方

表10-13　平成9年度までに整備されるWAC事業

施設名	ウエル・エイジングプラザ奈良ニッセイエデンの園	ウエル・エイジングプラザ松戸ニッセイエデンの園	豊田ほっとかん	ウエルパークヒルズレーベン21
事業主体	ニッセイ聖霊健康福祉財団	同左	㈱豊田ほっとかん	㈱西日本医療福祉総合センター
住所	奈良県北葛城郡河合町高塚台1-8-1	千葉県松戸市高塚新田字天神山123-1	愛知県豊田市本新町7-48-6	福岡県中間市大字中間字奥本谷
問い合せ先	06-209-6321	03-5802-5761	0565-36-3000	093-244-1109
入居者定員	391戸	363戸	70戸	62戸
入居開始	平成4年4月	平成9年3月	平成9年5月	平成9年10月
入居金（単身）	3,180万円～6,800万円	3,890万円～7,000万円	2,210万円～2,920万円	2,380万円～3,510万円
二人目追加	1,500万円加算	約1,500万円加算	800万円	1,200万円加算
介護費（入居金に含む）	450万円	680万円	450万円	600万円
管理費/単身	67,800円	80,000円	60,000円	60,000円
/夫婦	101,200円	125,000円	100,000円	100,000円
食費（単身）	54,000円/月	1日3食 2,000円	46,500円/月	50,000円/月

（出典）池田敏史子「自分らしく暮らす」『ふれあいねっと』(No. 142) 長寿社会文化協会，1997年8月号。

　その意味で，全国約3300の市町村のうち，その半数を占める人口約1万人以下の市町村に住む高齢者は，たとえ上述したような介護ビジネスの利用の意向があっても利用できない，という問題もある。まして介護サービスのように，需要に対してサービスの供給量が圧倒的に不足していれば市場原理が働かない，ということも十分考えられる。

　また，仮に参入したものの，採算がとれなければ事業から簡単に撤退してしまうおそれもある。さらに，サービスの利用料を安く上げようとすれば人件費を押さえ，サービスの水準を落とすことも考えられる。

　現に，このような傾向は，介護保険の要介護認定の申請の受付が始まった1999年10月と相前後し，正規の職員のパートタイマーへの転換，採用の手控え，リストラなどの形で表われている。とりわけ，販売コストの高い有料老人ホームの場合，需要は国民の福祉ニーズの多様化，高度化に伴って増大し，介護ビ

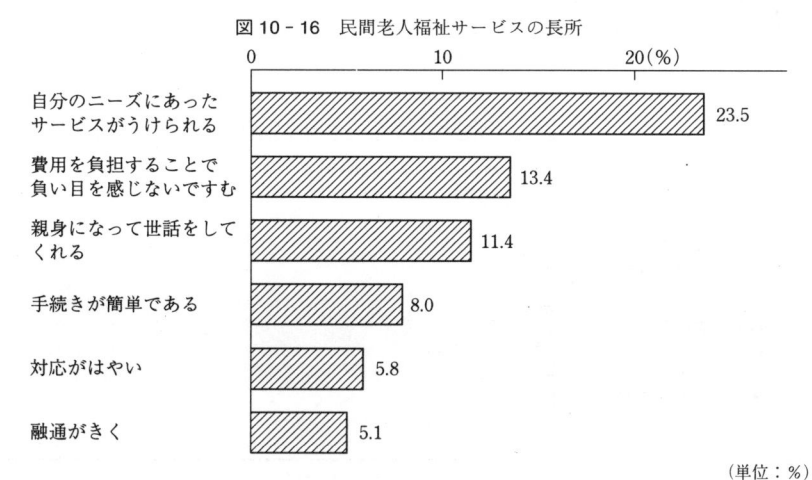

第10章　介護ビジネスの可能性と限界

図10-16　民間老人福祉サービスの長所

```
自分のニーズにあった
サービスがうけられる          23.5
費用を負担することで
負い目を感じないですむ        13.4
親身になって世話をして
くれる                        11.4
手続きが簡単である             8.0
対応がはやい                   5.8
融通がきく                     5.1
```

(単位：％)

	該当者数(人)	自分のニーズにあったサービスがうけられた	親身になって世話をしてくれる	融通がきく	対応がはやい	手続きが簡単である	費用負担をすることですむ負い目を感じないで	特にない	その他	わからない
総　　　数	2,378	23.5	11.4	5.1	5.8	8.0	13.4	4.7	0.1	27.9
〔都市規模〕										
11　大　市	466	27.7	9.9	6.0	6.0	7.5	15.7	3.0	―	24.2
人口10万以上の市	864	25.1	12.3	5.0	5.9	8.0	13.1	3.6	0.1	27.0
人口10万未満の市	470	19.4	9.8	5.1	6.6	9.4	11.7	5.7	―	32.3
町　　　村	578	21.3	12.5	4.7	5.0	7.4	13.5	6.9	0.2	28.5
〔性〕										
男	1,051	24.4	12.0	6.2	6.9	8.7	12.3	6.0	0.2	23.5
女	1,327	22.9	10.9	4.3	5.0	7.5	14.3	3.7	―	31.3
〔年　齢〕										
20～29歳	294	29.6	9.2	5.8	6.5	7.1	11.6	2.4	0.7	27.2
30～39歳	591	34.2	9.0	5.4	8.0	6.1	15.2	3.4	―	18.8
40～49歳	553	23.7	13.7	5.6	6.0	7.4	13.2	3.3	―	27.1
50～59歳	460	18.5	13.0	3.5	4.1	10.7	13.9	5.0	―	31.3
60～69歳	309	13.9	12.3	3.9	4.5	8.1	12.9	9.1	―	35.3
70歳以上	171	7.0	9.4	8.2	4.1	11.1	10.5	9.4	―	40.4

(出典)　総理府「老人福祉サービスに関する世論調査」1986年。

第Ⅳ部　介護ビジネスの行方

図10-17　民間老人福祉サービスの短所

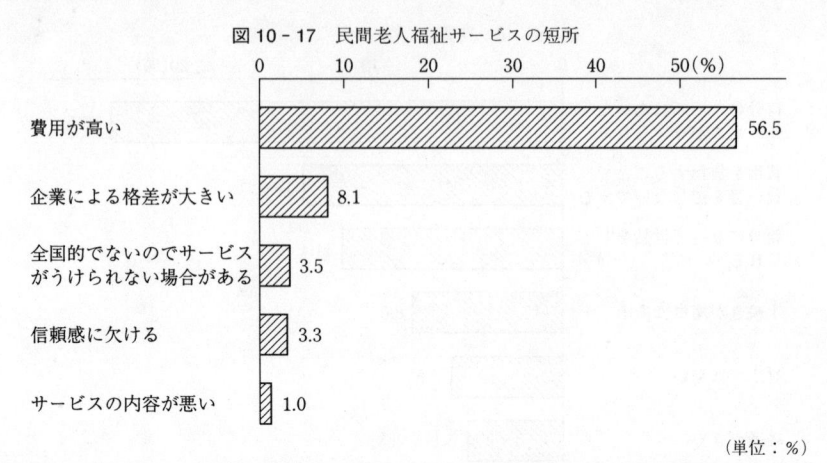

- 費用が高い：56.5
- 企業による格差が大きい：8.1
- 全国的でないのでサービスがうけられない場合がある：3.5
- 信頼感に欠ける：3.3
- サービスの内容が悪い：1.0

(単位：%)

	該当者数（人）	費用が高い	信頼感に欠ける	サービスの内容が悪い	全国的でないのでサービスがうけられない場合がある	企業による格差が大きい	特にない	わからない
総　数	2,378	56.5	3.3	1.0	3.5	8.1	3.4	24.3
〔都市規模〕								
11大市	466	58.4	5.4	1.1	2.6	10.3	3.2	19.1
人口10万以上の市	864	56.3	3.1	1.3	2.9	8.4	2.3	25.7
人口10万未満の市	470	54.3	3.8	0.9	3.0	6.8	2.1	29.1
町　村	578	57.3	1.6	0.5	5.5	6.7	6.1	22.3
〔性〕								
男	1,051	57.9	3.0	0.7	3.0	9.6	4.2	21.5
女	1,327	55.4	3.5	1.2	3.8	6.9	2.7	26.5
〔年　齢〕								
20～29歳	294	49.0	4.1	—	6.1	13.9	2.4	24.5
30～39歳	591	64.5	3.7	1.2	3.6	8.3	2.5	16.2
40～49歳	553	58.8	2.4	0.7	3.4	8.5	3.3	23.0
50～59歳	460	54.6	3.5	1.5	3.0	6.1	3.0	28.3
60～69歳	309	51.1	4.2	1.6	2.9	5.5	4.5	30.1
70歳以上	171	49.7	1.8	—	1.2	5.8	7.0	34.5

(出典)　総理府「老人福祉サービスに関する世論調査」1986年。

ジネスとしての市場の拡大が予測されるものの，その購買層はせいぜい高齢者の全体の1～1.5％程度といわれているのである。

また，厚生省が肝入りで1989年度から推奨している，ふるさと21健康長寿のまちづくり事業は，1989年度に創設されて以来，1998年5月現在，131か所指定されたものの，具体的に事業化に踏み切っているのは福岡県中間市，奈良県河合町，千葉県松戸市，愛知県豊田市，兵庫県宝塚市の5か所だけで（表10-13），残りの指定地域では用地が市街化調整区域のために建設が不可能であったり，有料老人ホームなどの入居者難，公的助成のなさなど厳しい規制や財政支援の不足のために頓挫したままである。[3]

しかも，このような介護ビジネスは「自分にあったニーズがうけられる」，「費用を負担することで負い目を感じないですむ」，「親身になって世話をしてくれる」，「手続きが簡単である」などの長所はあるものの，その一方で，「費用が高い」，「企業による格差が大きい」，「全国的でないのでサービスをうけられない場合がある」，「信頼感に欠ける」などの短所がある（図10-16および図10-17）。また，所詮，経済性と効率性を重視する「資本の論理」にもとづく財やサービスであり，かつ利潤の追求を優先する営利事業であるため，一定の限界があることも事実ではある。

注
(1) 経済企画庁編『国民生活白書（平成10年版）』大蔵省印刷局，1999年。
(2) 国内で各産業部門が1年間でどれぐらい原材料や労働力を投入して財やサービスが産業や家計，輸出などに配分されたのか，総務庁を中心に5年に1回，すべての産業を対象に統一的に把握，分析して行列・マトリクス形式で一覧表にした国民経済統計である。その意味で，産業連関表はわが国の産業相互の取引や波及効果などを数量的に表すため，重要な指標の一つとされている。
(3) 社団法人シルバーサービス振興会『WAC事業推進方策上の課題と展望・報告書』社団法人シルバーサービス振興会，1995年。

第11章

介護ビジネスの課題と展望

1 業界の健全育成

法的規制と緩和

　最後に，介護ビジネスの当面の課題と今後の展望に言及すると，行政は，今後も引き続き業界の健全育成に努めることが必要である。なぜなら，介護ビジネスは老人福祉法第4条（老人福祉増進の責務）で「老人の生活に直接影響を及ぼす事業を営む者は，その事業の運営に当たつては，老人の福祉が増進されるように努めなければならない」と定められているだけでなく，その対象が寝たきりや痴呆性などの要介護高齢者であるため，それぞれの福祉ニーズに過不足なく対応したサービスでなければならず，かつその市場への参入は地域に雇用の創出などの経済効果をもたらすわけであるが，本質的にはきわめて公共性の高いものだからである。

　しかも，民間企業は利潤を追求することを最大の目的としているため，高齢者の生命や財産にかかわる介護ビジネスに参入することに対しては基本的には法的規制を行い，良質なサービスに限って市場への参入を認めるべきである。なぜなら，必要以上に民間企業の市場への参入に対する法的規制を厳しくすれば，高齢者の多様な福祉ニーズに応えられないことも確かだからである。

　そこで，行政は，一定の法的規制を加えながらも，良質なサービスを供給しうる民間企業に限り，民間ならではの創造性や効率性を活用した多様な商品の開発を促進したり，行政が把握している消費者情報や人的資源，上乗せ・横出

第11章 介護ビジネスの課題と展望

しサービスの開発のための方針を情報開示したりするなど，健全育成のための方策を具体的に講ずることが必要である。

　もとより，この場合，民間企業の市場への参入に伴い，消費者とのトラブルを懸念して二の足を踏む市町村も少なくないと思われるが，民活導入は行政からの消費者情報の開示があってはじめて，事業活動も可能であることを理解すべきである。

　また，従来の購買層の可処分所得によっては，地価が比較的廉価であるため，コストダウンが見込める小・中学校の空き教室や敷地，郵便局など他の公共施設との併設による有料老人ホームなどの設置を奨励し，低所得者や中産階級の層に対して優先入居の措置を設けたり，施設は行政が設置するものの，その事業運営は民間企業に委ねたりしてその参入を誘導するなど，地域の特性に応じた振興策を拡充することが必要である。

　しかし，その一方で，このような法的規制の傍らで，業界の健全育成を図ることに対し，資本力の乏しい中小企業の市場への参入を困難にさせるだけでなく，大企業だけの利益の擁護にもつながりかねない。また，多様な福祉ニーズを持つ高齢者の選択肢の幅を狭くしてしまうのではないか，などといった懸念の声も聞かれないわけではない。

　もっとも，たとえば有料老人ホームなどについていえば，いずれの入居者も自宅を処分したり，退職金をはたいたりして入居一時金を調達し，"ついのすみか"として施設に身を寄せている入居者が大半である。それだけに，消費者の保護という意味でも，一定の要件のもとで法的規制を行うことは必要である。また，資本力のある大企業による市場への参入は社会的信用の確保を図るうえでも有意義である。

　ただし，入居一時金が高くなればその購買層も高額所得者や資産家などに限定されがちではないか，というおそれもないわけではない。

　この点，低所得者であってもそれぞれの福祉ニーズに応じて介護ビジネスの利用を可能とすべく，行政はどのような次善の策を講ずるべきかという問題は残っている。

税制優遇と運営費助成の拡充

次に，行政は単に業界を健全育成するだけでなく，良質なサービスを供給しうる民間企業に対しては現行の税制優遇をさらに拡充することが必要である。

具体的には，法人税の特別償却の引き下げはもとより，有料老人ホームについては施設の建築そのものに対する特別償却の適用や準用を検討すべきである(1)。また，現行の税制における社会福祉事業に対する寄付，および贈与における免税措置の不十分さが大きな障害の一つになっていることも明らかであり，この点，税制優遇措置は欧米に比べて遅れているのが実態である。

たとえば民間企業が一般に寄付をした場合，下記の限度額まで損金として計上することができるほか，社会福祉法人や日本赤十字社に対する寄付金の場合，上述した限度額とは別に同額の限度額が認められている。また，国や地方自治体，社会福祉法人，日本赤十字社，民法法人で大蔵省の指定を受けたものに対する場合，損金算入の限度額に関係なく，全額を損金に算入することもできるが，その指定を受けることは非常に困難であり，かつその統計資料は一般に明らかにされていないのが実態である。

さらに，行政は民間企業が本業に関連する事業の委託を積極的に進める場合，その運営費の助成の拡充に努めるべきである。なぜなら，良質な介護ビジネスは単に高齢者の多様な福祉ニーズに応え，その老後をより豊かなものにするだけでなく，地域にとっても有力な社会資源となり，かつ雇用の創出も生み出すなど経済効果もあるからである。

なお，個人が国や地方自治体および社会福祉法人や日本赤十字社，民法法人などで大蔵大臣の指定を受けた機関に寄付した場合，寄付金控除として下記のように課税対象所得から控除される。

　　寄付金（所得の25％を限度とする）－10万円

また，個人が都道府県共同募金会に対し，10万円以上を超える寄付をした場合，当該寄付金のうち，10万円を超える金額について控除される。さらに，個人が不動産などの資産を無償，あるいは時価の2分の1以下の定額で譲渡した場合，時価によって評価したものとみなし，譲渡益に対して所得税が課税され

るが，下記の場合はいずれも非課税となっている。
(1) 国，地方自治体に寄付した場合
(2) 社会福祉法人，民法法人などに寄付した場合で国税庁長官の承認を得たもの

このほか，個人が相続財産を相続税の申告期間内（死亡後，6か月以内）に国や地方自治体，および社会福祉法人や日本赤十字社，民法法人などに対し，社会福祉への貢献，その他公益の増進に著しく寄与する場合，当該財産は相続税の課税価格の計算の基礎に参入しないことになっている。[(2)]

社会貢献活動の取り組み

ところで，わが国でも近年，民間企業によるコーポレートシチズンシップ（企業市民意識）にもとづくフィランソロピー，すなわち，社会貢献活動の取り組みが期待されている。なぜなら，わが国の民間企業は，従来，従業員に対する企業（内）福祉，いわゆる福利厚生には積極的であったものの，地域社会に対する働きかけなどについてはほとんど関心を寄せてこなかった。それだけに，社会貢献活動の取り組みは行政主導による公助（措置）的な福祉国家から住民および民間企業などの参加による自助（契約）的，かつ互助（奉仕・準契約）的な福祉社会への転換，見方を変えれば，公私の役割分担および機能連携により高齢者の多様な福祉ニーズに応えた"文化としての高齢者介護"，すなわち，産業の福祉化を図り，地域福祉として推進していくことに大きな期待が集まっているからである。

具体的には，たとえば調査・研究費の補助などである。また，有料老人ホームについていえば，指定介護老人福祉施設（特別養護老人ホーム）など公的な施設と同様，施設の社会化を図ることもその一つである。これは，「高齢者保健福祉推進十か年戦略の見直しについて（新ゴールドプラン）」の一環として在宅福祉三本柱，すなわち，訪問介護（ホームヘルプサービス），通所介護（デイサービス），短期入所生活介護（ショートステイ）の拡充が望まれるなか，公共部門と民間部門による公私協働によってハードとソフトを統合し，施設の

社会化を図ることに対する期待に大きいものがあるからである。この点，前述したふるさと21健康長寿のまちづくり事業の意義についてはもっと重視されてもよいのではないか，と思われる。

ただし，民間企業は事業活動に対する社会的な使命と自覚を持ち，良質なサービスの供給を行うことが望まれるが，利潤を追求することを目的とした組織体であるため，人の生命や財産にかかわる医療や福祉などのきわめて公共性のある事業への参入は原則として法的規制を行い，公共部門が行うことを基本とすべきではある。また，万一，介護サービスを民間部門に事業委託する場合でも，社会福祉法にもとづき，社会福祉法人や中間法人などの公益法人に限られるべきである。

しかし，現実には「高齢者保健福祉推進十か年戦略の見直しについて（新ゴールドプラン）」の策定と相前後し，訪問介護（ホームヘルプサービス）を中心に，事業委託先が一定の要件を満たす民間企業にまで拡大されてきたのが実態である。介護保険はこれにさらに踏み込むものであり，かつ強制的に徴収される保険料と公費（租税）の財源が民間企業の利益に組み込まれるものでもある。

また，民間企業による社会貢献活動はあくまでも事業活動の一環としてとらえており，かつその人材の派遣や経費の支出，金品の給付は，いずれも戦後の高度経済成長期に採用された余剰人員や余剰収益の一部を企業の社会的責任，あるいは地域への利益の還元などがその動機づけとなっているが，本音は会社のイメージアップではないかと思われる。それだけに，近年の"バブル経済"の崩壊など景気が急激に変動したりした場合はどうなるのかと考えると，一過性の事業活動として片付けられてしまわれかねないおそれもある。

なお，定年退職者による地域における社会貢献活動として資金の援助や講師の派遣，情報の提供なども期待される。この点，幸か不幸か，わが国の場合，定年退職しても現役時代に勤めていた会社に対する忠誠心が強いのが実態である。

事実，一部の民間企業の定年退職者のなかにはかつての仲間が集まって

「OB会」を組織し，現役時代に引き続き人事交流を図っているところもあるが，このようなわが国独特の会社観や企業観を逆手に取り，企業イズムによる互助的なボランティア活動の創出も十分可能である。その意味で，このような民間企業による退職前準備教育を通じ，自社の定年退職予定者を対象にボランティア教育を実施し，OBが地域においてボランティア活動を展開するのであれば，地域福祉を推進していくうえで地域における有力な社会資源として期待されると思われる。

いずれにしても，民間企業は単に利潤を追求するだけでなく，事業活動に対する社会的使命と自覚を持ち，地域社会において社会貢献活動に取り組むことが期待されているのである。

2 消費者の保護

消費生活への支援

ところで，民間企業は利潤を追求するあまり，高齢者に劣悪なサービスを押しつけたり，貴重な財産に損失を与えたりすることがあるため，行政は寝たきりや痴呆性などの要介護高齢者に対する消費生活への支援を図ることが必要である。

具体的には，消費者としての寝たきりや痴呆性などの要介護高齢者一人ひとりに対する人権の擁護，および自己実現の保障を推進することが必要である。このため，まずインフォームドコンセント，すなわち，民間企業は介護情報の開示の徹底に努めることが望まれる。また，個人の情報，たとえば公的年金などの収入や財産状態，納税額，家族や親族など家庭生活の状況，支持政党や宗教など主義・信条，病歴や身体障害，生活保護などの公的扶助に関する記録など個人情報の収集にかかる事項については侵害のおそれがあるため，一部の都道府県および市町村は「個人情報保護条例」を制定して対応しているが，いずれもガイドライン（指針）を設けて消費者に対する情報を開示するよう，業界を指導することが必要である。なぜなら，介護保険は契約にもとづいてサービ

スが提供されるため，利用者の権利性や選択性が高まるものの，利用者の人権の擁護にかかわる具体的な規定がまったく定められていないからである。

　このようななか，東京都は1999年10月，訪問介護サービスを提供する民間企業と介護サービス計画（ケアプラン）を作成する民間企業を対象にモデル契約書を作成し，トラブルの防止に備えているが，介護サービスの契約の締結にあたってはサービスの利用者と提供者との権利と義務をはっきりさせるため，契約書の形式や用語の使い方を全国統一のものとすることが必要である。また，利用者にとって重要な事項については重要事項説明書を作成し，利用するサービスの内容や回数，不慮の事故に対する損害賠償，支払いの方法，領収書の発行，契約解除の予告期間の明確化，サービス提供者の変更の可否などについて説明することを義務づけることが必要である。

　一方，寝たきりや痴呆性などの要介護高齢者に対する家族の介護の重圧，あるいはその介護をめぐる家庭における人間関係の悪化に伴い，家族によって介護が拒否されたり，扶養そのものまで放棄されたりしているケースも少なくない。このため，老親に対する介護の保障をどのように図るべきか，とりわけ，判断（意思）能力の減退が顕著な痴呆性などの要介護高齢者が介護サービスを受けたり，公民権を行使したりする権利を保障することが必要である。

　そこで，政府は1999年12月，介護保険を施行する2000年4月に併せ，禁治産および準禁治産制度を定めていた旧民法の改正案を国会に提出，可決，成立させ，判断（意思）能力が著しく低下した痴呆性などの要介護高齢者に対し，家庭裁判所による法定後見人を選任できる成年後見制度を導入することになった（図11-1）。[3] また，1998年10月にまとめた社会福祉基礎構造改革の中間報告に関連し，判断（意思）能力が不十分な痴呆性などの要介護高齢者を対象とした地域福祉権利擁護事業を制度化した。[4]

　いずれにしても，寝たきりや痴呆性などの要介護高齢者が消費者として適切なサービスを選択することができるよう，スタッフの人数や経歴，資格保持などの情報の開示を促進するものであるが，欧米の事情を鑑みればむしろ遅すぎたきらいもないわけではない。

第11章 介護ビジネスの課題と展望

図11-1 成年後見制度と地域福祉権利擁護事業との関係

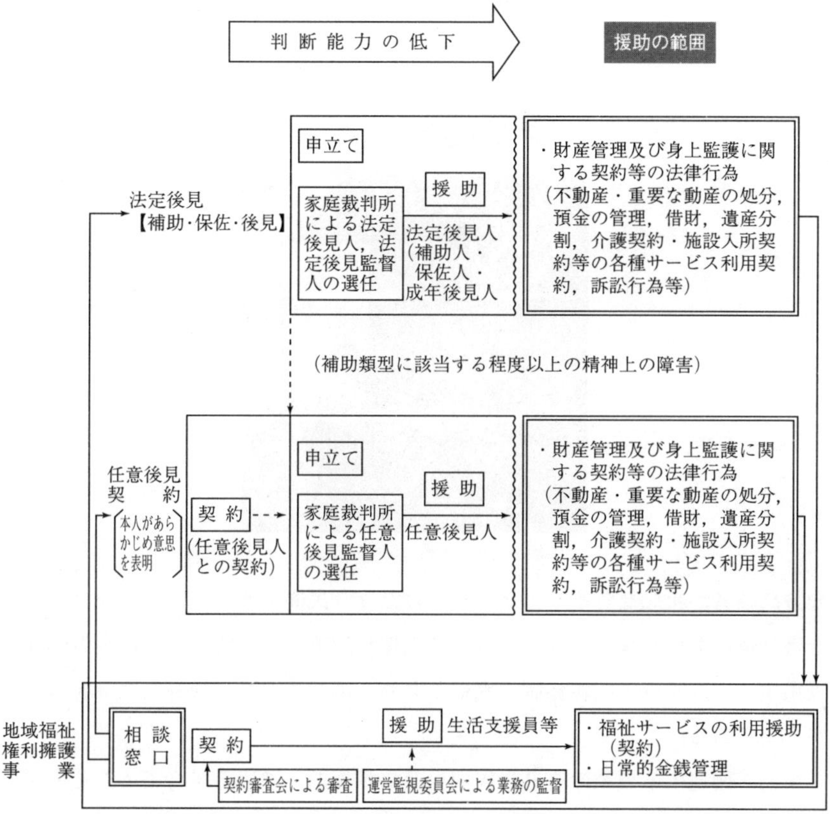

[判断能力の低下 → 援助の範囲]

法定後見
【補助・保佐・後見】
- 申立て
- 家庭裁判所による法定後見人、法定後見監督人の選任
- 援助
- 法定後見人（補助人・保佐人・成年後見人）
- 財産管理及び身上監護に関する契約等の法律行為（不動産・重要な動産の処分、預金の管理、借財、遺産分割、介護契約・施設入所契約等の各種サービス利用契約、訴訟行為等）

（補助類型に該当する程度以上の精神上の障害）

任意後見契約
本人があらかじめ意思を表明
- 契約（任意後見人との契約）
- 申立て
- 家庭裁判所による任意後見監督人の選任
- 援助
- 任意後見人
- 財産管理及び身上監護に関する契約等の法律行為（不動産・重要な動産の処分、預金の管理、借財、遺産分割、介護契約・施設入所契約等の各種サービス利用契約、訴訟行為等）

地域福祉権利擁護事業
- 相談窓口
- 契約
- 契約審査会による審査
- 運営監視委員会による業務の監督
- 援助
- 生活支援員等
- 福祉サービスの利用援助（契約）
- 日常的金銭管理

（出典）『月刊介護保険』（No.38）法研、1999年5月号。

　また、政府は国民生活センターを通じ、テレビやラジオ番組、情報誌、各種啓発資料などのマスメディアにより、消費者の合理的な選択に資する情報の提供に努めているほか、1999年6月、国民生活センターにおいて消費者に対する情報提供を強化するため、パソコン通信システム「生活ニューネット」を開設し、商品テストの結果などの情報を画像情報も含めて提供することになったが、消費者との双方向のコミュニケーションを確立することが必要である。

　ともあれ、行政は消費者保護基本法にもとづき、寝たきりや痴呆性などの要

写真 11-1 シルバーサービスには消費者保護が欠かせない

▷都内の権利擁護センターにて。

　介護高齢者が粗悪な財やサービスを受けたり，民間企業が自前のサービスだけを盛り込んだりしないよう，高齢者の人権を配慮した公明正大な消費者情報を提供すべく，相談・広報体制を整備したり，消費者教育を推進したりすることが必要である。

　また，関連する事業の委託を民間企業に積極的に進める場合でも，その事業の運営費などの助成に努めるべきである。このほか，国民生活センターや消費者生活センター，さらには市民オンブズパーソンなど，第三者機関による介護ビジネスの監視や苦情処理，業界の事業活動の監視を強めることも必要である[5]（写真11-1）。

　一方，従来の訪問販売法および1995年に制定された製造物責任法（PL法）の充実はもとより，経済企画庁が法制化を検討している「消費者契約法」[6]，あるいは大蔵省が法制化を検討としている「金融商品販売法」[7]も消費者を不当な契約や悪質な業者から守る特別法として早期の制定が望まれる。

　この点，たとえば武蔵野市福祉公社のように，高齢者の資産管理やその活用

第11章　介護ビジネスの課題と展望

する財やサービスを行うリバースモーゲージ制度を設けたりして，介護保険のサービスの利用者のための権利擁護サービスを行うことが必要である。もっとも，この場合，返済は利用者の死亡後に資産を処分して清算されるため，利用者が長命のときは担保切れのおそれもあるので債務超過額を補充すべく，損害保険や信用保証制度のようなものを創設することも必要である。

　一方，介護保険から介護サービスを受ける利用者に対し，税制優遇措置を講ずることも必要である。この点，介護保険から介護サービスを受けた場合の自己負担分について所得控除されるよう，厚生省は2001年度の税制改正の要望事項として盛り込むことになっている。

　具体的には，①医療費控除と同額の年間10万〜200万円を別枠で所得税および住民税の課税対象額から控除する，②医療費控除に上乗せして上限を引き上げる，③医療費控除の枠内で控除の対象とするなどの案が出ており，最終的にどのような結果となるのか，注目される。なぜなら，現行の医療費控除制度の場合，介護老人保健施設（老人保健施設）の利用料など，医療サービス分野で年間10万〜200万円が所得税および住民税の課税対象額から控除されているものの，指定介護老人福祉施設（特別養護老人ホーム）の入所費用など，福祉サービスの自己負担分は控除されていない。

　しかし，介護保険の導入により，同じ施設サービスであるにもかかわらず，控除の有無が生ずることを避けるほか，税制面からも在宅介護を支援するため，自己負担分を控除する制度を設ける必要があるからである。

　また，上述したように，有料老人ホームの入居者は施設に入居する際，多額の入居一時金を捻出するため，自宅を処分したり，退職金をはたいたりしているのが一般的であるが，現行の税制では終身利用権方式のホームに入居する場合，住宅取得とみなされないため，居住用財産の買い換えによる税制優遇の特例は適用されないのが実情である。このため，このような終身利用権方式の有料老人ホームに入居する場合，一般の住宅取得と同様，居住用財産の買い換えとみなして買い換えの特例を適用する，あるいはこれを準用するような別途必要な措置を講ずべきである。所有権分譲方式の有料老人ホームに入居する場合，

固定資産税の減免などを講ずることが必要である。

一方、民間介護保険の保険料については、所得税および住民税とも5万円を上限にして所得控除の制度を設けるよう、厚生省は引き続き税制の改正を要望していくことになっているが、これについてもぜひ実現すべきである。

なお、介護保険料は全額、社会保険料控除の対象となることがすでに決まっていることは周知のとおりである。

情報提供の整備と消費者教育の推進

ところで、介護ビジネスの利用者は寝たきりや痴呆性などの要介護高齢者であり、かつ情報収集や適切な判断（意思）能力が劣るいわば"情報弱者"であるため、行政は消費者保護基本法にもとづき、粗悪な財やサービスを受けることがないよう、その人権の擁護や生命の安全、財産の保全に配慮した公明正大な消費者情報を提供すべく、介護相談・広報体制を整備したり、消費者教育を推進したりすることが必要である。とりわけ、必要な情報は迅速に公開し、かつ全国均一の事業を展開すべく、地方シルバーサービス振興組織をはじめ、業界の関係団体を通じて消費者の保護に努めることが必要である。

具体的には、たとえば地方自治体の高齢者福祉課、あるいは社協などの機関により、従来の一般住民によるボランティア活動だけでなく、民間企業による商品開発や販売にかかわる消費者情報、さらには社会貢献活動に関連した情報も集め、消費者に対するさまざまな情報を提供する体制を整備することが必要である。また、消費者が訪問販売などによって不意打ちに勧誘されたり、判断する時間もなく契約させられたりした結果、保護しなければ不公平な場合、その契約を消費者の側から一方的に解約することができるクーリングオフに類似した制度の創設も検討されることが必要である。

なお、1968年に制定された消費者保護基本法第5条によると、高齢者といえども今後は経済社会の発展に応じ、自ら進んで消費生活に関する必要な知識を習得するとともに、自主的、かつ合理的に行動するよう努めなければならないとされており、消費者を保護の対象としてのみとられているにすぎない。

第11章　介護ビジネスの課題と展望

　このようななか，国連の国際消費者機構（CI）は，消費者の権利として①安全が保障される権利，②情報を与えられる権利，③選択をする権利，④意見を聴いてもらう権利，⑤救済される権利，⑥消費者教育を受けられる権利，⑦健康的な環境に守られる権利の七つをあげている。

　一方，「消費者運動憲章」（1978年）によると，①商品とサービスの価格や品質に批判的な意識をもつ，②公正な取引をめざし，積極的に主張して行動する，③みずからの消費行動が他者に与える影響を自覚し，社会的関心をもつ，④環境への関心をもつ，⑤他の消費者と連帯することを消費者の責務として定めている。[8] その意味で，消費者も今後，不当なサービスには関係機関に不服申し立てを行ったり，損害賠償責任を裁判に訴えるなど「賢い消費者」となり，かつ自己管理に努めるなど，消費者としての義務や責務もあることを忘れてはならない。

　いずれにしても，消費者は民間企業と比べ，介護などに関する情報や契約の交渉能力などに劣るため，消費者生活センターの役割はますます重要性を増しているわけであるが，神奈川県など47都道府県は近年の地方財政の厳しさを理由にあげ，都道府県の運営による消費者生活センターを廃止し，所轄の市町村や民間団体に消費者行政を移譲し，予算の削減に踏み切るところも出ており，憂慮すべき事態となっている。[9]

サービスの質の確保

　思うに，シルバーサービスはややもすれば「信頼感に欠ける」や「サービスの内容が悪い」などといった指摘は，今後，業界の努力によっては必ずしも克服できないものではない。なぜなら，社会的信用の高い大企業や専門業者はもとより，「シルバーマーク」の付いたシルバーサービスの民間企業であり，かつその事業活動に対する社会的な使命と自覚を持ち，良質なサービスを供給する限り，これらの短所を払拭することも不可能とはいえないからである。このため，このように介護ビジネスには当然のことながら長所も短所もあるため，これらの長所や短所に留意しながらその活用を図る必要がある。

したがって，民間企業にあっては単に介護報酬の額の設定に関心を寄せ，利潤を追求するだけでなく，介護ビジネスを展開するにあたっては社会福祉士や介護福祉士，介護専門支援員（ケアマネジャー），訪問介護員（ホームヘルパー）などの有資格者を配置し，その財やサービスの質の向上に努めるとともに，必要な情報を公開して全国均一の事業活動を展開すべく，職能団体を通じて業界の健全育成と消費者の保護に努めることが必要である。

　具体的には，公私の役割分担や社協，生協，住民団体，ボランティアなど関係機関との間における連絡・調整，および業界による自主規制や法的規制，助成の拡充，サービスの利用料の費用負担に伴う行政責任の明確化，オンブズパーソン制度など事業内容の監視・苦情処理機関の整備，地方シルバーサービス振興組織など業界団体の育成，倒産防止や技術開発・啓蒙などを目的とした行政機関の支援体制の整備，さらには消費者の参加の促進がそれである。

　ちなみにシルバーサービス振興会は1999年，在宅介護サービスおよび福祉用具レンタルを展開する民間企業と利用者との標準的なモデル約款（資料編を参照），ならびに在宅介護サービスの事業活動に用いるパンフレットなどの表示に関するガイドライン（指針）を作成し（表11-1および表11-2），介護保険のもとで消費者の保護やトラブルの防止を図る参考にしてもらうことになっているが，これらのモデル約款およびガイドライン（指針）は厚生省が定める居宅（在宅）サービスの内容を取り込む形で参考にしている。このため，関係業界にあっては，少なくともその趣旨を踏まえて作成し，事業の展開に努めることが必要である。

3　介護パラダイムの確立

憲法および世界人権宣言と介護ビジネス

　ところで，中長期的には業界の健全育成に関連し，寝たきりや痴呆性などの要介護高齢者を対象とした介護サービスは，折からの規制緩和に伴い，民間企業の市場への参入により，契約にもとづいてサービスが供給されることの是非

第11章 介護ビジネスの課題と展望

表11-1 在宅介護サービスの表示ガイドライン

(1) 必要事項表示

案内書に必ず表示しなければならない事項

(1) サービス内容に関する事項	
①提供内容	家事援助・身体介護それぞれのサービス内容
②提供形態	巡回型サービスを行なっている場合その内容
③提供日時	提供可能な曜日およびそれぞれの時間帯
④事業展開地域	サービス提供を実施している地域

(2) 事業者に関する事項	
①名称および所在地	事業者の名称,所在地
②受付電話番号	サービスに関する問合せの際の電話番号
③苦情を受ける窓口	苦情を受ける窓口の電話番号および担当
④指定事業者である旨	介護保険における指定業者となっているか
⑤サービス従事者数	在宅介護サービスに従事している人の数

(3) 料金に関する事項	
①サービス利用料金	サービス利用料金
②会費	会員制をとっている場合の入会金,会費等
③保証金	前もって納める保証金がある場合の金額
④サービス中止規定	サービスを中止する場合の料金取扱い

(2) 表示の留意事項

どのような方法,媒体にせよ表示をする際には規定にしたがった方法をとるべき事項

(1) 一般事項の表示
①「早朝」「夜間」「深夜」等の用語を使用してサービス提供時間を表示する場合
②「24時間」という用語を使用してサービス提供時間を表示する場合
③「サービス従事者の人数および資格」を表示する場合
④「利用者実績」を表示する場合
⑤「連携医療機関」を表示する場合

(2) 比較表示

(3) 表示の禁止事項

表示をしてはいけない事項

(1) 特定用語の不適切な使用
(2) 二重価格の不適切な表示
(3) おとり広告
(4) 不当表示

表11-2 福祉用具レンタルサービスの表示ガイドライン

(1) 必要事項表示

案内書に必ず表示しなければならない事項

(1) 商品	
①商品名,製造元	商品の名称,製造メーカー
②商品の仕様,機能	商品の仕様,機能
③商品構成(セット商品)	セット商品の商品構成
④レンタル料	レンタル料金および単位
⑤搬入搬出料	搬入,搬出にかかる費用
⑥消費税	消費税の取扱い方法

(2) サービスに関する事項	
①レンタル開始月と終了月の料金の計算方法	レンタル開始月と終了月の料金の計算方法
②返品・交換規定	取消,返品および交換時の料金規定
③取付,組立,説明	レンタル品搬入時に取付け,組立,説明の有無
④アフターサービス	アフターサービスの方法,期間
⑤事業展開地域	配達可能な地域

(3) 事業者に関する事項	
①名称および所在地	事業者の名称,所在地
②受付電話番号	サービスに関する問合せの際の電話番号
③苦情を受付ける窓口	苦情を受付ける窓口の電話番号および担当
④指定事業者である旨	介護保険における指定業者となっているか

(2) 表示の留意事項

どのような方法,媒体にせよ表示をする際には規定にしたがった方法をとるべき事項

(1) 一般事項の表示
①「サービス従事者の人数および資格」を表示する場合
②「連携医療機関」を表示する場合

(2) 比較表示

(3) 表示の禁止事項

表示をしてはいけない事項

(1) 特定用語の不適切な使用
(2) 二重価格の不適切な表示
(3) おとり広告
(4) 不当表示

(出典)『シルバーウェルビジネス』(No. 28) 総合ユニコム,1999年9月号。

についてきちっとした議論を行う必要がある。なぜなら，介護サービスは基本的には憲法第25条（国民の生存権および国の社会保障的義務），第14条（平等保障権）第13条（個人の尊重および幸福の追求権）にもとづき，だれにでも最低限に保障された公的責任にもとづく基礎的ニーズに対応するものであり（前出・図1-3および前出・図3-1），かつ実施の原則，無差別平等の原則，健康で文化的な生活内容の保障の原則，すなわち，ナショナルミニマムの部分を担うものであるため，行政の責務にかかわる問題と思われるからである。

また，このことは「世界人権宣言」の第22条で「すべて人は，社会の一員として，社会保障を受ける権利を有し，かつ国家的努力および国際的協力により，また，各国の組織および資源に応じて，自己の尊厳と自己の人格の自由な発展とに欠くことのできない経済的，社会的及び文化的権利の実現に対する権利を有する」，さらに第25条で「すべて人は，衣食住，医療及び必要な社会的施設等により，自己及び家族の健康及び福祉に十分な生活水準を保持する権利並びに失業，疾病，心身障害，配偶者の死亡，老齢その他不可抗力による生活不能の場合，保障を受ける権利を有する」と定められた国際社会における基本精神を脅かすおそれもあるからである。

このほか，介護保険は公的年金のように，負担した保険料が一定の要件を満たせば本人に必ず返ってくるというシステムではないため，その基本的な理念の一つは「介護の社会化」とされているものの，現役世代に対して保険料を負担させることには法理論的に無理な面もないわけではない。まして，高齢者については老人福祉法第2条（基本的理念）によって「健全で安らかな生活を保障されるものとする」との「老人憲章」まである。

それだけに，介護のリスクが過重した，あるいは少子・高齢化の進行や財政難に伴い，福祉の支出が経済の活力を損なうためとはいえ，行政の責任の所在を縮小すべく福祉を商品化し，かつ社会保障の理念を形骸化するようなことがあってはならない。その意味で，高齢者の生命と財産，否，人間の尊厳にかかわる介護サービスを市場原理に委ねてしようものなら憲法の精神に著しく抵触する，または違反するおそれもある。しかも，現実には介護保険の施行に伴い，

第11章　介護ビジネスの課題と展望

　市町村が従来，直営，または民間企業などへの事業委託によって行わっている施設および居宅（在宅）サービスの提供を廃止し，社協や生協，農協，住民参加型有償在宅福祉サービスの供給組織，民間企業に"マル投げ"するような事態も出ているのである。

　具体的には，市町村に雇用されている常勤職員の社協や福祉公社への身分移管，または社協と福祉公社，高齢者福祉事業団などとの統廃合，あるいは市町村や福祉公社から在宅（老人）介護支援センター，特別養護老人ホームへの出向などがそれである。

　現に，千葉県館山市や岩手県水沢市では，介護保険の施行を機に，従来の直営の訪問介護（ホームヘルプサービス）の打ち切りを決めたところ，訪問介護員（ホームヘルパー）が解雇禁止を求めた仮処分申請を裁判所に起したり，解雇通告であるとして反発を強めたりしている。また，大阪市などでは1998年から1999年にかけ，訪問介護員（ホームヘルパー）の新規採用を打ち切って人件費を抑制し，不足分はシルバーサービスに委ねる方針を相次いで打ち出しているのである。

　いずれも介護保険の施行に伴い，介護サービスの利潤や効率を考えると，民間企業との競争にたち打ちできないからだとしているが，介護サービスは憲法で保障された国民の生存権および国の社会保障的義務，ひいては寝たきりや痴呆性などの要介護高齢者の福祉ニーズを充足し，かつQOL（生活の質）の向上を図るべく，生活権としてのナショナルミニマム，あるいはコミュニティミニマムにかかわる基礎的なサービスである（図11-2）。

　そこで，高齢者の介護にあたっては市町村は基礎自治体であることを自覚し，住民に密着したサービスを保障することが必要である。逆にいえば，市町村は従来，ややもすると国に頼り，機会のあるごとにさまざまな陳情を繰り返し，その過程で生じた失政は国の責任とした中央依存型の体質を改め，自らの責任のもとで真の地域福祉および地方自治を推進することが必要である。とりわけ，介護保険の施行後，介護サービスの量および質の面で地域格差の拡大も予想されるばかりか，住民の地方行政への参加次第によっては無能な首長や議員，職

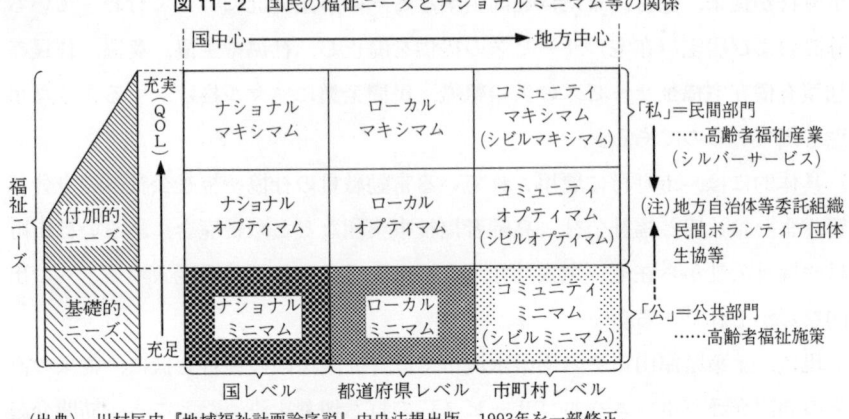

図11-2 国民の福祉ニーズとナショナルミニマム等の関係

		国中心	→	地方中心	
福祉ニーズ	付加的ニーズ 充実(QOL)↑	ナショナルマキシマム	ローカルマキシマム	コミュニティマキシマム（シビルマキシマム）	「私」=民間部門 ……高齢者福祉産業（シルバーサービス）
		ナショナルオプティマム	ローカルオプティマム	コミュニティオプティマム（シビルオプティマム）	(注)地方自治体等委託組織 民間ボランティア団体 生協等
	基礎的ニーズ 充足↓	ナショナルミニマム	ローカルミニマム	コミュニティミニマム（シビルミニマム）	「公」=公共部門 ……高齢者福祉施策
		国レベル	都道府県レベル	市町村レベル	

（出典）　川村匡由『地域福祉計画論序説』中央法規出版，1993年を一部修正。

員は自然淘汰されるおそれもある。

　その意味で，市町村が住民参加を図るため，介護保険事業計画の策定やその実施，評価に関し，その進行管理を担うべき運営協議会，または関係専門職の連絡・調整のための連絡協議会，介護ビジネスの苦情処理や相談・助言，さらには評価を行う評価委員会やオンブズパーソン制度などの第三者機関を設置することが必要である。また，地域福祉として寝たきりや痴呆性などの要介護高齢者に対する介護サービスを提供するためには，サービスのメニューやその給付水準について住民との間で合意形成を図り，かつその経過を進行管理することが必要である。

　そのうえで，民間企業はもとより，社協や生協，農協，住民参加型有償在宅福祉サービスの供給組織などと互いの長所を生かしてその量および質を競争し合い，利用者によりよいサービスを供給することが必要である。

介護パラダイムへの転換

　周知のように，わが国の地方自治体は，戦後，現行の憲法をベースに地方自治の精神が重視されるようになったことにより，住民の生存権の保障のため，住民自らが主体的に参加し，地方自治体による団体自治とともに，住民自治を

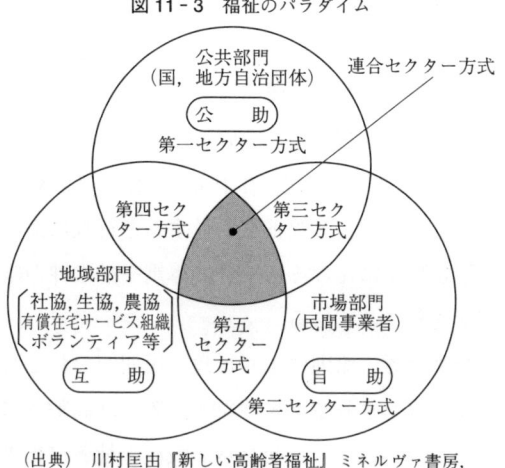

図11-3 福祉のパラダイム

```
        公共部門
      (国，地方自治団体)       連合セクター方式
         公  助
       第一セクター方式

  第四セク        第三セク
  ター方式        ター方式
    地域部門
  社協，生協，農協
  有償在宅サービス組織    市場部門
  ボランティア等      (民間事業者)
              第五
              セクター
              方式
    互  助        自  助
           第二セクター方式
```

（出典）　川村匡由『新しい高齢者福祉』ミネルヴァ書房，1996年。

担う地域社会の構成員として位置づけられることになった。

　このような制度的な背景を受け，高度経済成長とともに行政サービスの対象領域は飛躍的に拡大されてきたが，その後の石油危機による財政の逼迫に伴い，行政機構の減量化や民活導入による民間企業への事業委託，社会福祉法人などの活用，さらには公設民営方式の導入などが積極的に行われることになった。

　この民営化は福祉の分野でも例外ではないため，今後，地域の特性や住民の福祉ニーズ，社会資源の多寡に応じ，それぞれの事業形態について公共部門の行政サービスによる第一セクター方式だけに依存するだけでなく，市場部門としての第二セクター方式のシルバーサービスの民間企業，あるいは公共部門である行政と市場部門である民間企業が連携した第三セクター方式を検討したり，行政と社協，さらには婦人会や町内会，学生・女性グループ，生協，農協など住民・市民団体がタイアップした公共部門と地域部門による第四セクター方式，あるいは地域部門の住民・市民団体と市場部門の民間企業が締結した第五セクター方式，さらにはこれらのすべての供給主体が一体となった連合セクター方式というように柔軟に対処していくことが望まれる（図11-3）。

　ただし，問題は，いずれのセクター方式にせよ，いかなる部門が公私の役割

分担や機能連携，あるいは利用者の費用負担を考えるのかという課題は残っている。

　思うに，寝たきりや痴呆性などの要介護高齢者の介護サービスにおける公私，すなわち，行政と民間との役割分担については，社会福祉法第5条（事業経営の準則）のなかで憲法第25条（国民の生存権），および第89条（公の財産の支出又は利用の制限）により，社会福祉を増進すべき行政による責任，および民間による各種社会福祉事業における自主性の尊重や独立性の維持について定め，公私分離の原則が明文化されている。

　このため，この公私分離の原則により行政と民間がそれぞれの役割や責任を明らかにしたうえで，寝たきりや痴呆性などの要介護高齢者に対する介護サービスを提供することが問われる。なぜなら，戦後の社会福祉事業は憲法第89条（公の財産の支出又は利用の制限）によって公の財産の支出，または利用の制限がされているため，社会福祉事業法（現社会福祉法）を制定し，同法第5条で事業経営の準則を規定して措置（委託）制度を誕生させたわけであるが，それは，本来，公の責任で行わなければならない社会福祉事業を社会福祉法人に転嫁させ，徹底した法的規制を続けてきたからにほかならない。

　もっとも，このような公私分離も近年では住民参加にもとづく公私協働へと様変わりしつつあるが，介護サービスの供給にあたっても当面は従来の公共部門とは別個の民間部門，すなわち，市場部門のシルバーサービス，あるいは地域部門による住民参加型有償在宅福祉サービスの供給組織などに委ねるべきである。この結果，従来の行政主導による公助（措置）的な福祉国家から民間企業のサービスの利用による自助（契約）的，および住民団体などの有償在宅福祉サービスやボランティア活動による住民参加・協働による互助（奉仕・準契約）的な地域福祉へ，ひいては福祉社会へと転換することが可能になるとともに，公私の役割分担や機能連携についての展望を開くことができると思われる。[11]

　しかし，だからといって，将来とも民間企業にすべて事業委託してよいというわけではない。このため，介護サービスの拡充に際してはまず介護サービスの専門施設をより一層整備・拡充するとともに，介護サービスにかかわる財源

第11章 介護ビジネスの課題と展望

とマンパワーを十分確保することが必要である。

　また，施設サービスと居宅（在宅）サービスの連携はもとより，保健・医療との連携にも努めるとともに，寝たきりや痴呆性などの要介護高齢者がいつ，どこでも安心して生活することができるよう，住環境の整備を図ることが必要である。さらには寝たきりや痴呆性などの要介護高齢者一人ひとりに対する介護サービス計画（ケアプラン）を策定し，その進行管理を図る。そして，ターミナルケアに対応し，介護サービスにかかわるマンパワーの社会的地位の向上や身分保障，雇用環境の改善に努めることが必要である。

　そのうえで，介護サービスの評価体制を整備するとともに，介護保険の導入をめぐり，厚生省はそのサービスの基盤整備のスケジュールおよび具体的な取り組みの状況を国民に情報公開し，国民の信を問うことである。なぜなら，シルバーサービスはあくまでも国および地方自治体による高齢者福祉施策の補完措置とし，寝たきりや痴呆性などの要介護高齢者一人ひとりの福祉ニーズや費用負担に応じ，供給されるべき財やサービスとして健全育成を図っていくべきであるとともに，わが国の社会保障制度全体のあり方にかかわる問題だからである。

　なお，この行政部門と民間部門によるサービスの役割分担に関連し，介護保険について，財政は公，供給は私との図式を描き，純然たる市場とは基本的に異なる「疑似市場（quasi market）」として対応していくことが必要であるとの指摘もあるが，それだけでなく，上述したように，サービスが供給される国，都道府県，市町村のレベルをも加味した地方分権の論議も加え，さらにこの問題を深化させるべきものではないかと考える。

行財政改革の断行

　しかし，現実には政府はこれまで人口の高齢化の進行に伴う国民の介護に対する不安がつのることが明らかでありながら，寝たきりや痴呆性などの要介護高齢者にとって必要な施設サービスおよび居宅（在宅）サービスの整備・拡充には今一つ力が入り切れず，「社会的入院」や薬漬け・検査漬け・注射漬けを

185

容認してきた。その結果，年々増大している老人医療費によって破綻寸前に追い込まれている医療保険の財政の建て直しを図るため，創設したことに今回の介護保険の最大のねらいがあるのである。

そこで，政府は，上述した介護パラダイムの転換に際し，まず医療保険の財政を圧迫させている「社会的入院」や薬漬け・検査漬け・注射漬けを廃止することはもとより，不公平税制の是正や政・財・官の癒着による道路，ダム，港湾の整備，農地改良など国家財政の赤字の原因となっている土建型の公共事業を見直し，国民生活に直結した福祉重視型の政治に転換すべく，行財政改革を断行することが先決である。

もとより，その一方で，寝たきりや痴呆性などの要介護高齢者，あるいはその家族が「一日千秋」の思いで介護サービスを待ち望んでいることも確かである。その意味では一刻の猶予も許されないが，介護保険はその施行によってサービスの形態が措置から契約へと転換され，かつ保健・医療・福祉等関連施設体系や医療保険の見直しも検討されるなど，わが国の社会保障制度全体にかかわる問題でもある。

そこで，政府は5年後の介護保険制度の見直しの際，スウェーデンやデンマークなどにおける公費（租税）を財源とした公費負担方式も将来の選択肢として視野に入れて行財政改革を断行し，「負担あって介護なし」と指摘されているような事態にならないように努めることが必要である。

具体的には，現行の行政機構を可能な限り改革し，サービスの合理化や効率化を図るべきである。このため，当面，福祉関係の権限が国から地方へと移譲されつつあるなか，市町村レベルで老人保健福祉計画および介護保険事業計画の策定とその実施を通じ，「地域福祉条例」や「介護福祉条例」などを制定して行政責任を明確化し，関係部署の一部見直しや人事異動，少子・高齢社会の到来に伴う小・中学校の空き教室や敷地など公共施設や公有地を活用し，合築することにより，サービスの基盤整備に努めるべきである。

この場合，とくに重要なことは，都道府県に設置されている郡部福祉事務所や保健所の行政能力を保有している市町村への移管，および市町村ごとに設置

されている高齢者サービス調整チームをはじめ,社協や国・公立病院,指定介護老人福祉施設(特別養護老人ホーム),社協や生協,農協,住民参加型有償在宅福祉サービスなどの供給組織,介護ビジネスを展開している民間企業の理解と協力が必要という点である。

ただし,このような対応はあくまでも対症療法にすぎず,中長期的にはスウェーデンやデンマークなどのように,公的年金や医療保険などの社会保障は政府,寝たきりや痴呆性などの要介護高齢者に対する社会福祉は市町村といった適正な役割分担のもとで地方分権を推進すべきである。さらに,それに見合った課税自主権などを市町村に対して保障し,名実とも地方自治の原点に立ち帰った地域福祉として制度化すべきであることはいうまでもない。

その意味で,国民が21世紀の本格的な高齢社会を前に,最も不安をつのらせている社会保障のグランドデザイン(将来像)を早急に示し,その給付と負担のバランスをめぐってどのような介護パラダイムを選択すべきか,国民的な論議を交わすことが必要である。[13]

いずれにしても,介護保険は施行後,5年をメドに制度全体を見直すことになっているため,近い将来,公費負担(租税)方式によるナショナルミニマム,あるいはコミュティミニマムとしての公的介護保障への転換こそ本来の姿であることを論議すべきである。それだけに,究極的には国民一人ひとりが利用者として現在の土建型政治を改め,福祉重視型政治に転換させるべく,学習会などを通じ,福祉活動に取り組むことが求められているのである。

注
(1) 法人税の特別償却制度および特別土地保有税については,1998年度の税制改正により,1999年度末までの2年間の延長が認められているが,特別償却制度については償却割合が100分の12から100分の8に引き下げられた。
(2) 川村匡由「第3章 我が国の企業によるボランティア活動の課題と展望 第2節 周辺環境の整備」我が国の企業ボランティア活動の実態と問題に関する研究委員会『我が国の企業ボランティア活動の実態とその課題』ライフデザイン研究所,1992年,64〜65頁。

(3) 成年後見制度によると,従来の禁治産者は「被後見人」,準禁治産者は「被保佐人」にそれぞれ改め,契約などの法律行為を代行したり,取り消したりする権限を広く認めるほか,日用品の買い物などは本人の意思を尊重し,取り消し権は与えられないことになっている。

とりわけ,これまで対象となっていなかった痴呆性や障害の程度が軽い高齢者も本人の申し出,あるいは同意があれば後見役(補助人)をつけることができる。また,判断(意思)能力が衰える場合,友人や弁護士などを後見役に選べる「任意後見制度」を新たに加えた。このほか,人権の擁護の観点より,これらの内容に関する官報の公告や戸籍への記載を廃止し,証明書の請求者を本人や家族などに限定することになったが,これらの代理人は弁護士など法曹関係者だけでなく,福祉公社など市町村の外郭団体や社協など公的な第三者機関によって設立・運営することが必要とされる。

なお,これらの経緯については川村匡由「これからの高齢者福祉とその権利擁護のあり方」『月刊地域福祉情報』ジャパン通信社,1996年1月号を参照。

(4) 地域福祉権利擁護事業は成年後見制度を補完するもので,市町村社協が本人,または代理人と契約を締結し,外部の有識者で構成する運営審査会の監督のもと,生活支援員が介護サービスの利用・援助やそれに付随した金銭管理などを行う制度である。

(5) 『朝日新聞』2000年1月13日によると,厚生省は2000年度中にも,質のよい介護サービスを確保するため,第三者機関として「介護サービス・オンブズマン委員会(仮称)」を各都道府県,あるいは市町村に設置し,寝たきりや痴呆性などの要介護高齢者に代わって介護サービスの提供の状況を監視し,介護施設内の虐待を防いだり,居宅サービス(在宅サービス)の質が悪化したりしないよう,対応する方針を明らかにしている。

(6) 消費者契約法は,消費者が民間企業などと締結するあらゆる契約が対象で,新たな取引の形態の出現や商品の複雑化に伴い,増大している商品やサービスの契約にまつわる思わぬトラブルから消費者を守るため,2000年4月に制定,2001年4月から施行されることになった。

具体的には,消費者が民間企業などと契約を交わす際,重要な事項について民間企業の担当者が嘘をついたり,消費者に不利益な事実を故意に伝えなかったり,自宅に居座るなどして契約の締結を迫ったりした場合,契約を取り消すことができる,あるいは契約の中に民間企業の賠償責任を一方的に軽くするよう,消費者に不当・不利な特約があった場合,契約の無効を主張できることなどが骨子となっている。

とりわけ,不当表示が問題となっている有料老人ホームや介護保険の導入で相対

第11章　介護ビジネスの課題と展望

契約に切り替わる在宅介護サービスなど，シルバーサービスの民間企業に関係が深いだけに成り行きが注目されているわけであるが，消費者団体からは「消費者と事業者との情報量や交渉力の差があるため，さらに一歩踏み込んだ消費者保護の姿勢があるべきだ」との指摘もある。

(7)　「金融商品販売法」は，消費者が金融機関と締結する株式や債券，投資信託，デリバティブ（金融派生商品）など複雑な金融商品をめぐる取引が対象で，2000年5月に制定，2001年4月から施行されることになった。

　　具体的には，すべての金融機関に対し，不適切な勧誘を禁ずる社内規定を作成させ，販売・勧誘の手法などの公表を義務づける。このため，商品の契約条件や仕組み，元本保証の有無などを説明しないなど，商品の説明義務に違反した場合，賠償責任を負わせることになっているが，不適切な勧誘とは何かなどについて具体的に明示されないほか，損害賠償責任や行政罰などの罰則までは規定されていないため，規制が不十分であるとの批判も出ている。

(8)　加藤一郎他監修／財団法人消費者教育支援センター編『消費者教育事典』有斐閣1998年，182頁。

(9)　『朝日新聞』1999年12月30日。

(10)　佐藤進「社会福祉の公私の社会的責任——社会福祉にみる法と行財政制度の側面から」『社会福祉学』第30-1号（通巻40号）日本社会福祉学会，1989年，6〜7頁。

(11)　このパラダイムの考え方について，事業の財源が租税と社会保険料によって運営され，かつその利用料は利用者の1割負担とする介護保険給付のサービスを供給するシルバーサービスは疑似市場（quasi market）であるとする指摘もあるが，この場合は第三セクター方式として位置づけるべきであり，民間企業本来の特性の本質を捨象する懸念がある。

(12)　地方分権については1998年11月までに第五次にわたる勧告が出され，かつ従来の機関委任事務が廃止され，国と地方の関係は対等・平等へと第一歩を踏み出すとともに，1999年5月には「地方分権の推進を図るための関係法律の整備等に関する法律（地方分権一括法案）」も成立し，2000年4月から施行されることになった。

(13)　2001年には中央省庁の再編に伴う厚生行政と労働行政の統合・連携の強化のため，「厚生労働省」として再編されることになっている。

参考文献

1. 川村匡由『地域福祉計画論——地域福祉の計画的な推進のための実証的研究』（博士学位論文）早稲田大学大学院人間科学研究科，1999年
2. 川村匡由『老人福祉産業論』ミネルヴァ書房，1987年
3. 川村匡由『新しい高齢者福祉』ミネルヴァ書房，1996年
4. 川村匡由『新・介護保険総点検』ミネルヴァ書房，2000年
5. 川村匡由『これからの有料老人ホーム』あけび書房，1994年
6. 川村匡由『現代老人福祉論』ミネルヴァ書房，1992年
7. 川村匡由編著『シリーズ21世紀の社会福祉①〔新版〕社会保障論』ミネルヴァ書房，2000年
8. 川村匡由『老人保健福祉計画レベルチェックの手引き』中央法規出版，1996年
9. 川村匡由『地域福祉計画論序説』中央法規出版，1993年
10. 川村匡由『蓄財パスポート』ミネルヴァ書房，1987年
11. 川村匡由『年金・介護保険の基礎常識』実業之日本社，2000年
12. 川村匡由『介護保険早わかり』実業之日本社，2000年
13. 堀勝洋編『社会福祉選書1 社会保障論』建帛社，1999年
14. 川村匡由『年金の基礎常識』実業之日本社，1993年
15. 福祉士養成講座編集委員会編『三訂 社会福祉士養成講座2 老人福祉論』中央法規出版，1999年
16. 隅谷三喜男他編『明日の福祉6 シルバーサービスと民間活力』中央法規出版，1987年
17. 小室豊允編『介護者のための老人問題実践シリーズ⑧ シルバービジネス』中央法規出版，1989年
18. 厚生省大臣官房老人保健福祉部老人福祉課監修・社団法人シルバーサービス振興会編集『シルバーサービスの手法と展開』中央法規出版，1991年
19. 河畠修『ドイツ介護保険の現場』労働旬報社，1997年
20. 厚生省編『厚生白書（平成3年版）』ぎょうせい，1992年
21. 宮武剛『「介護保険」とは何か』保健同人社，1995年
22. 厚生省老人保健福祉局介護保険制度施行準備室監修・介護保険実務研究会編集『介護保険の実務』新日本法規出版，1998年
23. 京極高宣『介護保険の戦略』中央法規出版，1997年
24. 京極高宣『介護保険革命』ベネッセコーポレーション，1996年

25. 伊藤周平『介護保険　その実像と問題点』青木書店，1997年
26. 里見賢治他『増補版　公的介護保険に異議あり』ミネルヴァ書房，1997年
27. 斎藤義彦『そこが知りたい公的介護保険』ミネルヴァ書房，1997年
28. 東京市町村自治調査会編『介護保険と市町村の役割』中央法規出版，1998年
29. 栃本一三郎『介護保険　福祉の市民化』家の光協会，1997年
30. 福祉士養成講座編集委員会編集『社会福祉士養成講座・介護福祉士養成講座別巻　介護保険法関係資料集』中央法規出版，1998年
31. 一番ケ瀬康子監修・日本介護福祉学会編『シリーズ介護福祉②　介護福祉職にいま何が求められているか』ミネルヴァ書房，1997年
32. 浜口晴彦編『シリーズ・高齢社会とエイジング1　エイジングとは何か——高齢社会の生き方』早稲田大学出版部，1997年
33. 嵯峨座晴夫『エイジングの人間科学』学文社，1993年
34. 橋本宏子『福祉行政と法——高齢者福祉サービスの実態』尚学社，1995年
35. 新藤宗幸『福祉行政と官僚制』岩波書店，1996年
36. 三浦文夫『[増補] 社会福祉政策研究』全国社会福祉協議会，1987年
37. デヴィッド・B・ウルフ／三浦文夫他監訳『エイジレスマーケット——シルバーマーケット攻略のための戦略』中央法規出版，1996年
38. 共同通信社編集委員室編『どうなる老後　介護保険を考える』ミネルヴァ書房，1998年
39. 宮武剛『「介護保険」のすべて』保健同人社，1997年
40. 恒松制治監修・柴田啓次他編集『地方自治の論点101』時事通信社，1998年
41. 日本地方財政学会編『高齢化時代の地方財政』勁草書房，1998年
42. 日本福祉大学社会福祉学会編『真の公的介護保障をめざして』あけび書房，1998年
43. 河合克美編著『ホームヘルプの公的責任を考える』あけび書房，1998年
44. 河野正輝他編『高齢者の法』有斐閣，1997年
45. 宮本憲一／自治体問題研究所第三セクター研究会編『現代の地方自治と公私混合体』自治体研究社，1992年
46. 自治体問題研究所編『自治体の「市場化」』自治体研究社，1998年
47. 自治体問題研究所編集部編『社会保障の経済効果は公共事業より大きい』自治体研究社，1998年
48. 財団法人テクノエイド協会他編『福祉用具ビジネス白書'98』中央法規出版，1998年
49. 小川政亮『現代自治選書（増補新版）社会保障権——歩みと現代的意義』自治

体研究社，1995年
50. 宮本憲一編著『公共性の政治経済学』自治体研究社，1989年
51. 中山徹『公共事業依存国家』自治体研究社，1998年
52. 日経シニアビジネス編『日経シニアビジネス年鑑'99――介護保険マーケットの最新動向』日経BP社，1998年
53. 川原邦彦『アメリカの病院革命』日本経済新聞社，1986年
54. 月刊介護保険編集部編『介護保険ガイドブック（平成11年版）』法研，1999年
55. 全国老人福祉問題研究会編「社会保障の後退とシルバービジネス」『月刊ゆたかなくらし』同時代社，1988年10月号
56. 介護福祉ビジネス研究会編『10兆円介護ビジネスの虚と実』日本医療企画，1999年
57. 大内俊一他『福祉ビジネス――見えてきた巨大マーケット』日本評論社，1999年
58. 加藤一郎他監修／財団法人消費者教育支援センター編『消費者教育事典』有斐閣，1998年
59. 志築学編著・日本アプライドリサーチ研究所『介護・高齢者サポートビジネス』日本実業出版社，1998年
60. シニアライフプロ21編『高齢者の暮らしを支えるシルバービジネス』ミネルヴァ書房，1998年
61. 堀勝洋『現代社会保障・社会福祉の基本問題』ミネルヴァ書房，1998年
62. 佐藤進編『シリーズ　高齢社会とエイジング2　高齢社会の法律』早稲田大学出版部，1997年
63. 石川満『欠陥「介護保険」改革・改善への提言』自治体研究社，1998年
64. 古川孝順『社会福祉供給システムのパラダイム転換』誠信書房，1992年
65. 国民生活センター編『消費者からみた介護保険Q&A』中央法規出版，1998年
66. 相澤與一『社会保障の保険主義化と公的介護保険』あけび書房，1996年
67. 国民生活センター編『高齢者のサービスニーズと消費者問題』中央法規出版，1995年
68. 大村敦志『法律学体系　消費者法』日本評論社，1998年
69. 竹崎孜『スウェーデンはなぜ生活大国になれたのか』あけび書房，1999年
70. 経済企画庁編『国民生活白書（平成10年版）』大蔵省印刷局，1998年
71. 総務庁編『規制緩和白書（99年版）』大蔵省印刷局，1999年
72. 民間病院問題研究所監修・調査・分析『介護産業白書（1999年版）』日本医療企画，1999年

73. 高橋信幸『介護保険事業計画と福祉自治体』中央法規出版, 1999年
74. 大井広人編『法学教室「特集　地方分権の重要問題」』No. 209, 有斐閣, 1998年
75. 有斐閣編『「ジュリスト増刊　福祉を創る」』有斐閣, 1995年
76. 社団法人シルバーサービス振興会編『シルバーサービス事業者実態調査報告書』社団法人シルバーサービス振興会, 1989年
77. フジサワ『数字に見る──医療と医薬品1999』藤沢薬品工業, 1999年
78. 川村匡由「シルバーサービスはいま」岡村重夫監修／大阪府地域福祉推進財団編『あしたへの老年学』ミネルヴァ書房, 1990年
79. 川村匡由「シルバー産業の実践例」全国高齢化社会研究協会監修・サンケイ新聞データシステム編集『シルバー・データブック』サンケイ新聞データシステム, 1992年
80. 川村匡由「シルバー産業の現状と今後の展開及びその課題」全国高齢化社会研究協会『熟年公論』No. 48～46, 1989～1991年
81. 我が国の企業ボランティア活動の実態と問題に関する研究委員会「我が国の企業ボランティア活動の実態とその課題」ライフデザイン研究所, 1992年
82. 川村匡由「福祉産業」『AERA MOOK「New 学問のみかた。」シリーズ④　社会福祉学のみかた。』朝日新聞社, 1997年
83. 川村匡由「「介護保険制度と市町村の課題・取り組み方」『CREATIVE 房総』'98春, 第43号, 千葉県自治センター, 1998年
84. 川村匡由「高齢社会を支える公的介護の体制づくり」『地方議会人』中央文化社, 1998年2月号
85. 川村匡由「サービス供給の問題と課題──住宅・施設サービス, 現金給付等の問題から」『地方財務』ぎょうせい, 1996年8月号
86. 川村匡由「公的介護保険制度を考える」『地方自治職員研修』No. 402, 公職研, 1997年
87. 川村匡由「これからの高齢者福祉とその権利擁護のあり方」『月刊地域福祉情報』ジャパン通信社, 1996年1月号
88. 川村匡由「地方分権時代の区市町村保健・福祉政策」『福祉展望』No. 22, 東京都社会福祉協議会, 1997年
89. 川村匡由「公的介護保険はなぜ必要なのか」『晨』ぎょうせい, 1996年4月号
90. 川村匡由「地方に見る先進福祉施策とその可能性」『地方財務』ぎょうせい, 1997年1月号
91. 川村匡由「高齢化社会の現状と課題」『地方議会人』中央文化社, 1997年3月号

参考文献

92. 川村匡由「公的介護保険の創設をめぐる背景とその論点」『The Community Care』菱和メディカル総合研究所, 1995年5月号
93. 川村匡由「地方老人保健福祉計画の策定と今後の課題」『月刊地域福祉情報』ジャパン通信社, 1994年12月号
94. 川村匡由「高齢社会と市町村の責務」『地方議会人』中央文化社, 1998年2月号
95. 川村匡由「地域サービス格差と介護保険」『地方自治職員研修』公職研, 1999年5月号
96. 川村匡由「自治体における介護保険料と基盤整備」『地方議会人』中央文化社, 1999年12月号
97. 川村匡由「ニューシルバービジネスの可能性」『TRY-VIEW』Vol. 10, 東急総合研究所, 1996年
98. 川村匡由他「まちづくり計画策定マニュアル報告書」社団法人シルバーサービス振興会, 1999年
99. 厚生省高齢者介護対策本部事務局「全国介護保険担当課長会議資料」1997年
100. 厚生省介護保険制度実施推進本部「全国介護保険担当課長会議資料」1998年
101. 厚生省「今後5か年間の高齢者保健福祉施策の方向〜ゴールドプラン21〜」2000年
102. 通産省「民間介護・生活支援サービスに関する主な論点」1999年
103. 日本労働組合総連合会編「れんごう政策資料85『要介護者を抱える家族』についての実態調査報告書」1995年
104. 東京都社会福祉協議会「公的介護保険の可能性」『福祉展望』別冊・東社協フォーラム'95, 東社協, 1995年
105. 厚生省監修・社団法人シルバーサービス振興会編集『「高齢者に配慮したまちづくりのあり方」について』中央法規出版, 1989年
106. 財団法人テクノエイド協会「福祉用具に係る事故事例に関する調査研究事業報告書」1995年
107. 大阪府立老人総合センター「大阪府における今後のシルバーサービスのあり方——調査研究報告書」1989年
108. 法研編集部編『月刊介護保険』各号, 法研
109. 中央法規出版編『EVERY』各号, 中央法規出版
110. 総合ユニコム『シルバーウェルビジネス』各号
111. 社団法人シルバーサービス振興会編『シルバーサービス』各号
112. 財団法人生命保険文化センター編『くらしと保険』各号
113. 財団法人生命保険文化センター編『生命保険　ファクトブック』各年版

114. 社会保障入門編集委員会編『社会保障入門』各月号，中央法規出版
115. 社団法人日本損害協会編「ファクトブック　日本の損害保険」各年版
116. 『ばんぶう』各号，日本医療企画
117. 『週刊福祉新聞』各号，福祉新聞社
118. 『シルバー新報』各号，環境新聞社
119. Suleiman and J. Waterburyeds, *The Poitical Economy of Public Sector Reform and Privatuzation*, 1990.
120. R. Benetted, *Decentralization, Local Goverments Markets*, Towards a Post Welfare Agenda, 1990.
121. V. C. Little, *Open Care for the Aging*, Springer, 1982.
122. Social Security with the AOK, *Praxisaktuel II*, AOK Berlin, 1995.
123. AOK Berlin, *Antrag auf Leistungen der Pflegeversicherrung*, AOK Berlin 1995.
124. Die Soziale Pflege, *Pflege*, Die neue Soziale Pflegeversicherung, 1995.
125. Mishony de Reta, *Enduring Power of Ottorney*, The Solicitors' Law Stationery Society Ltd, 1991.
126. Age Concern England National Councilon Ageing, *What is Guardianship Board ?*, Trainng & Infomation Branch, Guardianship Board, 1994.

資料編

社団法人シルバーサービス振興会倫理綱領

　我が国は，人口の急速な高齢化によって人類がかつて経験したことのない高齢社会への変貌を続ける。この変貌する高齢社会を常に活力あるものにすることが社会全体に課された大きな課題である。
　この高齢社会を活力あるものとして維持，発展させるためには，高齢者を健康面，経済面をはじめ，生活の各局面での不安から解放することはもとより，高齢者に就労等社会活動への参加も含めて生きがいある生活を確保していかなければならない。一方，高齢者のニーズは，家族形態等の変化のほか年金制度の成熟等もあって益々増大し多様化かつ多層化していく。この増大し多様化，多層化する高齢者のニーズに対応するには，基礎的な公的施策の一層の推進にとどまらず，高齢期に備えて提供されるものを含め，ハード，ソフト両面にわたりサービスの多面的な供給体制の確立が必要不可欠である。そのためには，公的施策と創造性・効率性をもった民間サービスとが互いに役割を分担しあい，それぞれの役割を果たすよう努めることが社会的に必要である。
　シルバーサービス振興会会員は，このような社会的責務を自覚し，高齢者本位のシルバーサービスの提供を行い，シルバーサービスに対する社会の信頼を確保し，その健全な発展を図るために会員が守るべき基本的事項について倫理綱領として以下の通り定める。

（理　念）
　会員は，高齢者の心身の特性を踏まえ，多様多層なニーズに応える利用者本位のシルバーサービスを開発・提供し，高齢者のより豊かで充実した生活の実現を図ることを通じて，活力ある高齢社会の形成に寄与するよう努めなければならない。

（社会の信頼の確保）
　会員は，シルバーサービスが高齢者を対象として提供され，高齢者の生活の基幹に深いかかわりを持つものであることに鑑み，その果たす重要な役割を自覚し，高い倫理的自覚のもとに常に社会の信頼を得られるよう努めなければならない。

（教育・資質の向上）
　会員は，所属員に対する教育・訓練の徹底を期し，常にその資質の向上を図り，とくに高齢者の心身の特性についての理解を深め，高齢者本位の対応ができるよう，その徹底に努めなければならない。

（情報提供・表示の適正化）
　会員は，高齢者がシルバーサービスを受ける場合，その選択を誤ることのないよう，高齢者の心身の特性を踏まえ，公正真実な情報を提供するとともに，適正な表示を行なわなければならない。

（法令・基準の遵守）
　会員は，関係諸法令・通知を遵守すると

社団法人シルバーサービス振興会倫理綱領

ともに，本会において別に基準を定めたシルバーサービスを提供する場合には，当該基準を遵守しなければならない。

（苦情の処理）

会員は，シルバーサービスの提供に関し，苦情処理体制を確立し，苦情の適切かつ迅速な処置を行うとともに，その再発防止並びに改善に最善の努力を払わなければならない。

（禁止事項）

会員は，シルバーサービスの提供に関して次の行為をしてはならない。

1　業務に関して知り得た高齢者及びその家族の秘密を漏らす行為
2　高齢者の不利益となる行為
3　本会会員である同業他社，他団体又はその提供するシルバーサービスを不当に中傷，誹謗する行為
4　詐術，欺瞞的行為
5　その他前各号に準ずる反倫理的・反社会的行為

（所属員及び系列下の指導）

会員は，その所属員に対し前各項の趣旨の徹底を図るほか，系列下の事業者に対して，等しく遵守させるよう努めなければならない。

介護保険制度上の各種指定基準

A 居宅介護支援事業者の指定基準

人員配置基準
- 常勤の介護支援専門員を1人以上配置すること（50又はその端数を増すごとに1人を標準）とし，うち1名を管理者とする。なお，他の業務との兼務でも差し支えないものとする。

※運営基準において次の事項を定めるよう検討する。
- 介護サービス計画を作成するに当たっては，利用者に対して事業者に関する情報を提供すること。
- サービス事業者の選定はあくまで利用者の希望に基づくものとし，介護サービス計画は利用者の承諾を得ること。

B 訪問介護の指定基準

A 人員配置基準
○従業者
介護福祉士又は一定の研修[*1]を終了した者
[*1] 研修の内容は介護保険法第7条に関わる厚生省令で規定される。
（現行の訪問介護員（ホームヘルパー）養成研修に相当する内容の研修を想定）

○員　数
1) 常勤換算で2.5名以上配置すること
2) うち，訪問介護のサービス内容についての知識・技能をもつ者1名以上を常勤として置くこと（1名をサービス提供責任者とすること）
＊介護福祉士又は一定以上の訪問介護（身体介護）の従事経験がある者
＊サービス提供責任者は，サービス提供に従事するとともにサービス提供上の連絡調整業務・技術指導等を担当すること
＊従事する訪問介護員の規模に応じて，サービス提供責任者をサービス提供に従事する者と別途に配置することも検討

B 設備基準
○事務室
事業を行うために必要な広さの専用の区画を有すること

C 訪問看護の指定基準

(1) 訪問看護ステーションの場合

A 人員基準
(1) 看護職員
　保健婦，看護婦，准看護婦
　管理者を含め，常勤換算で2.5名以上配置し，うち1名は常勤とすること
(2) 理学療法士，作業療法士

実績に応じた適当数
(3) 管理者
保健婦又は看護婦
原則として，専ら当該事業に従事する常勤の者。ただし，居宅介護支援事業所，訪問介護事業所，訪問入浴介護事業所又は福祉用具貸与事業所と当該事業所が併設の場合には，これらの従業者（管理者を含む。）を兼務することができる。

B　設備基準
- 事業を行うために必要な広さの専用の事務室を有すること。
  ただし，保険医療機関，訪問介護事業所，訪問入浴介護事業所又は福祉用具貸与事業所と当該事業所が併設の場合には，必要な広さの専用の区画を有すること。
- 必要な設備，備品を備えること。

(2) 病院・診療所の場合

A　人員配置基準
訪問看護に従事する保健婦，看護婦又は准看護婦が配置されていること。

B　設備基準
- 事業を行うために必要な広さの専用の区画を有すること。
- 必要な設備，備品を備えること。

D　通所介護の指定基準

A　人員配置基準
○従事者
1) 生活指導員，介護職員，看護職員各1名ずつを専従とし，生活指導員または介護職員のうち1名以上を常勤とすること
2) 定員が15名を超える場合には，定員が5又はその端数を増すごとに介護職員を1名増加させること
3) ただし，定員が10名以下の場合には生活指導員1名及び介護職員または看護職員のいずれか1名を専従とし，かつ，これらの職員のうち1名以上を常勤とすること

○管理者
常勤の管理者を1名置くこと
ただし，常勤の生活指導員，介護・看護職員との兼務可

B　設備基準
1) 食　堂
2) 機能訓練室
○食堂と機能訓練室を合計した面積が1人あたり3㎡以上であること
○食堂と機能訓練室は兼用可
○サービスを提供する際には所定の面積を占有可能であること
3) 静養室
4) 相談室
- 遮蔽物を設置するなど会話内容が漏洩しない配慮をすること。
5) 事務室
6) その他必要な設備

相互のサービス提供に支障がない場合は他の施設等の利用も差し支えない。

E 通所リハビリテーションの指定基準

(1) 病院の場合

A 人員配置基準
① 医師：専任常勤1人
　要介護者等：医師＝40：1
② 専従する従事者2人
　要介護者等：専従従事者＝20：2
　20人を一単位とし，1日2単位を限度
　ア　作業療法士若しくは理学療法士又は経験を有する看護婦
　　　（ただし，経験を有する看護婦の場合は，1単位につき週1日以上作業療法士又は理学療法士が勤務する）
　イ　ア以外の者について，看護婦又は准看護婦で差し支えない
　ウ　介護職員
　　　実情に応じた適当数

B 設備基準
① 通所リハビリテーションを行うにふさわしい専用の施設を有する
　45㎡以上
　1単位の要介護者の1人当たりの面積
　3㎡
② 通所リハビリテーションを行うために必要な専用の器械・器具を具備する

(2) 診療所の場合

A 人員配置基準
① 医師：専任1人
　要介護者等：医師＝40：1
② 専従する従事者2人
　要介護者等：専従従事者＝10：2
　10人を1単位とし，1日2単位を限度
　ア　作業療法士若しくは理学療法士又は経験を有する看護婦
　イ　ア以外の者については，介護職員で差し支えない

B 設備基準
① 通所リハビリテーションを行うにふさわしい専用の施設を有する
　30㎡以上
　1単位の要介護者等の1人当たりの面積
　3㎡
② 通所リハビリテーションを行うために必要な専用の器械・器具を具備する

(3) 老人保健施設の場合

A 人員配置基準
① 医師
　入所定員の3割を超える通所要介護者等の数を200で除した数以上
　（注1）
② 理学療法士又は作業療法士
　通所要介護者等の数を100で除した数以上
③ 看護・介護職員
　通所要介護者数：看護・介護職員
　＝10：1（専従）
　・専任の看護職員を少なくとも1名配置（入所者処遇業務との兼務を行っても差し支えない）
④ 相談指導員

通所要介護者等の数を100で除した数以上

(注1) 入所定員が100人に満たない施設で常勤医師が1人以上配置されている場合には，100から入所定員を除いた数に入所定員の3割を加えた数を超える通所者数の数を200で除した数以上

〔通所定員－｛(100－入所定員)＋入所定員の3割｝／200

B 設備基準

① 通所リハビリテーションを行うにふさわしい専用の施設を有する
要介護者等1人当たりの面積
3 ㎡
＊通所リハビリテーションを行う要介護者等用に食堂面積を確保している場合は，これも算入可
② 通所リハビリテーションを行うために必要な専用の器械・器具を具備する

F 短期入所生活介護の指定基準

A 人員基準

1 管理者（兼務可）
ただし，1日当たりの平均利用人員が40人以上の場合は，常勤・専従で配置
2 医師（嘱託可）
3 生活指導員
4 寮 母
5 看護婦又は准看護婦
※上記3，4，5の配置
・配置割合
1日平均利用人員：職員数＝（特養並び）
・職種ごとに1名以上を常勤で配置すること。
・非常勤職員を充てる場合は，その勤務時間数の合計が，常勤職員を充てた場合の時間数以上となること。

（併設施設で行う場合の特例）
特別養護老人ホーム，養護老人ホーム，病院・診療所，老人保健施設及び特定施設入所者介護の指定を受けている施設に併設されている定員20床未満の短期入所生活介護においては，上記3，4，5の職種の配置は，次の基準とすること。
1日平均利用人員：職員数＝（特養並び）
・本体施設の入所・入院者の処遇に支障を来さない範囲で，兼務可とする。
・原則常勤が望ましいが，非常勤職員を充てる場合は，その勤務時間数の合計が，常勤職員を充てた場合の時間数以上となること。

（空床利用で行う場合の特例）
特別養護老人ホームの空床を利用して実施する場合の上記3，4，5の職種の配置は次の基準とすること。
特別養護老人ホーム入所者数と短期入所生活介護1日平均利用人員の合計数：職員数＝（特養並び）

6 調理員，その他の従事者
・実情に応じた適当数。

B 設備基準

1 ベッド数
・20床以上設置し，専用の居室を設けること。
（併設施設で行う場合の特例）
特別養護老人ホーム，養護老人ホーム，

病院・診療所，老人保健施設及び特定施設入所者生活介護の指定を受けている施設に併設し，短期入所生活介護のための専用の居室を設けて実施する場合は，20床未満でも可
　（空床利用で行う場合の特例）
　　特別養護老人ホームの空床を利用して実施する場合は，20床未満でも可
　＊現に老人福祉法の規定に基づき，短期入所専用ベッドを設置し，当該事業を行っている施設においては，なお従前の例による
2　設備（特養並び）
○建築基準法第2条第9号の2による耐火建築物又は準耐火建築物
○次の設備を設けること
　居室，食堂，機能訓練室，浴室，便所，洗面所，医務室，静養室，面接室，寮母室，看護婦室，調理室，洗濯室又は洗濯場，汚物処理室，介護材料室，その他必要な設備
　・隣接の社会福祉施設等を利用することにより効率的運営が可能であり，利用者の処遇に支障がない場合には，居室，便所，洗面所，静養室，寮母室，看護婦室を除き兼用可。
　・ただし，設備を兼用する場合にあっても利用者に対して必要な数量・面接等の条件が確保されていること。
　　（併設施設で行う場合の特例）
　・特別養護老人ホーム，養護老人ホーム，病院・診療所，老人保健施設及び特定施設入所者生活介護の指定を受けている施設に併設している場合には，短期入所生活介護の利用者及び本体施設の入所・入院者の処遇に支障を来さない範囲で，居室を除き設備の兼用可。
　・ただし，設備を兼用する場合にあっても，利用者に対する必要な数量・面積等の条件が確保されていること。
　　（空床で行う場合の特例）
　・特別養護老人ホームの空床を利用する場合には，特別養護老人ホーム入所者及び短期入所生活介護利用者の処遇に支障を来さない範囲で設備の兼用可。
3　居室（特養並び）
　・居室床面積　利用者1人当たり○○m²以上
　・居室定員　4人以下
　＊居室面積，居室定員については，現に老人福祉法の規定に基づき，当該事業を行っている施設は，上記設備基準について，なお従前の例による
　・日照，採光，換気等利用者の保健衛生，防災に十分考慮すること。
4　食堂
5　機能訓練室
　・食堂と機能訓練室を合計した面積が利用者1人あたり3m²以上であること。
　＊現に老人福祉法の規定に基づき，当該事業を行っている施設は，上記設備基準について，なお従前の例による
　・食堂と機能訓練室は兼用可。
　・サービスを提供する際には，所定の面積を専用可能であること。
6　浴室
　身体の不自由な方に適したもの
　一般浴槽のほか，特別浴槽の設置

7 便所
　身体の不自由な方に適したもの
8 洗面所
　身体の不自由な方に適したもの
9 その他
- 廊下幅（特養並びとする）。
- 常夜灯の設置，階段傾斜を緩やかにする。
- 非常用設備の設置。
- 避難用傾斜路の設置，エレベーターの設置。
*現に老人福祉法の規定に基づき，当該事業を行っている施設は，上記設備基準について，なお従前の例による。

G　短期入所療養介護の指定基準

(1) 老人保健施設の場合

　介護老人保健施設に係る開設許可を受けていること
（人員配置基準，設備基準については老人保健施設の基準と同様。ただし，基準において「入所者」とあるのは，「入所者及び短期入所療養介護を受ける者」と読み替える。）

(2) 病院又は診療所の場合

1　介護療養方医療施設の指定に係る病棟又は病室の場合
　介護療養方医療施設の指定に係る病棟又は病室であること
　　（人員配置基準，設備基準は介護療養型医療施設の指定基準と同様。ただし，基準において「入院患者」とあるのは，「入院患者及び短期入所療養介護を受ける者」と読み替える。）
2　上記以外の療養型病床群等の病棟又は病室の場合医療法に定める療養型病床群等の人員配置基準，設備基準を満たしていること。
　（ただし，介護職員数については，入院患者及び短期入所療養介護を受ける者の数が6又はその端数を増すごとに1配置していること。）
（注）介護老人保健施設及び介護療養型医療施設についての指定等があった場合には，短期入所療養介護の事業者として指定があったものとみなされる。

H　訪問入浴介護の指定基準

A　人員基準
○従業者
　看護職員　1名，介護職員　2名。
　そのうち1名を常勤とする。
　※運営基準において，次の事項を定めることを検討
- サービスの実施に当たっては，看護職員1名，介護職員2名を一組として従事し，うち1名をサービス実施の総括者とすること。
- ただし，利用者の身体状況が安定しているなど，入浴により利用者に異常が起こる可能性がないと認められる場合においては，医師の意見を確認した上で，看護職員に代えて介護職員を充てることができる。

- 協力医療機関を確保すること。
○管理者
　常勤の管理者を1名置くこと。
　1) 常勤の従業者との兼務可
　2) 併設する施設・事業等がある場合にはこれらに従事する者（管理者を含む）との兼務可

B　設備基準
○入浴に必要な設備及び材料を備えること
○事務室
　事業を行うために必要な広さの専用の区画を有すること。

I　福祉用具貸与の指定基準

A　人員配置基準
○従業者
- 福祉用具に関する専門的知識を有する者。
　＊介護福祉士・義肢装具士・看護婦等の資格を有する者又はこれらに準ずる者
- 員　数
　常勤換算で2名以上配置すること。
○管理者
常勤の管理者を1名置くこと
　＊当該事業所の他の業務との兼務可
　※運営基準において、搬入回収、保守管理及び消毒保管業務について定めることを検討。

B　設備基準
○保管施設
　・清潔であること。
　・消毒・補修済みの用具と未了のものとが区分可能であること。
　＊保管業務を一定の基準を満たした他の事業者に委託する場合は不要
○消毒設備器材
　取り扱う用具の種類及び材質からみて適切な消毒効果を有すること。
　＊消毒業務を一定の基準を満たした他の事業者に委託する場合は不要
○事務を行うために必要な広さを有すること

J　居宅療養管理指導の指定基準

(1) 病院，診療所の場合

A　人員配置基準
○従業者
- 医師又は歯科医師が配置されていること。
- 居宅療養管理指導の内容に応じ，薬剤師，歯科衛生士（訪問による口腔衛生に関する指導については，保健婦，看護婦又は准看護婦を含む）又は管理栄養士が配置されていること。

B　設備基準
- 居宅療養管理指導を行うために必要な広さを有すること。
- 必要な設備，備品を備えること。

(2) 薬局の場合

A　人員配置基準
○従業者
　訪問による服薬指導等に従事する薬剤師が配置されていること。

B 設備基準
- 居宅療養管理指導を行うために必要な広さを有すること。
- 必要な設備，備品を備えること。

(注) 保険医療機関及び保険薬局の場合は，介護保険法第71条の規定により，居宅療養管理指導に関する居宅サービス事業者として指定があったものとみなされる。

K 特定施設入所者生活介護の指定基準

A 人員配置基準
1 施設長
　（常勤。ただし，他の業務との兼務可）
2 生活相談員
3 介護員
4 看護婦又は准看護婦
　2，3，4（直接処遇職員）の配置
- 直接処遇職員は主として要介護者等の介護に従事するものとする。
- 員数の基準は特養基準を参考に検討。
5 栄養士（員数の基準は特養基準を参考に検討）
6 機能訓練担当者（兼務可）
7 計画作成担当者　1名以上
　100又はその端数を増すごとに1を標準，他の業務との兼務可
　介護支援専門員その他適当な者（処遇計画等の作成に関し経験のある生活相談員等）

B 設備基準
1 建築基準法に規定する耐火建築物又は準耐火建築物とし，建築基準法，消防法等に定める避難設備，消火設備，事故・災害に対応するための設備を十分設けること

2 有する設備
- 一時介護室，機能訓練室，浴室，食堂，便所。

3 専ら介護を行うための居室を設ける場合の基準
- 個室又は4人以下。
- プライバシーの保護に配慮し，介護を行える適当な広さであること。
- 地階に設けてはならない。
- 1以上の出入口は，避難上有効な空き地，地価又は広間に直接面して設ける。

4 一時的に介護を行うための室（一時介護室）
- 介護を行える適当な広さであること。ただし，他の居室を利用する場合は設けないことができる。

5 浴室の基準
- 身体の不自由な方に適したもの。

6 便所の基準
- 居室のある階ごと，非常用設備の設置。

7 食堂の基準
- 機能を十分に発揮し得る適当な広さ。

8 機能訓練室の基準
- 機能を十分に発揮し得る適当な広さ。ただし，他に機能訓練を行うのに適当な広さの場所が確保できる場合は設けないことができる。

9 その他
- 車椅子での移動が可能な空間と構造を確保すること。

L 痴呆対応型共同生活介護の指定基準

A 人員基準
1 従業者
   当直時間を除き利用者3人に対して1人の割合で介護職員を配置すること
   （3又はその端数を増す毎に1人追加）
   （うち1名常勤）
   この他，当直時間帯は常時1名の職員を配置すること（併設施設との兼務可）
2 管理者（介護職員との兼務可）
3 事業単位
   5人から9人を1事業単位とする
   ※運営基準において次の事項を定めることを検討
   夜間における緊急時の対応の体制がとれていること（（例）特別養護老人ホーム，医療機関等との連携体制の構築）

B 設備基準
原則として，事業単位毎に利用者の処遇に必要な設備を確保すること
1 居 室
   個室（処遇に必要な場合は2人部屋も可）
2 居間（兼食堂），台所
3 浴 室
4 その他日常生活上必要な設備

M 介護老人福祉施設（特別養護老人ホーム）の指定基準

A 人員配置基準
老人福祉法の設備運営基準（改正）
1 施設長（常勤）
   ただし，施設長に代わり得る常勤の職員が配置されている場合は，隣接の社会福祉施設等と兼務可
2 医師（非常勤可）
   入所者全員の健康管理，療養上の指導を行うために必要な数
3 生活相談員（仮称；常勤）
   100：1以上
4 介護職員（仮称）
5 看護職員
   上記4，5の配置
   入所者数：職員数＝4.1：1以上
   うち看護職員
   30人までは　1人
   50人までは　2人
   130人までは　3人
   131人以上は　50人又は
   その端数を増すごとに1名増
   ・看護職員　1名以上の常勤配置
   ・介護職員は，夜勤を含め常時1名以上の常勤配置
6 栄養士
   1人以上（隣接の社会福祉施設等との兼務可）
   40人以下の施設は，他の社会福祉施設等との兼務又は地域の栄養指導員との連携が図られれば，配置しなくても可

7 機能訓練指導員
1人以上（兼務可）
日常生活上の機能訓練を行う能力を有する者

8 調理員, 事務員等その他従事者
必要に応じた適当数

介護保険法の指定基準

1 医師（非常勤可）
入所者全員の健康管理, 療養上の指導を行うために必要な数

2 生活指導員（仮称, 常勤）
100：1以上

3 介護職員（仮称）

4 看護職員
上記4, 5の配置
入所者数：職員数＝4.1：1以上
うち看護職員
30人までは　1人
50人までは　2人
130人までは　3人
131人以上は, 50人又は
その端数を増すごとに1名増
- 看護職員　1名以上の常勤配置。
- 介護職員は, 夜勤を含め常時1名以上の常勤配置。

5 栄養士
1人以上（隣接の社会福祉施設等との兼務可）
40人以下の施設は, 他の社会福祉施設等との兼務又は地域の栄養指導員との連携が図られれば, 配置しなくても可

6 機能訓練指導員
1人以上（兼務可）
日常生活上の機能訓練を行う能力を有する者

7 介護支援専門員の配置
- 常勤の介護支援専門員を1名以上配置すること。
- 介護支援専門員は, 他の業務との兼務でも差し支えないものとする。
- 介護支援専門員は, 100又はその端数を増すことに1を標準とする。

＊ただし, 経過措置として, 平成14年度末までの3年間に限り, 処遇計画等の作成に関し経験のある生活相談員等を配置しても差し支えない。

B　設備基準

老人福祉法の設備運営基準（改正）

【規模】
入所定員20人以上（他の入所型の社会福祉施設等と一体的に設置する場合は, 10人以上）

1 建築基準法第2条第9号の2による耐火建築物
（平屋は, 準耐火建築物可）

2 設備（他の社会福祉施設等の設備を利用するなど, 処遇に支障がない場合は, 一部未設置可）
居室, 食堂, 浴室, 洗面所, 便所, 医務室, 調理室, サービスステーション, 看護婦室, 機能訓練室, 洗濯室又は洗濯場, 汚物処理室, 静養室, 面接室, 介護材料室, その他霊安室・事務室・宿直室等の設備

3 居室
- 地階は不可, 寝台設備・収納設備の設置。
- 居室床面積　入所者1人当たり,

10.65㎡以上（収納設備等を除く）
個室の場合　入所者1人当たり，
13.55㎡以上（収納設備等を除く）
- 避難口の設置，外気窓の設置（床面積の1/14以上）。
- 4人以下（個室を設ける場合は，隣接して談話等のできる共有部分を確保）。

4　静養室
静養室の目的明記
看護婦室またはサービスステーションに近接，居室の基準準用

5　浴室
身体の不自由な方に適したもの，一般浴槽のほか特別浴槽の設置

6　便所
居室のある階ごと，居室に近接，身体の不自由な方に配慮したもの

7　洗面所
居室のある階ごと，身体の不自由な方に配慮したもの

8　医務室
医療法に基づく診療所であること
医薬品，衛生材料，医療器具，臨床検査器具の設置

9　削除；防災関係

10　サービスステーション（介護職員室）
居室のある階ごとで居室に近接
必要な設備，備品を備えること

11　食堂
機能を十分に発揮し得る適当な広さ

12　機能訓練室
機能を十分に発揮し得る適当な広さ
必要な器械・器具の設置
- 上記食堂と機能訓練室については，合計した面積が利用者1人当たり3㎡以上であること

サービスを提供する際には，所定の面積を専有可能であること
必要な設備，器具を備えることとする。

13　その他
- 3階以上の居室，浴室等の設置規制の見直し。
- 廊下幅1.8m，中廊下2.7m以上。
- 常夜灯の設置，ゆるやかな階段傾斜。
- 2階以上傾斜路の設置（ただし，エレベーターの設置の場合は，不要）。
- 居室，静養室，便所に通報設備（ナースコール等）の設置。
- 階段，廊下の手すりの設置。

※現に事業を行っている施設に対する経過規定（居室面積の設備基準等）。

介護保険法の指定基準

1　居室
- 居室床面積　入所者1人当たり，10.65㎡以上（収納設備等を除く）。
- 4人以下。

2　静養室
看護婦室またはサービスステーションに近接

3　浴室
身体の不自由な方に適したもの，一般浴槽のほか特別浴槽の設置

4　医務室
医療法に基づく診療所であること
医薬品，衛生材料，医療器具，臨床検査器具の設置

5　食堂
機能を十分に発揮し得る適当な広さ

6　機能訓練室
　機能を十分に発揮し得る適当な広さ
　必要な器械・器具の設置
- 上記食堂と機能訓練室については，合計した面積が利用者1人あたり3㎡以上であること。
　サービスを提供する際には，所定の面積を専有可能であること。
　必要な設備，器具を備えることとする。

7　その他
- 廊下幅1.8m，中廊下2.7m以上

※現に事業を行っている施設に対する経過規定（居室面積の設備基準等）

通所介護(デイサービス)ガイドライン(指針)

1 基本的事項
(1) 日帰り介護は，高齢者等の自立支援という観点に立って，在宅の要介護者等に対し，日帰り介護施設等において各種のサービスを提供することにより，これらの者の居宅生活の支援，社会的孤立感の解消，心身機能の維持向上等を図るとともに，その家族の身体的・精神的な負担の軽減を図るものであること。なお，家族により介護が行われている場合には，その介護との連携に配慮しつつ行うものであること。

(2) 事業者及びサービス従事者は，高齢者等及びその家族の人格の尊重に万全を期すものとし，正当な理由がなく，その業務に関して知り得た人の秘密を漏らしてはならないこと。

2 サービス内容
(1) サービスの内容は，次に掲げるものとし，高齢者等の心身の状態を的確に把握しつつ，利用者の要望に応じて提供すること。
①生活指導 ②機能訓練 ③介護サービス ④介護方法の指導 ⑤健康チェック ⑥送迎 ⑦給食サービス ⑧入浴サービス

(2) (1)の⑧のサービスについては，日帰り介護施設等の規模，利用者の心身の特性を勘案した上で，必要に応じて実施できるものであること。

(3) (1)の⑦及び⑧のサービスについては，利用者の要望に応じて居宅においても実施できるものであること。この場合においては，「民間事業者による在宅介護サービス及び在宅入浴サービスのガイドラインについて」(昭和63年9月16日老福第27号社更第187号大臣官房老人保健福祉部長・社会局長通知)及び「民間事業者による在宅配食サービスのガイドラインについて」(平成8年5月13日老振第46号老人保健福祉局長通知)を遵守すること。

(4) 主として身体障害者を対象として日帰り介護事業を行う場合には，(1)に掲げるサービスに併せ，創作的活動を行うこと。

(5) (1)の⑦のサービスの実施に当たっては，食中毒の発生予防等のため衛生面に十分配慮すること。

3 職員に関する事項
(1) 職員の配置
① 職員については，日帰り介護を行う上で必要な次の職種の職員を適切に配置し，サービスの実施を指揮・監督する管理責任者を定めること。
ア 施設長
イ 生活指導員(社会福祉士その他これに準ずる者)
ウ 看護婦(士)又は准看護婦(士)

エ　介護福祉士又は介護員
　　オ　調理員
　　カ　運転手
　　キ　その他サービス提供に必要な者
　②　生活指導員，介護福祉士又は介護員のうち少なくとも1名は常勤職員とすること。
　③　調理業務を委託する場合は，調理員を置かないことができること。
(2)　職員の研修
　職員に対しては，採用時及び採用後において定期的に，高齢者等の心身の特性，実施するサービスのあり方及び内容，介護に関する知識及び技術，作業手順等について研修を行うこと。
(3)　職員の衛生管理
　①　事業者は，職員の心身の健康に留意し，職員の疾病の早期発見及び健康状態の把握のために，採用時及び採用後において定期的に健康診断を行うこと。
　②　事業者は，職員の清潔の保持及び健康状態について常時確認する体制を整えること。
　③　サービス従事者には，清潔で活動しやすい衣服を着用させること。

4　施設設備等

(1)　サービスの提供に当たっては，次の設備を設けること。ただし，他の施設の設備を利用することにより施設の効果的な利用ができる等の場合であって，利用者に対するサービスの提供に支障がない場合にはこの限りではないこと。
　①事務室　②相談室　③食堂　④浴室　⑤機能訓練室　⑥介護者教室　⑦休養室　⑧便所　⑨厨房　⑩その他サービスを提供する上で必要な施設設備
(2)　(1)に掲げる設備の基準は次のとおりとすること。
　①　相談室
　　遮へい物を設置することや会話内容の漏洩を防ぐ配慮をすることなどにより，利用者及びその家族等が安心して相談ができるものとすること。
　②　浴室
　　身体の不自由な者が入浴するのに適したものとすること。
　③　食堂
　　食堂で食事をすることができる利用者のために十分な広さを有すること。
　④　厨房
　　食器，調理器具等を消毒する設備，食器，食品等を清潔に保管する設備並びに防虫及び防鼠の設備を設けること。
　⑤　機能訓練室
　　機能訓練を行うために十分な広さを有し，必要な機械・器具を備えること。
　⑥　便所
　　ブザー又はこれに変わる設備を設けるとともに，身体の不自由な者が使用するのに適したものとすること。
(3)　建物の配置，構造及び設備は，日照，採光，換気等利用者の保健衛生及び防災について十分考慮すること。
(4)　設備・器具類の安全衛生管理
　利用者の皮膚に直接接するタオル等の用品類は，安全・清潔なものを使用すること。

5 サービス実施に関する事項

(1) サービス実施方法

① サービスの実施方法を手引として定め，サービス従事者に徹底すること。

② 手引には次の事項を盛り込むこと。

　ア　サービス利用者及び家族に対するサービス内容の説明

　イ　サービス実施の基準及びサービス実施に係る医療法制（禁止事項）遵守に関すること。

　ウ　看護婦（士）又は准看護婦（士）による利用者の健康状態の定期的な観察

　エ　生活指導員による利用者の居宅における生活環境等の把握

　オ　生活指導員，看護婦（士）又は准看護婦（士）及び介護福祉士又は介護員によるサービス内容の検討及び決定

　カ　個々のサービスについての具体的作業手順，留意事項等

　キ　利用者に異常があった場合の対応

　ク　利用者に対して提供したサービス内容等についての記録の整備と保管

(2) 医療との連携

嘱託医又は協力医療機関を確保するとともに，利用者の主治医を確認し，主治医との連携を確保すること。

(3) 相談・援助機能の充実

利用者及び家族の相談に幅広く対応するとともに，必要な情報提供に努めること。

6　契約に関する事項

(1) 契約の内容等

① サービスの開始前に，次の事項を盛り込んだ契約書を取り交わすこと。また，その際，内容及び手順について事前に説明を行うこと。

　ア　サービス実施主体名及び代表者氏名

　イ　利用者氏名等

　ウ　サービス内容及び料金

　エ　サービス実施主体の免責事由

　オ　契約事項の変更

② 利用者募集の際，誇大広告等により利用者に不当に期待を抱かせたり，それによって損害を与えることのないようにすること。

(2) 料金等

① 料金は，サービス提供に要する費用に応じた適切な額とすること。

② サービス内容に対応した料金体系を用意し，明示すること。

③ サービスの提供が公的サービスの委託を受けたものである場合には，その旨を明示すること。

(3) 苦情処理，損害賠償

① 事業者は，自らサービスを提供するとの立場にあることから，利用者の苦情に対し迅速かつ円滑な解決を図るため，窓口を置く等利用者等の利便に配慮してその苦情処理に努めるものとすること。

② 事業者は，利用者に対するサービスの提供により賠償すべき事故が発生した場合は，利用者に対しての損害賠償を速やかに行うものとすること。

7　その他

日帰り介護事業を実施している事業者が，

通所介護（デイサービス）ガイドライン（指針）

既存施設を活用する等し，拠点となる日帰り介護施設等から事業の実施に必要な職員を派遣して事業を行う場合には，次により行うこと。

(1) サービス内容

サービス内容は，2の(1)のサービスのうち生活指導，介護サービス及び健康チェックの実施を必須とし，他のサービスについては必要に応じて実施できるものであること。

(2) 職員の配置

職員については，(1)のサービスに実施に必要な職種の職員を適切に配置すること。

短期入所生活介護(ショートステイ)事業指針

1 基本的事項
(1) 短期入所生活介護は,高齢者等の自立支援という観点に立って,在宅の要介護者等を一時的に施設に入所させることにより,これらの者の居宅生活の支援,心身機能の維持向上等を図るとともに,その家族の身体的,精神的な負担の軽減を図るものであること。なお,家族により介護が行われている場合には,その介護との連携に配慮し行うものであること。
(2) 事業者及びサービス従事者は,高齢者等及びその家族の人格の尊重に万全を期すものとし,正当な理由がなく,その業務に関して知り得た人の秘密を漏らしてはならないこと。

2 職員に関する事項
(1) 職員の配置
① 職員については,短期入所生活介護を行う上で必要な次の職種の職員を適切に配置し,サービスの実施を指揮・監督する管理責任者を定めること。この場合,併設施設でのサービス提供等に支障がない場合には,当該併設施設の職員が兼務できるものであること。
　　ア 施設長
　　イ 医師
　　ウ 生活指導員(社会福祉士その他これに準ずる者)
　　エ 看護婦(士)又は准看護婦(士)
　　オ 介護福祉士又は介護員
　　カ 調理員
　　キ その他サービス提供に必要な者
② 医師は嘱託とすることができること。
③ 生活指導員,看護婦(士)又は准看護婦(士)及び介護福祉士又は介護員(以下「直接処遇職員」という)は,日中及び夜間を通じて利用者に対するサービス提供に必要な員数を確保すること。
④ 直接処遇職員は常勤を原則とするが,利用者に対するサービスの提供に支障がない場合には,非常勤職員を充てることができること。
⑤ 調理業務を委託する場合は,調理員を置かないことができること。

(2) 職員の研修
職員に対しては,採用時及び採用後において定期的に,高齢者等の心身の特性,実施するサービスのあり方及び内容,介護に関する知識及び技術,作業手順等について研修を行うこと。

(3) 職員の衛生管理
① 事業者は,職員の心身の健康に留意し,職員の疾病の早期発見及び健康状態の把握のために,採用時及び採用後において定期的に健康診断を行うこと。
② 事業者は,職員の清潔の保持及び健康状態について常時確認する体制を整

えること。
　③　サービス従事者には，清潔で活動しやすい衣服を着用させること。
3　施設設備等
(1)　短期入所生活介護を行う施設には，次の設備を設けること。ただし，他の施設の整備を利用することにより施設の効果的な利用ができる場合であって，利用者に対するサービスの提供に支障がない場合にはこの限りではないこと。
①事務室　②居室　③食堂　④浴室　⑤機能訓練質　⑥洗面所　⑦便所　⑧医務室　⑨看護・介護員室（サービスステーション）　⑩調理室　⑪洗濯室又は洗濯場　⑫汚物処理室　⑬その他サービスを提供する上で必要な施設設備
(2)　前記に掲げる設備の基準は次のとおり
　①　居　室
　　ア　1室の定員は4人以下とすること。
　　イ　利用者1人当たりの床面積は8㎡以上とすること。
　　ウ　寝台又はこれに代わる設備を備えること。
　　エ　ナースコールを設けること。
　　オ　1室を2人以上の者で使用させる場合にあっては，プライバシーの保護に十分配慮した設備とすること。
　　カ　室内に収納設備等を設ける場合は，介護，車いすの使用，緊急時の対応等に支障のないよう配置すること。
　②　食　堂
　　食堂で食事をすることができる利用者のために十分な広さを有すること。
　③　浴　室

身体の不自由な者が入浴するのに適したものとすること。
　④　機能訓練室
　　機能訓練を行うために十分な広さを有し，必要な機械・器具を備えること。
　⑤　便　所
　　ブザー又はこれに変わる設備を設けるとともに，身体の不自由な者が使用するのに適したものとすること。
　⑥　調理室
　　食器，調理器具等を消毒する設備，食器，職員等を清潔に保管する設備並びに防虫及び防鼠の設備を設けること。
(3)　建物は，建築基準法（昭和25年法律第201号）第2条第9号の2に規定する耐火建築物又は同条第9号の3に規定する準耐火建築物とするとともに，建物の配置，構造及び設備は，日照，採光，換気等利用者の保健衛生及び防災について十分考慮すること。
(4)　設備・器具類の安全衛生管理
　利用者の皮膚に直接接するタオル等の用品類は安全・清潔なものを使用すること。

4　サービス実施に関する事項
(1)　サービス実施方法
　①　サービスの実施方法を手引きとして定め，サービス従事者に徹底すること。
　②　手引には次の事項を盛り込むこと。
　　ア　サービス利用者及び家族に対するサービス内容の説明
　　イ　サービス実施の基準並びにサービス実施に係る医師の関与及び医療法制（禁止事項）遵守に関すること。

ウ　医師，看護婦（士）又は准看護婦（士）による利用者の健康状態の定期的な観察
　　エ　生活指導員による利用者の居宅における生活環境等の把握
　　オ　直接処遇職員によるサービス内容の検討及び決定
　　カ　個々のサービスについての具体的作業手順，留意事項等
　　キ　利用者に異常があった場合の対応
　　ク　利用者に対して提供したサービス内容等についての記録の整備と保管
(2) 食事の提供
　　食事については，食中毒の発生予防等のため，衛生面に十分配慮して提供すること。
(3) 医療との連携
　　協力医療機関を確保するとともに，利用者の主治医を確認し，主治医との連携を確保すること。
(4) 相談・援助機能の充実
　　利用者及び家族の相談に幅広く対応するとともに，必要な情報提供に努めること。

5　契約に関する事項
(1) 契約の内容等
　① サービスの開始前に，次の事項を盛り込んだ契約書を取り交わすこと。また，その際，内容及び手順について事前に説明を行うこと。
　　ア　サービス実施主体名及び代表者氏名
　　イ　利用者氏名等
　　ウ　サービス内容及び料金
　　エ　サービス実施主体の免責事由
　　オ　契約事項の変更
　② 利用者募集の際，誇大広告等により利用者に不当に期待を抱かせたり，それによって損害を与えることのないようにすること。
(2) 料金等
　① 料金は，サービス提供に要する費用に応じた適切な額とすること。
　② サービス内容に対応した料金体系を用意し，明示すること。
　③ サービスの提供が公的サービスの委託を受けたものである場合には，その旨を明示すること。
(3) 苦情処理，損害賠償
　① 事業者は，自らサービスを提供するとの立場にあることから，利用者の苦情に対し迅速かつ円滑な解決を図るため，窓口を置く等利用者等の利便に配慮してその苦情処理に努めるものとすること。
　② 事業者は，利用者に対するサービスの提供により賠償すべき事故が発生した場合は，利用者に対しての損害賠償を速やかに行うものとすること。

在宅介護サービスモデル約款

○○○○（以下「契約者」という。）と□□□□□□（以下「事業者」という。）は，契約者に対して事業者が行う在宅介護サービスについて，次のとおり契約（以下「本契約」という）を締結します。

第1条（契約の目的）
　事業者は，契約者がその有する能力に応じて，居宅において自立した日常生活を営むことができるよう支援することを目的として，在宅介護サービスを提供します。

第2条（在宅介護サービス）
　1．本契約において「在宅介護サービス」とは，事業者が契約者の居宅にホームヘルパーを派遣し，入浴・排泄・食事等の介護，調理・洗濯・掃除・買い物等の家事援助その他日常生活上の世話を提供するサービスをいうものとします。
　2．事業者が契約者に対して実施する在宅介護サービスの内容，利用日，利用時間，契約期間，費用等の事項（以下「訪問介護計画」という。）は，別紙「（サービス利用書）等」に定めるとおりとします。

第3条（サービス従事者等）
　1．本契約において「ホームヘルパー」とは，所定の研修を受けたうえで在宅介護サービス事業に従事し，介護・家事援助及び相談助言等を行う専門職員をいうものとします。
　2．本契約において「サービス従事者」とはホームヘルパー，保健婦，看護婦，ソーシャルワーカー等，事業者が在宅介護サービスを提供するために使用する者をいうものとします。
　3．契約者は，選任されたホームヘルパーの交替を希望する場合には，当該ホームヘルパーが業務上不適当と認められる事情その他交替を希望する理由を明らかにして，事業者に対してホームヘルパーの交替を申し出ることができます。
　4．事業者は，ホームヘルパーの交替により，契約者及び介護者等に対してサービス利用上の不利益が生じないよう十分に配慮するものとします。

第4条（訪問介護計画の決定・変更）
　1．事業者は，保健婦又は看護婦及びソーシャルワーカーに事前に契約者を訪問させてその心身・生活の状況を調査し，契約者及び介護者等と協議して訪問介護計画を決定します。但し，医療行為・看護行為，現金・有価証券その他貴重品の預り及び法律行為の代理行為を業務に含めることはできません。
　2．事業者は2ヶ月に1回，又は契約者

の要請に応じて，保健婦もしくは看護婦とソーシャルワーカーに契約者を訪問させてその心身・生活の状況を確認するとともに訪問介護計画について変更又は中止の必要があるかどうかを調査します。
3．前項の調査の結果又は医師もしくは居宅介護支援事業者の助言・指導に基づいて，訪問介護計画について変更又は中止の必要があると認められた場合には，事業者は契約者及び介護者等と協議して訪問介護計画の内容を変更又は中止するものとします。但し，本契約に基づく在宅介護サービスの提供については公的介護保険が適用され，居宅サービス計画が作成されている場合には，事業者は居宅介護支援事業者に対して居宅サービス計画の変更又は中止を要請するものとします。
4．訪問介護計画を変更又は中止した場合には，事業者は契約者に対して書面を交付してその内容を確認するものとします。
5．契約者及び介護者等は，訪問介護計画の決定・変更に関する主治医・医療機関その他関係機関との連携（助言・指導等）について，事業者に協力するものとします。

第5条（在宅介護サービスの実施に関する事項）

1．契約者及び介護者等は本契約で定められた以外の業務をホームヘルパーに依頼することはできません。
2．在宅介護サービスの実施に関する指示・命令はすべて事業者が行います。但し，事業者は在宅介護サービスの実施にあたって契約者及び介護者等の事情・意向等に十分に配慮するものとします。
3．契約者及び介護者等は，在宅介護サービス実施のために必要な備品等（水道・ガス・電気を含む）を無償で提供し，ホームヘルパーが会社に連絡する場合の電話等の使用を承諾するものとします。

第6条（事業者及びサービス従事者の義務）

1．事業者は，サービス実施日において，ホームヘルパーにより契約者の体調・健康状態等の必要な事項について契約者又は介護者等から聴取・確認したうえで在宅介護サービスを実施するものとします。
2．事業者は，契約者に対する在宅介護サービスの実施について記録を作成し，サービス実施日の終了時ごとに契約者又は介護者等による確認を受けるものとします。
3．事業者は，作成したサービス実施記録を3年間は保管し，契約者もしくは代理人の請求に応じてこれを閲覧させ，又はその複写物を交付するものとします。
4．事業者は，在宅介護サービスの提供のために準備した備品等について，安全衛生をふまえて適切な管理を行うものとします。

5．事業者は，在学介護サービスの提供にあたって，緊急時の連絡先として主治医を確認するなど医師・医療機関への連絡体制の確保に努めるものとします。

第7条（守秘義務）
事業者及びサービス従事者は，在宅介護サービスを提供するうえで知り得た契約者及び介護者等に関する事項を第三者に漏洩してはなりません。この守秘義務は，本契約が終了した後も継続します。

第8条（サービス利用料金）
1．契約者は事業者に対して，所定の料金体系に基づいて計算されたサービス利用料金を支払うものとします。
2．本契約に基づく在宅介護サービスの利用について公的介護保険の適用がある場合には，契約者は，前項のサービス利用料金から保険給付額を差し引いた差額分をサービス利用料金として支払うものとします。
3．サービス利用料金は1ヶ月ごとに計算し，契約者はこれを翌月○日までに事業者が指定する方法で支払うものとします。
4．支払期日において，本条第1項及び第2項に定めるサービス利用料金の支払がなされなかった場合には，事業者は契約者に対して，支払期日の翌日から支払完了の日までの日数に応じて年率○％の割合で計算した遅延利息を併せて請求できるものとします。

第9条（料金体系の変更）

1．事業者は，やむを得ない事情により所定の料金体系を変更した場合には，契約の有効期間中であっても契約者に対してサービス利用料金の増額又は減額を求めることができます。この場合，事業者は契約者に対して，1ヶ月前に文書をもって通知するものとします。
2．契約者は，前項の変更を了承することができない場合には，本契約を解約することができます。
3．前項の場合に，契約者は，既に実施した在宅介護サービスについては所定のサービス利用料金を事業者に支払うものとします。

第10条（利用日のキャンセル・変更）
1．契約者は，都合により所定の日時における在宅介護サービスの利用を中止又は変更することができます。この場合には，契約者はサービス実施日の前日までに事業者に申し出るものとします。
2．前項の場合に，契約者は中止した利用日についてはサービス利用料金の支払義務を負いません。
3．本条第1項に定める期限を過ぎた申し出により，又は事前の申し出なく在宅介護サービスの実施が中止された場合には，契約者は，原則として当日のサービス利用料金を事業者に支払うものとします。
但し，契約者の病変・急な入院等特別な事情による場合には，この限りではありません。

第11条（契約期間・更新）

本契約の有効期間は，契約締結の日から〇ヶ月間とします。契約期間満了の2日前までに契約者から契約終了の申し入れがない場合には，本契約は更に〇ヶ月間同じ条件で更新されるものとし，以後も同様とします。

第12条（中途解約・解除）

1．契約者は，本契約に定める在宅介護サービスが不要となった場合には，契約の有効期間中であっても，本契約を解約することができます。この場合には，契約者は契約終了を希望する日の2日前までに事業者に通知するものとします。

但し，契約者の入院・死亡等，契約を継続することができない特別な事情が生じた場合には，事前の通知がなくても本契約を解約することができます。

2．前項の場合に，契約者は，既に実施した在宅介護サービスについては所定のサービス利用料金を事業者に支払うものとします。

第13条（契約の解除）

1．契約者は，事業者が以下の事項に該当する場合には，本契約を解除することができます。

① 事業者が正当な理由なく本契約に定める在宅介護サービスを実施せず，契約者の請求にもかかわらずこれを実施しようとしない場合。

② 事業者が第7条に定める守秘義務に違反した場合。

③ 事業者が，契約者もしくは介護者等の生命・身体・財産・信用等を傷付け，又は著しい不信行為を行うなど，本契約を継続しがたい重大な事情が認められる場合。

④ 事業者が破産した場合。

2．事業者は，契約者が以下の事項に該当する場合には，本契約を解除することができます。

① 契約者によるサービス利用料金の支払が2ヶ月以上遅延し，相当期間を定めた催促にもかかわらずこれが支払われない場合。

② 契約者もしくは介護者等が，事業者もしくはサービス従事者の生命・身体・財産・信用等を傷付け，又は著しい不信行為を行うなど，本契約を継続しがたい重大な事情が認められる場合。

3．前2項の場合に，契約者は，既に実施した在宅介護サービスについては所定のサービス利用料金を事業者に支払うものとします。

第14条（損害賠償責任）

事業者は，在宅介護サービスの実施にともなって，又は第7条に定める守秘義務に違反して，契約者もしくは介護者等の生命・身体・財産・信用等を傷つけた場合は，その損害を賠償するものとします。

第15条（損害賠償がなされない場合）

在宅介護サービスの実施にともなって，事業者の責に帰すべからざる事由により生じた損害は賠償されません。とりわけ，以下の事項に該当する場合には，事業者

は損害賠償義務を負いません。

① 契約者が，契約締結時にその疾患及び身体状況等の重要事項について故意にこれを告げず，又は不実の告知を行ったことにもっぱら起因して損害が発生した場合。

② 契約者もしくは介護者等が，在宅介護サービスの実施のため必要な事項に関する聴取・確認に対して故意にこれを告げず，又は不実の告知を行ったことにもっぱら起因して損害が発生した場合。

③ 契約者の急激な体調の変化等，事業者の実施した在宅介護サービスを原因としない事由に起因して損害が発生した場合。

④ 契約者又は介護者等が，事業者及びサービス従事者の指示・依頼に反して行った行為に起因して損害が発生した場合。

第16条（天災等不可抗力）

1．契約の有効期間中，地震・噴火等の天災その他事業者の責に帰すべからざる事由により在宅介護サービスの実施ができなくなった場合には，事業者は契約者に対してさらに当該サービスを提供すべき義務を負いません。

2．前項の場合に，契約者は，既に実施した在宅介護サービスについては所定のサービス利用料金を事業者に支払うものとします。

第17条（契約当事者の変更等）

事業者は，契約者に対し，本契約の締結にあたってあらかじめ介護者等を代理人とし，契約者が契約の有効期間中に心神喪失その他の事由により判断能力を失った場合にも継続して事務を行うこと，又は契約者が契約の有効期間中に心神喪失その他の事由により判断能力を失った場合には，介護者等に契約者を変更することを約した契約を締結することを求めることができるものとします。

第18条（協議事項）

本契約に疑義が生じた場合，又は本契約に定められていない事項が生じた場合には，契約者と事業者は誠意をもって協議のうえ，解決に努めるものとします。

上記の契約を証するため，本書２通を作成し，契約者，事業者が記名捺印の上，各１通を保有するものとします。

　　平成　　　年　　　月　　　日

　　　　　　　　事業者　住所
　　　　　　　　事業者名
　　　　　　　　代表者氏名
　　　　　　　　契約者　住所
　　　　　　　　氏名

福祉用具レンタルサービスモデル約款

○○○○（以下「契約者」という。）と□□□□□□（以下「事業者」という。）は，契約者に対して事業者が行う福祉用具レンタルサービスについて，次のとおり契約（以下「本契約」という）を締結します。

第1条（契約の目的）

事業者は，契約者が適切な福祉用具を用いてその心身の機能を補い，居宅において自立した日常生活を営むことができるよう支援することを目的として，福祉用具レンタルサービスを提供します。

第2条（福祉用具レンタルサービス）

1. 本契約において「福祉用具レンタルサービス」とは，事業者が専門的知識に基づいて適切な福祉用具の選定に関する相談・助言を行い，契約者に応じて選定されたレンタル商品を賃貸するサービスをいうものとします。
2. 本契約において「福祉用具」とは，契約者の心身の機能を補い又はその介護に必要な福祉機器・介護用品をいうものとします。
3. 事業者が契約者に対して実施する福祉用具レンタルサービスの内容，契約期間，費用等の事項は，別紙「（レンタルサービス利用書等）」に定めるとおりとします。

第3条（サービス従事者）

1. 本契約において「サービス従事者」とは福祉用具選定相談者，福祉用具取扱者，福祉用具管理者等，事業者が福祉用具レンタルサービスを提供するために使用する者をいうものとします。
2. 事業者は，福祉用具に関する専門的知識を有し，契約者及び介護者等に対して適切な相談・援助等を行うことができるサービス従事者を選任し，福祉用具レンタルサービスの提供にあたるものとします。

第4条（レンタル商品の選定・変更，提供の中止）

1. 事業者は，レンタル商品の選定にあたって，福祉用具選定相談者によって契約者の心身・生活の状況，福祉用具を設置・使用する環境等について聴取するものとします。
2. 事業者は，前項の聴取に基づいて，契約者又は介護者等に対して適切な福祉用具について説明を行い，契約者及び介護者等と協議してレンタル商品を選定します。この場合に，事業者は必要に応じて契約者の主治医等に助言・指導を求めることができます。
3. 事業者は3ケ月に1回又は契約者の

要請に応じて，レンタル商品の使用状況並びに契約者の心身・生活の状況等を確認するものとします。

4．前項の結果又は医師・居宅介護支援事業者の助言・指導に基づいて，レンタル商品の変更もしくは提供中止の必要があると認められた場合には，事業者は契約者及び介護者等と協議してレンタル商品を変更し又はその提供を中止するものとします。
　但し，本契約に基づく福祉用具レンタルサービスの提供について居宅サービス計画が作成されている場合には，事業者は居宅介護支援事業者に対して居宅サービス計画の変更を要請するものとします。

5．契約者及び介護者等は，レンタル商品の選定・変更等に関する主治医・医療機関その他関係機関との連携（助言・指導等）について，事業者に協力するものとします。

第5条（福祉用具レンタルサービスの実施に関する事項）

1．契約者及び介護者等は，レンタル商品について定められた使用方法及び使用上の注意事項を遵守するものとします。

2．契約者は，事業者の承諾を得ることなくレンタル商品の仕様変更，加工，改造等を行うことはできません。

3．契約者は，事業者の承諾を得ることなく本契約に基づく権利の全部もしくは一部を第三者に譲渡し又は転貸することはできません。

4．契約者又は介護者等は，契約者の転居，入院・死亡など，レンタル商品の利用状況に変更があった場合には，速やかに事業者に通知するものとします。

第6条（レンタル商品の納品）

1．事業者はレンタル商品を契約者へ引き渡すにあたって，福祉用具取扱者によって組立・設置を行い，レンタル商品の作動具合及び契約者への適合状況を確認するものとします。

2．事業者は，レンタル商品を契約者へ引き渡すにあたって，契約者又は介護者等に対してレンタル商品の使用方法，使用上の注意事項，故障時の対応等を説明し，取扱説明書を交付するものとします。

第7条（レンタル商品の修理・交換）

1．契約者は，本契約に定めたレンタル商品と異なる機種が納品され，又は使用中のレンタル商品について故障・破損が発生したことを発見した場合には，速やかに事業者に通知し，事業者は当該レンタル商品について修理又は交換を行うものとします。

2．前項の修理・交換に伴う費用は原則として事業者が負担するものとします。
　但し，契約者側の事情によりレンタル商品の交換・変更を希望する場合又は契約者もしくは介護者等が事業者もしくはサービス従事者の指示・説明に反してレンタル商品を使用したために故障・破壊が発生した場合

には，この費用は契約者が負担するものとします。

第8条（その他の義務）

1. 事業者は，契約者に対する福祉用具レンタルサービスの実施について記録を作成し，3年間は保管するとともに，契約者もしくは代理人の請求に応じてこれを閲覧させ，又はその複写物を交付するものとします。
2. 事業者は，福祉用具レンタルサービスの提供のために準備した福祉用具及びその消毒・保管点検・運搬等について，安全衛生をふまえて適切な管理を行うものとします。

第9条（守秘義務）

事業者及びサービス従事者は，福祉用具レンタルサービスを提供するうえで知り得た契約者及び介護者等に関する事項を第三者に漏洩してはなりません。この守秘義務は，本契約が終了した後も継続します。

第10条（サービス利用料金）

1. 契約者は，事業者に対して所定の料金体系に基づいて計算されたサービス利用料金を支払うものとします。
2. 本契約に基づく福祉用具レンタルサービスの利用について，公的介護保険の適用がある場合には，契約者は，サービス利用料金から保険給付額を差し引いた差額分をサービス利用料金として支払うものとします。
3. サービス利用料金は1ヶ月ごとに計算し，契約者はこれを契約開始月については納品時に，2ヶ月目以降についてはサービス利用月の○日までに事業者が指定する方法で支払うものとします。
4. 支払期日において，本条第1項及び第2項に定めるサービス利用料金の支払がなされなかった場合には，事業者は契約者に対して，支払期日の翌日から支払完了の日までの日数に応じて年率○％の割合で計算した遅延利息を併せ請求できるものとします。

第11条（料金体系の変更）

1. 事業者は，やむを得ない事情により所定の料金体系を変更した場合には，本契約の有効期間中であっても契約者に対してサービス利用料金の増額又は減額を求めることができます。この場合，事業者は契約者に対して，1ヶ月前に文書をもって通知するものとします。
2. 契約者は，前項の変更を了承することができない場合には，本契約を解約することができます。
3. 前項の場合に，契約者は，契約解除日までの日数に応じて所定のサービス利用料金を事業者に支払うものとします。

第12条（契約者による中途解約）

1. 契約者は，レンタル商品が不要となった場合には，契約の有効期間中であっても，本契約を解約することができます。この場合には，契約者は契約終了を希望する日の1週間前までに事業者に通知するものとしま

す。

　但し，契約者の入院等，契約を維持することができない特別な事情が生じた場合には，事前の通知がなくても本契約を解約することができます。

2．前項の場合に，契約終了月について既に支払われたサービス利用料金は返還されないものとします。

第13条（契約の解除）

1．契約者は，事業者が以下の事由に該当する場合には，本契約を解除することができます。

　① 事業者が正当な理由なく本契約に定める福祉用具レンタルサービスを実施せず，契約者の請求にもかかわらずこれを実施しようとしない場合。

　② 事業者が第9条に定める守秘義務に違反した場合。

　③ 事業者が，契約者もしくは介護者等の生命・身体・財産・信用等を傷付け，又は著しい不信行為を行うなど，本契約を継続しがたい重大な事情が認められる場合。

　④ 事業者が破産した場合。

2．前項第2号，第3号及び第4号の場合には，契約者は，契約解除日までの日数に応じて所定のサービス利用料金を事業者に支払うものとします。

3．事業者は，契約者が以下の事項に該当する場合には，本契約を解除することができます。

　① 契約者によるサービス利用料金の支払が2ヶ月以上遅延し，事業者の相当期間を定めた催告にもかかわらずこれが支払われない場合。

　② 契約者もしくは介護者等が第5条に定めた義務に違反し，又は著しい不信行為を行うなど，本契約を継続しがたい重大な事情が認められる場合。

　③ レンタル商品の利用場所が事業者のサービス区域外へ移転する場合。

4．前項第1号及び第2号の場合に，契約者は，契約が終了する利用月について所定のサービス利用料金を事業者に支払うものとします。また，前項第3号の場合には，契約者は，契約解除日までの日数に応じて所定のサービス利用料金を事業者に支払うものとします。

第14条（契約の終了）

契約の有効期間中，以下の事由が生じた場合には，本契約は終了するものとします。

　① 契約者が死亡した場合。

　② レンタル商品が契約者により買い取りになった場合。

　③ 地震・噴火等の天災その他契約者の責に帰べからざる事由によりレンタル商品が消失又は破損し使用できなくなった場合。

第15条（レンタル商品の回収）

1．事業者は，本契約の終了又はレンタル商品の交換・変更等により契約者からレンタル商品の回収依頼を受けた場合には，速やかにレンタル商品を回収するものとします。

2．前項の場合に，契約者は，契約終了

日又は回収依頼日までの日数に応じて所定のサービス利用料金を支払うものとします。
3．レンタル商品の利用場所が事業者のサービス区域外にある場合には，契約者は事業者に別途費用（回収料金等）を支払うものとします。

第16条（事業者の損害賠償責任）

事業者は，レンタル商品の故障・欠陥により，もしくは福祉用具レンタルサービスの実施にともなって，又は第9条に定める守秘義務に違反して，契約者又は介護者等の生命・身体・財産・信用等を傷つけた場合には，その損害を賠償するものとします。

第17条（損害賠償がなされない場合）

福祉用具レンタルサービスの実施にともなって，事業者の責に帰すべからざる事由によって生じた損害は賠償されません。とりわけ，以下の事由に該当する場合には，事業者は損害賠償義務を負いません。
① 契約者が，その疾患・心身状態及び福祉用具の設置・使用環境等，レンタル商品の選定に必要な事項について故意にこれを告げず，又は不実の告知を行ったことにもっぱら起因して損害が発生した場合。
② 契約者の急激な体調の変化等，事業者の実施した福祉用具レンタルサービスを原因としない事由に起因して損害が発生した場合。
③ 契約者もしくは介護者等が，事業者及びサービス従事者の指示・説明に反し又は第5条第2項の定めに反して行った行為に起因して損害が発生した場合。

第18条（契約者の損害賠償責任）

事業者は，契約者の故意又は過失（第5条第1項及び第2項に定める義務の違反を含む）によってレンタル商品が消失し，又は回収したレンタル商品について通常の使用状態を超える極度の破損・汚損等が認められる場合には，契約者に対して補修費もしくは弁消費相当額の支払を請求することができます。

第19条（契約当事者の変更等）

事業者は，契約者に対し，本契約の締結に際してあらかじめ介護者等を代理人とし，契約者が契約の有効期間中に心身喪失その他の事由により判断能力を失った場合にも継続して事務を行うこと，又は契約者が契約の有効期間中に心神喪失その他の事由により判断能力を失った場合には，介護者等に契約者を変更することを約した契約を締結することを求めることができるものとします。

第20条（協議事項）

本契約に疑義が生じた場合，又は本契約に定められていない事由が生じた場合には，契約者と事業者は誠意をもって協議のうえ，解決に努めるものとします。

第21条（契約期間・更新）

本契約の有効期間は契約締結の日から○ヶ月間とします。契約期間満了の1週間前までに契約者から契約終了の申し入れがない場合には，この契約は更に○ヶ月間同じ条件で更新されるものとし，以後も同様とします。

上記の契約を証するため，本書2通を作成し，契約者，事業者が記名捺印の上，各1通を保有するものとします。

平成　年　月　日

　　　事業者　住所
　　　　　　　事業者名
　　　　　　　代表者氏名　　　　印
　　　契約者　住所
　　　　　　　氏名　　　　　　　印

索　引

あ

赤字国債　58
与える福祉　15
アフターケア　95
医師　94
一次判定　41
「一病息災」　142
一般会計　58
医療改革　13
医療費用・介護施設費用保険金　127
医療法人　114
医療保険　39
医療保険制度改革　57
インディペンデントユニット　16
インフォームドコンセント　171
上乗せ・横出しサービス　46
運営コスト　161
エンゼルプラン　149
応益負担　157
「大型余暇時代」　25
オール与党化　58
親子三世代住宅　24
親子同居　139
オンブズパーソン制度　57

か

買い換えの特例　175
介護一時金　126
介護型ホーム　29
介護関連事業振興政策会議　68
介護給付金　126
介護サービス計画（ケアプラン）　26
介護支援専門員（ケアマネジャー）　70

介護市場　147
介護実習・普及センター　96
介護諸費用保険金　127
介護認定審査会　41
「介護の社会化」　39
介護パラダイム　9
介護費用保険　126
介護福祉士　30, 64
「介護福祉条例」　186
介護報酬　55
介護保険　31, 36
介護保険事業計画　48
介護保険施設　39
介護保険料　41
介護保障　126
介護保障保険　126
介護利用型軽費老人ホーム（ケアハウス）
　　113
介護力強化病院　72
介護老人保健施設（老人保健施設）　70
介護ロボット　16
ガイドライン　29
家事援助　86
「賢い消費者」　177
家政婦　90
過疎地域　161
家庭奉仕員　16
簡易保険　130
簡易保険福祉事業団　109
看護婦　94
官民連携　67
企業イズム　171
企業（内）福祉　169

索 引

疑似市場 185
規制緩和 57
基礎自治体 20
基礎的ニーズ 7
基礎年金 17
基本的人権 60
業界の健全育成 63
共済組合 41
共済商品 130
行財政改革 58
行政能力 186
居宅介護支援事業（ケアマネジメント） 94
居宅介護支援事業者（ケアマネジメント機関） 41
緊急保育対策等五か年事業 149
金銭（現金）給付 22
禁治産および準禁治産制度 61
「金満大国」 58
金融システム改革 133
金融商品販売法 174
クーリングオフ制度 134
苦情処理 174
グランドデザイン 187
グループホーム 89
「クロヨン」 58
ケア付きマンション 70
ケアハウス→介護利用型軽費老人ホーム
ケアホテル 111
ケアマネジャー→介護支援専門員
ケアマネジメント→居宅介護支援事業
経済効果 152
契約型特別養護老人ホーム 64
契約無効訴訟 133
ケースワーカー 94
健康保険 41
健常高齢者 21
現物給付 22
広域連合 55
公益法人 170
後期高齢者 155

公共事業 58
公私協働 9
公私の役割分担 9
公私分離の原則 9
公助 184
厚生年金 57
厚生年金事業振興団 109
公設民営方式 183
公的介護保障 60
公的資金の導入 57
公的年金 137
公的扶助 171
公費（租税）方式 58
公民権 172
高齢化社会 11
高齢化率 11
高齢者医療保険 57
高齢社会 11
高齢者世帯 136
高齢者総合相談センター（シルバー110番） 29
高齢者福祉 4
高齢者福祉コミュニティ 70
高齢者福祉産業 2
「高齢者保健福祉推進十か年戦略（ゴールドプラン）」 20
「高齢者保健福祉推進十か年戦略の見直しについて（新ゴールドプラン）」 30
コープこうべ 89
コーポレートシチズンシップ（企業市民意識） 90
ゴールドプラン→高齢者保健福祉推進十か年戦略
ゴールドプラン21→今後5か年間の高齢者保健福祉施策の方向
国際消費者機構（CI） 177
国民健康保険 41
国民生活基礎調査 136
国民生活センター 72
『国民生活白書』 165

231

「国民福祉税」 57
互助 184
個人情報保護条例 171
個人年金 11
コストダウン 167
護送船団方式 131
コミュニティミニマム 54
雇用の創出 147
混合介護 128
「今後5か年間の高齢者保健福祉施策の方向（ゴールドプラン21）」 46
コンピューターシステム 104

さ───────

在宅介護 82
在宅福祉 39
在宅福祉三本柱 20
在宅ホスピス 95
在宅（老人）介護支援センター 70
在老所 89
サッチャーリズム 15
産業連関表 147
産業の福祉化 169
市街化調整区域 63
支給限度額 128
事業費補助方式 86
自己負担 41
資産管理 174
自助 184
市場原理 2
市町村合併 55
市町村社協地域福祉活動計画 120
実損塡補方式 133
疾病保険 124
指定介護療養型医療施設 72
指定介護老人福祉施設（特別養護老人ホーム） 70
指定居宅介護支援事業者（ケアプラン作成事業者） 73
私的介護 36

児童福祉産業 4
支払保証制度 131
死亡保障 126
資本の論理 165
社会貢献活動 90
社会参加 139
社会生活基本調査 142
社会的使命 171
「社会的入院」 27
社会福祉基礎構造改革 57
社会福祉協議会 7
社会福祉士 30, 64
社会福祉事業 9, 184
社会福祉事業法 184
社会福祉施設 149
社会福祉法 184
社会福祉法人 7
社会保険 41
社会保険方式 58
社会保険料控除 176
社会保障給付費 58
社会保障構造改革 57
社会保障制度審議会 39, 62
社会保障的義務 36
終身介護 110
終身保険 25
終身利用権方式 109
住専処理 57
住宅改造（リフォーム）ヘルパー制度 96
住民参加型有償在宅福祉サービス 5, 17
住民自治 182
重要事項説明書 172
受益者負担 15
主治医（かかりつけ医）の意見書 41
巡回型 86
生涯学習 142
障害者福祉産業 4
障害者プラン 149
傷害保険 124
少子・高齢社会 60

索引

譲渡益　168
消費者運動憲章　177
消費者契約法　174
消費者情報　166
消費者生活センター　177
消費者の保護　63
消費者保護基本法　173
消費税　30
初期投資　161
所得税　168
所有権分譲方式　109
自立自助する福祉　15
シルバーサービス　2
シルバーサービス情報公社　30
シルバーサービス振興会　7
シルバー産業　2
シルバー層　2
シルバービジネス　2
シルバーマーク　30
新・老人保健福祉計画　46
人権擁護　57
人口動態統計　141
新ゴールドプラン→高齢者保健福祉推進十か年戦略の見直しについて
人材育成　161
人材確保　161
身体介護　86
人的資源　166
新保険業法　131
診療報酬点数制　95
生活協同組合　5
生活権　54
生活支援員　61
「生活ニューネット」　173
生活の質（QOL）　25
生活保護　171
生活保護世帯　137
税制改正　175
税制優遇　131
製造物責任法（PL法）　174

生存権　36
成年後見制度　61, 172
世界人権宣言　180
全国在宅介護事業協議会　67, 68, 84
全国入浴福祉事業協議会　67, 68
全国有料老人ホーム協会　68
選別主義的サービス　4
葬祭サービス　105
ソーシャルワーカー　94
措置　10
措置制度　47
損害賠償　172
損害賠償責任　177
損金算入　168

た───────────

ターミナルケア　94
第一セクター方式　183
第五セクター方式　183
滞在型　86
第三者機関　174
第三セクター方式　64, 183
「第三分野の保険」　124
退職金　137
第二セクター方式　183
第四セクター方式　183
短期入所介護　39
団体自治　182
地域格差　181
地域福祉　57
地域福祉権利擁護事業　61, 172
「地域福祉条例」　186
地方自治　181
地方自治体　7
地方自治の本旨　60
地方シルバーサービス振興組織　178
痴呆対応型共同生活介護　116
地方分権　187
チャイルド産業　4
チャイルドビジネス　4

233

中央社会福祉審議会　62
中間施設　114
中間法人　170
「中負担・中福祉」　16
超過負担　54
長寿社会対策大綱　28
貯蓄動向調査　136
通所介護　39
ディスクロージャー（情報開示）　111
デイホーム　89
デイホスピタル　16
独占企業　157
特別償却　168
土建型行政　58
特記事項　41
都道府県共同募金会　168
豊田商事事件　71

な———————————————————
ナーシングホーム　13
ナイトホスピタル　16
ナショナルミニマム　2
二次判定　41
21世紀福祉ビジョン　30
24時間体制　94
二世帯住宅　24
日常生活動作（ADL）　41
日本型福祉社会論　28
日本在宅サービス事業者協会　67, 68, 84
日本生活協同組合連合会　89
日本赤十字社　168
日本版ビッグバン　133
日本福祉用具供給事業者協会　68
日本貿易振興会（ジェトロ）　142
入居金　120
「入居者基金」制度　68
ニューシルバー層　69
人間福祉　60
年金制度改革　57

は———————————————————
パートタイマー　162
ハイテク　88
バブル経済　17
「バラまき福祉」　27
バリアフリー（障壁除去）　73
判断（意思）能力　172
被保険者証（保険証）　41
100万人雇用創出計画　149
費用負担能力　107
比例補償方式　133
フィランソロピー　90
付加的ニーズ　7
「福祉元年」　27
福祉公社　5
福祉事務所　88
福祉社会　184
福祉重視型の政治　186
福祉ニーズ　9
福祉ビッグバン　67
福祉用具貸与　99
「福祉用具の研究開発及び普及の促進に関する法律（福祉用具法）」　64
福利厚生　169
不公平税制　58
負債現在高　137
負債保有率　141
普通会計　58
普遍主義的サービス　4
「Plan——Do——See——」理論　91
ふるさと21健康長寿のまちづくり事業　27
ふるさと21健康長寿のまちづくり事業基本計画　120
平均寿命　124
ベヴァリッジ報告　15
ベターエイジングサービス　4
ベビーシッター　4
ベビーホテル　4
ヘルスケア　14
変額保険　133

索　引

法人税　*168*
法的規制　*167*
訪問介護　*39*
訪問介護員（ホームヘルパー）　*70*
訪問看護婦　*88*
訪問販売法　*174*
訪問リハビリテーション（デイケア）　*72*
ホームケアサービス　*13*
保険契約者保護基金制度　*131*
保健婦　*94*
保護行政　*131*
母子福祉産業　*4*
ボランティア活動　*95*
ボランティア教育　*171*
ボランティア団体　*73*

ま─────────────
末期患者　*95*
マルチメディア　*25*
マンパワー　*47*
民活導入　*13*
民間介護保険　*18, 124*
民間活力　*79*
「民間事業者による老後の保健及び福祉のための総合的施設の整備の促進に関する法律（WAC法）」　*29*
民間法人　*114*
民法法人　*168*
武蔵野市福祉公社　*17*
無差別平等の原則　*180*
メディケア　*14*
メディケイド　*14*
持ち家率　*139*
モデル契約書　*172*
モデル約款　*178*

や─────────────
遺言信託　*25*

有料老人ホーム　*16, 107*
「揺り籠から墓場まで」　*15*
要介護高齢者　*21*
要介護状態区分（要介護度）　*41*
要介護度　*41*
要介護認定　*41*
預金保険機構　*131*

ら─────────────
ライフスタイル　*4*
リスク（危険負担）　*133*
リストラ　*162*
リタイアメントコミュニティ　*13*
リタイアメントコミュニティビレッジ　*16*
リバースモーゲージ　*18*
リフォーム住宅　*24*
療養型病床群　*39*
臨時費用保険金　*127*
臨調・行革路線　*70*
倫理綱領　*30*
類似施設　*116*
連合セクター方式　*183*
労災保険　*90*
老人医療費　*57*
老人性痴呆疾患病棟　*72*
老人デイサービスセンター　*70*
老人日常生活用具給付等事業　*96*
老人病棟　*118*
老人福祉法等福祉八法　*37*
老人訪問看護事業所（老人訪問看護ステーション）　*88*
老人保健福祉計画　*20*
老人マンション　*111*
老人問題　*27*
老年人口　*11*

《著者紹介》
川村　匡由
（かわむら　まさよし）

1969年　立命館大学文学部卒。99年，早稲田大学大学院人間科学研究科博士学位取得。
現　在　武蔵野女子大学現代社会学部教授，早稲田大学客員研究員，立教大学講師（人間科学博士）。
主　著　『介護保険総点検』『新・介護保険総点検』『新しい高齢者福祉』『21世紀の社会福祉（全20巻・編著・続刊）』『社会福祉基本用語集（編著）』『現代老人福祉論』『老人福祉産業論』（以上，ミネルヴァ書房），『地域福祉計画論序説』『老人保健福祉計画レベルチェックの手引き』『福祉の仕事ガイドブック』『福祉系学生のためのレポート＆卒論の書き方』（以上，中央法規出版），『これからの有料老人ホーム』（あけび書房），『年金の基礎常識』『年金・介護保険の基礎常識』『介護保険早わかり』（以上，実業之日本社）など多数。
このほか，『ふるさと富士百名山』（山と渓谷社），『いまからはじめる中高年の山歩き』（ミネルヴァ書房），『関東周辺　低山ハイク』（旅行読売出版社）。

MINERVA 福祉ライブラリー㊽
介護保険とシルバーサービス

2000年11月10日　初版第1刷発行　　　　　　　検印廃止

定価はカバーに
表示しています

著　者　　川　村　匡　由
発行者　　杉　田　啓　三
印刷者　　坂　本　嘉　廣

発行所　株式会社　ミネルヴァ書房
607-8494　京都市山科区日ノ岡堤谷町1
電話代表　(075)581-5191番
振替口座　01020-0-8076番

©川村匡由，2000　　　　　　内外印刷・清水製本

ISBN 4-623-03261-2
Printed in Japan

● MINERVA 福祉ライブラリー・A5判美装カバー

ルイス・ローウィ＆ダーレン・オコーナー著
①高齢社会を生きる高齢社会に学ぶ
　香川正弘・西出郁代・鈴木秀幸訳
　誰もが安心して生きられる
②地域福祉システムを創造する
　岡本栄一・保田井進・保坂恵美子編著
③たのしく学ぶ高齢者福祉
　伊東眞理子著
④かわる生活環境わかる健康福祉
　佐久間淳著
⑤福祉を学ぶ福祉を支える
　喜多祐荘・安藤順一・平中忠信・田中利宗編著
⑥新しい高齢者福祉
　川村匡由著
⑦わかりやすい家族関係学
　山根常男・玉井美知子・石川雅信編著
⑧老いて学ぶ老いて拓く
　三浦文夫編著
⑨お年寄りのケア知恵袋
　橋本正明編著
⑩誰でもできる寝たきりおこし大作戦
　澤村誠志監修／兵庫県社会福祉事業団編
　バーバラ・メレディス著
⑪コミュニティケアハンドブック
　杉岡直人・平岡公一・吉原雅昭訳
　アーサー・グールド著
⑫福祉国家はどこへいくのか
　高島進・二文字理明・山根祥雄訳
⑬現代生活経済論
　馬場康彦著
⑭介護・福祉のための医学概論
　片山哲二著
⑮地域福祉社会学
　金子勇著
⑯社会福祉のなかのジェンダー
　杉本貴代栄編著
⑰教育と福祉のための子ども観
　増山均著
　アラン・ウォーカー著
⑱ヨーロッパの高齢化と福祉改革
　渡辺雅男・渡辺景子訳
⑲どうしますあなたと私の老後
　児島美都子＋地域福祉を考える会編
⑳日本福祉制度史
　百瀬孝著
　ステファン・ローズ編
㉑ケースマネージメントと社会福祉
　白澤政和・渡部律子・岡田進一監訳

㉒現代社会保障・社会福祉の基本問題
　堀勝洋著
　ピーター・デカルマー他編著
㉓高齢者虐待
　田端光美・杉岡直人監訳
㉔高齢者の暮らしを支えるシルバービジネス
　シニアライフプロ21編
㉕スウェーデン・超高齢社会への試み
　ビヤネール多美子著
㉖実践ケアマネジメント
　山﨑きよ子著
㉗欧米の住宅政策
　小玉徹他著
㉘欧州統合と社会保障
　岡伸一著
㉙初めて学ぶグループワーク
　野村武夫著
㉚生きがいある長寿社会　学びあう生涯学習
　香川正弘・佐藤隆三・伊原正躬・荻生和成著
㉛防災福祉コミュニティ
　倉田和四生著
㉜援助を深める事例研究の方法
　岩間伸之著
　アードマン・B・パルモア著
㉝高齢期をいきる高齢期をたのしむ
　浅野仁監修／奥西栄介・孫良訳
㉞子どもを見る変化を見つめる保育
　天田邦子・大森隆子・甲斐仁子編著
㉟福祉国家への視座
　大山博・炭谷茂・武川正吾・平岡公一編著
　パット・セイン著
㊱イギリス福祉国家の社会史
　深澤和子・深澤敦監訳
　OECD著
㊲OECD諸国・活力ある高齢化への挑戦
　阿部敦訳
㊳介護実習への挑戦
　泉順編著
㊴ジェンダーの生活経済論
　伊藤セツ編著
㊵介護保険と社会福祉
　伊藤周平著
㊶高齢社会の地域政策
　堀内隆治・小川全夫編著
㊷介護保険制度と福祉経営
　矢野聡・島津淳編著

ミネルヴァ書房刊
http://www.minervashobo.co.jp/